汽车营销学

主编○孟 杰 赵 飞
参编○吕正兵 胡 贝

西南交通大学出版社
·成 都·

图书在版编目（ＣＩＰ）数据

汽车营销学／孟杰，赵飞主编. —成都：西南交
通大学出版社，2016.9
ISBN 978-7-5643-5016-1

Ⅰ.①汽… Ⅱ.①孟…②赵… Ⅲ.①汽车－市场营
销学－高等学校－教材 Ⅳ.①F766

中国版本图书馆 CIP 数据核字（2016）第 215050 号

汽车营销学

主编　孟　杰　赵　飞

责 任 编 辑	陈　斌	
封 面 设 计	何东琳设计工作室	
出 版 发 行	西南交通大学出版社 （四川省成都市二环路北一段 111 号 　西南交通大学创新大厦 21 楼）	
发 行 部 电 话	028-87600564　028-87600533	
邮 政 编 码	610031	
网　　　　址	http://www.xnjdcbs.com	
印　　　　刷	成都中铁二局永经堂印务有限责任公司	
成 品 尺 寸	185 mm×260 mm	
印　　　　张	12.25	
字　　　　数	304 千	
版　　　　次	2016 年 9 月第 1 版	
印　　　　次	2016 年 9 月第 1 次	
书　　　　号	ISBN 978-7-5643-5016-1	
定　　　　价	34.00 元	

课件咨询电话：028-87600533
图书如有印装质量问题　本社负责退换
版权所有　盗版必究　举报电话：028-87600562

前　言

国内关于汽车营销方面的教材、专著已经不少，但在理论性和实用性的结合方面存在不足。有些是案例式教学，而有些基本上只是理论的堆砌。本书作者在教学当中，深深感受到使用的教材内容的不足。如何合理地将二者结合起来，是编写本书的主要目的。

随着中国经济的飞速发展，2007 年中国已一跃成为世界第一大汽车产销国，中国也成为仅次于美国的世界第二大经济体。进入本世纪以来，中国的汽车产销量均在飞速发展。相对于设计和制造技术的高度重视，中国本土汽车厂商在营销方面明显重视不够。"皇帝的女儿不愁嫁"的思想依然根深蒂固。

随着汽车消费水平的日渐提高，汽车营销在提高汽车销量方面起的重要作用日益显现，各大厂商也日益重视起来。而此方面人才的缺乏，恰恰是中国汽车企业最大的短板。对于开设汽车相关专业的高校来说，培养一流的"既懂车，又懂营销"的人才是市场的必然要求。而一套成熟、完善且贴近实际的营销类教材的出现，是当务之急。

本书参考了大量国内外汽车营销类教材，同时结合我国汽车市场的现状及特点，系统性地介绍了汽车营销学的基本理论。以中国汽车市场为重点，通过大量国内外经典案例，力图真实地展现汽车营销在中国的发展现状以及未来的发展趋势，使读者能够在了解和掌握营销学理论的基础上，能够分析和解决实际的问题，掌握营销学的核心思想、理念以及基本技能。

本书由常熟理工学院孟杰老师和赵飞老师主编，吕正兵和胡贝老师参编。其中，第 1~5 章由孟杰、吕正兵老师负责编写，第 6~8 章由赵飞、胡贝老师负责编写。书稿在编写的过程中，得到了常熟理工学院汽车工程学院领导和教师同仁的大力帮助和支持，在此深表谢意。

由于汽车营销学在国内尚属新兴学科，即使在国外，其理论一直在演变，远未达到成熟的地步，特别是营销的副作用，目前尚无理论提及。由于作者水平有限，书中存在不足之处，欢迎广大教师、学生批评指正！

编　者
2016 年 7 月

目　录

第1章　汽车营销概述

【本章教学要点】

知识要点	掌握程度	相关知识
市场营销学及其概念	掌握市场营销学的基本概念	市场营销学的概念、市场的概念、营销的概念
汽车营销的概念	掌握汽车营销的研究对象和方法	汽车营销对象、产品研究法、机构研究法、职能研究法等
营销理念的变革	掌握营销学理念的变革	生产理念、产品理念、推销理念、市场营销理念

导入案例

> ## 福特公司的 T 型车
>
> 　　1908 年以前，各汽车公司的产量很低，汽车是少数富人们的奢侈品，当亨利·福特推出一款廉价而易于生产的 T 型车时，订单像雪片般地飞向福特汽车公司，这是由于他采用流水线进行生产，到了 1925 年 10 月 30 日，福特汽车公司一天就能生产 9109 台 T 型车，每部售价由首批的 850 美元下降到 265 美元，成为当时世界上最大的汽车公司。他曾开玩笑地说："无论顾客想要什么颜色的福特车，我只提供黑色的。"亨利·福特的营销观念就是典型的生产观念，认为降低了成本，大量地供应，客户就会购买。到了 20 世纪 20 年代中期，随着美国经济增长和人们收入、生活水平的提高，形势又发生了变化。公路四通八达，路面大大改善，马车时代坎坷、泥泞的路面已经消失，消费者也开始追求时髦。简陋而千篇一律的"T 型车"虽价廉，但已不能招徕顾客，因此福特"T 型车"销量开始下降。面对现实，福特仍自以为是，一意孤行，坚持其生产中心观念，置顾客需要的变化于不顾。就在福特固守他那种陈旧观念和廉价战略的时候，通用汽车公司（GM）却时时刻刻注视着市场的动向，并发现了良机，意识到有机可乘，并及时地做出了适当的战略性决策：适应市场需要，坚持不断创新，增加一些新的颜色和式样的汽车（即使因此须相应提高销售价格）上市。于是"雪佛兰"车开始排挤"T 型车"。1926 年"T 型车"销量陡降。到 1927 年 5 月，福特不得不停止生产"T 型车"，改产"A 型车"。这次改产，福特公司不仅耗资 1 亿美元，而且在这期间通用汽车公司乘虚而入，占领了福特车市场的大量份额，致使福特汽车公司的生意陷入低谷。后来，福特公司虽力挽狂澜，走出了困境，但福特公司却从此失去了车坛霸主地位，永远让通用汽车公司占据了车坛首席宝座。

第 1 节　汽车营销的概念

市场营销学是一门以经济科学、行为科学和现代管理学理论为基础，研究面向市场的一切个人和组织如何根据市场需求和竞争状态来构想和出售自己的产出物和价值的学科。它不仅是以营利为目标的企业在竞争日趋激烈的市场中谋求生存与发展的管理利器，而且还引起各种非营利性组织，如大学、医院和政府机构等的浓厚兴趣，它们也希望能用此以解决组织运行过程中所面临的各种问题。

由于企业是从事市场营销活动的最基本主体，因此，本书主要研究企业的市场营销问题，旨在研究企业的市场营销活动及其规律，为企业有效地进行市场营销活动提供系统的理论指导和实用的操作方法。

一、市场的概念及功能

1. 市场的概念

市场（Market）是社会分工和商品经济发展到一定程度的产物，随着社会生产力的发展，社会分工的细分，商品交换日益丰富，交换形式复杂化，人们对市场的认识日益深入。

传统的观念认为市场指的是商品交换的场所，如商店、集市、商场、批发站、交易所等，这是市场的最一般、最容易被人们理解的概念，所有商品都可以从市场流进流出，实现了商品由卖方向买方转换。

但随着商品经济的飞速发展和繁荣，商品交换过程和机制日益复杂起来，狭隘的传统市场概念已远远不能概括全部商品经济的交换过程，也反映不了商品和服务交换中所有的供给和需求关系。因此，市场这个概念已不再局限于原有的空间范围，而演变为一种范围更广、含义更深的市场概念。

广义的市场是由那些具有特定需要或欲望，愿意并能够通过交换来满足这种需要或欲望的全部顾客所构成的。这种市场范围，既可以指一定的区域，如国内外市场、城市与农村市场等；也可以指一定的商品，如食品市场、家电市场、汽车市场等，甚至还可指某一类经营方式，如超级市场、百货市场、专业市场、集贸市场等。

从广义的市场概念可以看到，市场的大小并不取决于商品交换场所的大小，而是取决于那些表示有某种需要，并拥有使别人感兴趣的资源，而愿意以这种资源来换取其需要东西的主体数量。具体来说，市场由购买者、购买力和购买愿望三要素组成。只有当三要素同时具备时，企业才拥有市场，即：

市场＝购买者＋购买力＋购买欲望

从经营者的角度来看，人们常常把卖方称之为行业，而将买方称之为市场。这里买方与卖方之间有四种流动相连，卖方把商品或服务送到市场，并与市场取得沟通，买方把金钱和信息送至行业。

从宏观角度来看，市场是所有交换关系活动的总和，其交换内容可以是有形的，如商品市场、金融市场、生产要素市场等；也可以是无形的，如服务市场，这些由交换过程联结而形成的复杂市场就构成了一个整体市场。

在整体市场中，生产者主要从资源市场（工业品市场）购买资源，生产出商品或服务卖给中间商，中间商再出售给消费者，消费者则从出卖劳动力所得到的报酬来购买其所需的商品和服务；政府则是另一种市场，它为公众需要提供服务，对各市场征税，同时也从资源市场、生产者市场和中间商市场采购商品与服务。

2. 市场的功能

市场的功能是市场机体在市场营销活动中，以商品交换为中心所具有的客观职能，市场一般有以下六种功能：

（1）交换功能

这是指通过市场进行商品收购和商品销售活动，能实现商品所有权与货币持有权之间的相互转移，最终把商品送到消费者手中，使买卖双方都得到满足。

（2）供给功能

这是指商品的运输和储存等方面的活动，商品的运输和储存是实现商品交换功能的必要条件。由于商品的生产与消费往往不在同一地点，这就要求通过运输把商品从生产地转移到消费地。另外将商品通过储存设施加以保管留存，以保证市场上商品的及时供应。

（3）价值实现功能

商品的价值是人们在生产劳动过程中创造的，其价值的实现则是在市场上通过商品交换来完成的。任何商品都会受到市场的检验，市场是企业营销活动的试金石。市场状况良好，商品能顺利地在卖者和买者之间转换，最终送到消费者手里实现消费，价值才能最后实现。

（4）反馈功能

市场能客观反映商品供求的状况，它把供求正常和供求失调的信息反馈给企业，为企业制定经营决策提供依据。

（5）调节功能

市场的调节功能是通过价值规律、供求规律和竞争规律来体现的。人们从市场上得到有关市场供求、市场价格和市场竞争情况的信息反馈后，可以通过一定的调节手段和措施使生产的商品适应市场的需求。

（6）便利功能

这是为了保证交换和供给功能能够顺利实现而提供的各种便利条件。包括资金融通、风险承担、商品标准化和市场信息系统等。

市场的这些功能是通过参与市场活动的企业和个人的经济行为来实现的，它们之间存在互相制约、互相促进的作用。

二、市场营销的概念

市场营销学是由英文"Marketing"一词翻译过来的，关于"Marketing"一词的翻译，中文有"市场学""行销学""销售学""市场经营学""营销学"等各种译法，考虑从静态和动态结合上把握"Marketing"的含义，用"市场营销学"的译法比较合适。"市场营销学"一词的含义是什么？长期以来，许多人仅仅把市场营销理解为推销（Selling）。其实，推销只是市场营销多重功能中的一项，并且通常还不是最重要的一项功能。正如美国著名管理学家彼得·德鲁克（Peter Drunker）所言：可以设想，某些推销工作总是需要的，然而，营销的目的就是要使推销成为多余，从而使产品或服务完全适合顾客需要而形成产品自我销售；理想的营销会产生一个已经准备来购买的顾客群体，剩下的事情就是如何便于顾客得到这些产品或服务。

市场营销是一个动态发展的概念。近几十年来，西方学者从不同角度给市场营销下了许多不同的定义，归纳起来可以分为如下三类：

一是把市场营销看作是一种为消费者服务的理论。

二是强调市场营销是对社会现象的一种认识。

三是认为市场营销是通过销售渠道把生产企业与市场联系起来的过程。

世界营销权威菲利普·科特勒（Philip Kotler）提出以下定义：

"市场营销是个人和群体通过创造产品和价值，并同他人进行交换以获得所需所欲的一种社会及管理过程"。

根据这一定义，可以将市场营销概念归纳为以下三个要点：

一是市场营销的终极目标是满足需求和欲望。

二是市场营销的核心是交换。交换过程是一个主动、积极寻找机会、满足双方需求和欲望的社会和管理过程。

三是交换过程能否顺利进行，取决于营销者创造的产品和价值满足顾客需要的程度和交换过程管理的水平。

三、市场营销的核心概念

要对市场营销进行深入细致的研究，首先应该掌握它的一些基本的核心概念。它包括了需要、欲望和需求，商品与服务，价值与满足，交换与交易以及营销者。

1. 需要、欲望和需求

（1）需要（Need）

构成市场营销基础的最基本的概念就是人类需要这个概念。它是指人们没有得到某些满足的感受状态，人们在生活中需要空气、食品、衣服、住所、安全、感情以及其他一些东西，这些需要都不是社会和企业所能创造的，而是人类自身本能的基本组成部分。

（2）欲望（Want）

它是指人们想得到这些基本需要的具体满足物或方式的愿望。一个人需要食品，想要得到一个面包；需要被人尊重，想要得到一辆豪华小汽车。

（3）需求（Demand）

它是指人们有能力购买并且愿意购买某种商品或服务的欲望。人们的欲望几乎没有止境，但资源却是有限的。因此，人们想用有限的金钱选择那些价值和满意程度最大的商品或服务，当有购买力作后盾时，欲望就变成了需求。

企业并不创造需要，需要早就存在于营销活动出现之前，企业以及社会上的其他因素只是影响了人们的欲望，他们向消费者建议一个什么样的商品可以满足消费者哪些方面的要求，如一套豪华住宅可以满足消费者对居住与社会地位的需要。优秀的企业总是力图通过使商品富有吸引力、适应消费者的支付能力和容易得到这三方面来影响需求。

2. 商品与服务

人们在日常生活中需要各种商品（Goods）来满足自己的各种需要和欲望。从广义上来说，任何能满足人们某种需要或欲望而进行交换的东西都是商品。

商品这个词在人们心目中的印象是一个实物，例如汽车、手表和面包等。但是，诸如咨询、培训、运输和理发等各种无形服务也属于商品范畴。一般用商品和服务这两个词来区分实体商品和无形商品。在考虑实体商品时，其重要性不仅在于拥有它们，更在于使用它们来满足人们的欲望。人们购买汽车并不是为了观赏，而是因为它可以提供一种被称为交通的服务，所以，实体产品实际上是向人们传送服务的工具。

服务（Service）则是一种无形产品，它是将人力和机械的使用应用于人与物的结果。例如，保健医生的健康指导、儿童钢琴知识教育和汽车驾驶技能的培训等。

当购买者购买商品时，实际上是购买该商品所提供的利益和满意程度。例如，在具有相同的报时功能的手表中，为什么有的消费者偏爱价格高昂的劳力士手表？原因在于它除了基本的报时功能外，还是消费者成功身份的象征。这种由产品和特定图像、符号组合起来表达的承诺，能够帮助消费者对有形产品和无形产品做出购买判断。在很多情况下，符号和无形的产品让消费者感到更有形、更真实。由于人们不是为了商品的实体而买商品，商品的实体是利益的外壳，因此，企业的任务是推销商品实体中所包含的内核——利益或服务，而不能仅限于描述商品的形貌，否则，目光就太短浅了。

3. 价值与满足

消费者通常都面临一大批能满足某一需要的商品，消费者在这些不同商品之间进行选择时，一般都是依据商品所能提供的最大价值而做出购买决定的。这里所谓的价值（Value），就是消费者付出与消费者所得之间的比率。一般来说，消费者在获得利益的同时也需要承担成本。消费者所获得的利益包括功能利益和情感利益，而成本则包括金钱、时间、精力以及体力，因此，价值可用以下公式来表达：

$$价值 = \frac{利益}{成本} = \frac{功能利益 + 情感利益}{金钱成本 + 时间成本 + 精力成本 + 体力成本}$$

企业可以通过这几种方法来提高购买者所得价值：①增加利益；②降低成本；③增加利益同时降低成本；④利益增加幅度比成本增加幅度大；⑤成本降低幅度比利益降低幅度大。

一名顾客在对两件商品进行选择时，这两件商品的价值分别为 V1、V2，如果 V1 与 V2 相比价值大于 1，这名顾客会选择 V1；如果比值小于 1，他会选择 V2；如果比值等于 1，他会持中性态度，选 V1 或 V2。

如果满意（Satisfaction）解释为顾客通过对某商品可感知的效果与他的价值期望相比较后所形成的愉悦或失望的感觉状态，则满意水平可表示为感知效果与价值期望之间的差异函数，即：

$$满意水平 = 感知效果 - 价值期望$$

如果效果超过期望，顾客就会高度满意；如果效果与期望相等，顾客也会满意；但如果效果低于期望，顾客就会不满意。

4. 交换与交易

需要和欲望只是市场营销活动的序幕，只有通过交换，营销活动才真正发生。交换（Exchange）是提供某种东西作为回报而与他人换取所需东西的行为，它需要满足以下五个条件：

第一，至少要有两方；

第二，每一方都要有对方所需要的有价值的东西；

第三，每一方都要有沟通信息和传递信息的能力；

第四，每一方都可以自由地接受或拒绝对方的交换条件；

第五，每一方都认为同对方的交换是称心如意的。

如果存在上述条件，交换就有可能，市场营销的中心任务就是促成交换。交换的最后一个条件是非常重要的，它是现代市场营销的一种境界，即通过创造性的市场营销，交换双方达到双赢。

交易（Transaction）是交换的基本单元，是当事人双方的价值交换。或者说，如果交换成功，就有了交易。怎样达成交易是营销界长期关注的焦点，各种各样的营销课题理论实际上都可还原为对这一问题的不同看法。

5. 营销者

前面已经指出，市场营销就是以满足人们各种需要和欲望为目的，通过市场变潜在交换为现实交换的活动。毫无疑问，这种活动是指与市场有关的人类活动。在这种交换活动中，对交换双方来说，如果一方比另一方更积极主动地寻求交换，则前者称为营销者，后者称为潜在顾客。具体来说，营销者就是指希望从他人那里得到资源，并愿以某种有价值的东西作为交换的人。很明显，营销者可以是一个卖主，也可以是一个买方。假如有几个人同时想买某幢漂亮的房子，每个想成为房子主人的人都力图使自己被卖方选中，这些购买者就都在进行营销活动，也都是营销者。

第 2 节　市场营销学的产生和发展

市场营销学是在经济学和行为科学等学科基础上发展起来的，正如营销大师菲利普·科特勒（见图 1.1）在 1987 年美国市场营销协会（AMA）成立 50 周年纪念大会上所言：营销学之父为经济学，其母为行为学，哲学和数学为其祖父和祖母。

图1.1 营销学大师菲利普·科特勒

（图片来源：互联网）

一、市场营销学的产生和发展

（一）市场营销学的萌芽

尽管商品交换古已有之，但真正意义上的市场营销活动却是商品经济发展到一定程度的产物。彼得·德鲁克认为，市场营销活动最早起源于 17 世纪中叶的日本。他指出，市场营销活动是由日本三井家族的一位成员首先应用的。作为商人，他于 1850 年在东京定居下来，开办了世界上第一家具有现代意义的百货商店，并为该店提出了一系列经营原则，主要内容包括：公司充当顾客的采购员；为顾客设计和生产适合需要的产品；把花色品种规格齐全、丰富多彩的商品供应给顾客；保证顾客满意否则原款奉还。250 年后，当今世界上最大的百货公司——西尔斯·罗巴克（sears roebuck）才提出了类似的原则。

彼得·德鲁克还指出，直到 19 世纪中叶，市场营销才在美国国际收割机公司（International Harvester Company）产生。第一个把市场营销当作企业独特的中心职能，并把满足顾客需求作为管理的特殊任务的是麦克密克（Cyrus H. McCormick）。在历史书籍中只提到他是收割机的发明者，然而他还创造了现代市场营销的基本工具：市场调查与市场分析、市场定位观念、定价政策、向顾客提供各种零部件和各种服务以及实行分期付款等。

随着资本主义经济的发展，到了 20 世纪初，各主要资本主义国家经过了工业革命，生产迅速发展，生产能力的增长速度超过了市场增长速度。在这种情况下，少数有远见的企业开始设立市场营销研究部门，重视在企业的经营管理过程研究如何推销商品和刺激需求，探索推销方法与广告方法。1911 年，柯蒂斯出版公司（Curtis Publishing Company）率先设置了市场营销研究部门（当时称作"商品研究部门"）。

（二）市场营销学的创立与发展

市场营销进入美国的学术界，成为一个专门的理论领域的研究则始于 20 世纪初期。从总体上来看，市场营销学理论的发展经历了以下三个阶段：

1. 初创阶段（1900—1920 年）

早在 19 世纪末期，美国一些学者就陆续发表了一些有关推销、广告、定价、产品设计、品牌业务、包装和实体分配等方面的论著。但是，直到 20 世纪初期，美国的一些学者才试图将上述有关方面综合起来，建成一门专门的学科。

尽管当时还没有使用"市场营销"这个名称，但它已经成为一门新学科的雏形出现在大学课堂上。1904 年克鲁希（W. E. Kreus）在宾州大学讲授了名为"产品市场营销（The Marketing of Products）"的课程；1910 年，巴特勒（K. S. Butler）在威斯康星大学讲授了名为市场营销方法（Marketing Method）的课程；1912 年赫杰特齐（J. E. Hegertg）出版了第一本名为市场营销学（Marketing）的教科书，全面论述了有关推销、分销和广告等方面的问题。它标志着市场营销学作为一门独立的学科的产生。

但是，应该看到，这一时期的市场营销学研究内容仅限于商品销售和广告业务方面的问题，实际影响不大，尚未引起社会的广泛关注，市场营销的完整体系远未完成。

2. 功能研究阶段（1921—1945 年）

从 20 世纪的 20 年代到第二次世界大战结束的这段时期内，随着科学技术的进步，美国等西方国家的社会政治经济情况不断发展变化，特别是 1929—1933 年资本主义国家爆发了严重生产过剩的经济大危机，震撼了各主要资本主义国家。由于严重的生产过剩，商品销售困难，工商企业纷纷倒闭。这时企业的首要问题不是怎样扩大生产和降低成本，而是如何把产品卖出去。为了争夺市场，解决产品销售问题，企业开始实施市场销售活动，使市场营销学的研究也大规模开展起来，市场营销学逐渐成为指导市场营销实践活动的一门实用性学科。

在这一时期，美国的高等院校和工商企业建立各种市场营销的研究机构，有力地推动了市场营销学的研究和普及。例如，1926 年，美国在"全美广告协会"的基础上成立了"全美市场营销学和广告学教师协会"；1937 年，全美各种市场研究机构联合组成了"全美市场营销学会"（America Marketing Association，AMA），不仅有工商企业人士和经济学家、管理学家参加，而且吸收了市场行情、广告、销售和信托等方面的专家入会。目前，该学会的成员遍及世界各地，实际上已成为国际性的组织，该学会的现任主席为美国西北大学教授菲利普·科特勒。

这一时期的研究以营销功能研究为最突出的特点，主要包括交换功能、实体分配和辅助功能，这些功能构成了当时市场营销体系的主体。然而，从总体上来看，这一阶段的研究还是将市场营销等同于销售或推销，研究范围局限于流通领域。

3. 发展与传播阶段（1945—1980 年）

第二次世界大战以后，特别是 20 世纪 50 年代以来，随着国际政治环境的相对稳定以及第三次科技革命的展开，资本主义国家的社会生产力得到了较快的发展，产品产量剧增，花色品种日新月异，社会消费能力也有了较大增长，人们的消费需求和消费欲望不断加深，市场竞争日益激烈，政府对经济的干预明显增强，营销环境复杂多变。在这种情况下，企业要想求得生存与发展，就必须从总体上进行规划，不能在产品生产出来后，而是要在产品生产之前就考虑市场问题，要按照市场需求安排生产，组织营销活动；企业不能仅考虑当前的盈利，还要考虑到未来的长远发展；企业的市场营销不应局限于产品推销问题，还应该包括企业与市场以及整个营销环境保持衔接关系的整体性经营活动。

在这种情况下，市场营销的理论研究从对产品生产出来以后的流通过程的研究，发展到从生产前的市场调研和产品创意开始，到销售后的顾客服务和信息反馈为止的营销过程的研究；从对营销实施的研究，发展到对市场营销问题的分析、计划、实施和控制等营销管理过程的研究。市场营销学逐步从经济学中独立出来，吸收了行为科学、心理学、社会学和管理学等学科的若干理论，形成了自身的完整理论体系。

与此同时，市场营销学也开始广为传播。一方面，在应用领域上，市场营销学理论不仅广泛应用于以营利为目标的企业运作上，而且还逐渐应用到行政机构以及其他非营利组织，涉及社会经济生活的各个方面，如军队、法院、宗教团体、慈善机构和学校都公开或非公开地引进了营销观念和方法。另一方面，在应用区域上，市场营销学不断从起源国——美国向其他国家传播。20 世纪 50 年代以来，美国的市场营销学先后传入了日本、西欧以及东欧和前苏联等国家和地区，20 世纪 70 年代末开始传入中国。一般说来，商品经济愈发达的地方，市场营销学也愈盛行。

4. 拓展与创新阶段（1980 年以后）

随着经济全球化趋势的加强，参与国际竞争的国家和企业急剧增加，市场竞争的范围不断扩大，程度不断加剧。在 20 世纪 80 年代中期，科特勒进一步发展了市场营销理论，提出了大市场营销（Mage marketing）的观念，突破了传统营销理论中阐明的企业可控制的市场营销组合因素与外界不可控的环境因素之间简单相适应的观点，把企业市场营销组合所包括的 4PS 策略扩大到 6PS 策略，即产品、价格、分销、促销、政治权力和公共关系六大策略。这一思想对跨国企业开展国际营销活动具有重要的指导意义。

进入 20 世纪 90 年代以来，市场营销理论的研究不断向新的领域拓展，出现了定制营销、营销网络、纯粹营销、政治营销、绿色营销、营销决策支持系统和整合营销等新的理论领域，并打破了美国营销管理学派一统天下的局面，对传统营销理论提出了质疑，形成了不同的营销学派。

二、市场营销学在中国的发展

市场营销学是一门以商品经济为前提的应用学科，早在 20 世纪 30 年代至 40 年代，市场营销学在中国曾有一轮传播。现有资料表明，中国最早的市场营销学教材是丁馨伯于 1933 年译编并由复旦大学出版的《市场学》，当时国内一些大学也开设了市场学课程。但是在商品经济不发达的条件下，对市场营销学的研究和应用势必受到限制。中华人民共和国成立后的一段时期内，由于西方封锁和我国当时实行的计划经济体制，商品经济受到否定和抵制，市场营销学的引进与研究工作在我国（除台湾、香港、澳门等地以外）整整中断了 30 年，而这 30 年却是西方国家市场营销理论迅速发展与完善的时期。

在十一届三中全会后，中国确定了以经济建设为中心，对内搞活、对外开放的方针，是一个伟大的历史性转折。在理论研究上，经济学界努力为商品生产恢复名誉，通过对社会再生产理论的研讨，流通和市场问题的重要性日益为人们所重视；在实际应用上，以市场为导向的改革的启动，国内市场上的商业竞争与对外贸易的迅速发展，迫切要求用现代市场营销理论来指导生产经营，从而为我国重新引进和研究市场营销学创造了良好的条件。

1. 启蒙阶段（1979—1982 年）

这一阶段的主要工作是引进市场营销学，聘请国外营销专家来我国讲学，引进市场营销学的书刊、杂志，在高等院校中开设市场营销学课程，并组织有关教师编写市场营销学教材。同时，随着经济体制改革的启动，部分产品停止统购包销，有的行业逐渐放开，允许个体经营，尤其是四个经济特区的建立，中国有了商品经济的"试验田"，市场上有了竞争。不少企业开始了初级阶段的营销尝试，提出了"顾客就是上帝"的口号，总结出了经营取胜之道：优质取胜、创新取胜、服务取胜和快速取胜等。

2. 广为传播阶段（1983—1994 年）

经过启蒙阶段的引进与吸收以后，全国各地从事市场营销学研究、教学工作的人员更进一步意识到该学科对我国工商企业的重要性，为此大力推动市场营销学在我国的发展。

1983 年 6 月，江苏省在南京市成立了中国第一个市场营销组织——江苏省市场调查、市场预测和经营决策研究会；1984 年 1 月，全国高等院校市场学研究会在湖南省长沙成立；1991 年 3 月，中国市场学会（China Marketing Association，CMA）在北京成立。这些学会的成立为市场营销学的学习、研究与应用揭开了新的篇章。

在教育方面，1992 年，市场营销专业开始在全国招生，除综合性大学、财经院校以外，很多理工、农林院校以及其他专业院校也都纷纷开设了市场营销专业。

在企业应用方面，由于我国在商品流通领域取消了统购包销的政策，将商品经营、采购的自主权交给了企业，这样，企业不仅仅要注重商品的生产，还必须注重商品的适销对路和商品的销售，企业对掌握和应用市场营销知识的愿望愈来愈迫切。不少企业积极参加市场营销学会的活动，主动邀请市场营销专家到企业去出谋划策，解决企业营销中存在的问题，并取得了显著的效果。可以说，在这一阶段，市场营销理论和方法的研究和应用，无论就广度或深度而言，十多年走过了西方国家数十年走过的路程。

3. 深入拓展阶段（1995 年以后）

经过十多年的研究和应用，我国已培养了大批市场营销人才，教育层次不断提高，2003 年我国高校已开始招收市场营销管理专业的博士研究生，培养我国市场营销的最高层次人才。

在理论研究上，我国学者开始关注市场营销学发展的国际动向，与世界同步研究市场营销学发展中的一些新的前沿性问题，出版了一大批市场营销学方面的学术专著。

在实际运用上，我国高层领导日益关注市场营销。1996 年，全国人大八届四次会议通过的《中华人民共和国国民经济和社会发展"九五"计划和 2010 年远景目标纲要》的文件中，首次以"市场营销"取代以往常用的"经营""销售"等术语，明确指出国有企业要按照市场需求组织生产，"搞好市场营销，提高经济效益"；文件还指出，要积极发展"代理制、连锁经营等新的营销方式""建立科研、开发、生产、营销紧密结合的机制"，这是市场营销首次见诸中央文件。1997 年国家经贸委发出了《关于加强国有企业市场营销工作的意见》，可以说是国家经济管理部门日益重视市场营销工作的一个标志。

与此同时，面对我国总体市场供过于求的特征，国外资本又大举进攻中国市场，彻底改变了中国市场竞争的格局，中国企业不得不重新审视以往的营销战略和策略，开始进入了理性化营销阶段。例如，以海尔为代表的家电产品，继价格竞争、服务竞争之后，转向了以科学开发为重点的营销战略。

可以说，我国的市场营销学的研究与应用正全面地向纵深发展。

第 3 节　汽车市场营销学的研究对象、方法及意义

一、汽车市场营销学的研究对象

汽车市场营销学作为营销学的重要分支，其研究对象为：以市场为导向的汽车企业市场营销活动及其规律性。具体来说，汽车市场营销学的全部研究都是以汽车及其相关产品适销对路、扩大市场销售为中心而展开的，并为此提供理论、思路和方法。它的核心思想是汽车企业必须面向市场、面向消费者、适应不断变化的环境并及时做出正确的反应，汽车企业必须发挥自身的优势，比竞争者更好地为消费者或用户提供令人满意的各种商品或服务，并且要用最少的费用、最快的速度将汽车及其产品送达用户手中，汽车企业应该而且只能在消费者或用户的满足之中实现自己的各项目标。

二、汽车市场营销学的研究方法

近百年来，人们从不同的需要出发，对企业市场营销活动进行多角度、多侧面和多层次的研究，形成了产品、机构、职能、管理、历史和系统这六种研究方法。

1. 产品研究法

即对产品（商品），如农产品、机电产品和化工产品等分门别类进行研究的方法，其优点是可以详细分析研究各类或各种产品市场营销中遇到的具体问题，针对性强。其缺点是由于市场上产品类型繁多，不可能逐一进行分析，并且难以避免会出现重复研究的情况。

2. 机构研究法

它是对渠道系统中的各个环节（机构），如生产者、代理商、批发商和零售商的营销问题进行研究的方法。目前国内外大学中高级营销学课程（如批发学和零售学等）中常采用机构研究法。

3. 职能研究法

即通过详细分析各种市场营销职能（如购买、销售和仓储等）和执行各种营销职能中所遇到的问题来研究市场营销的方法。以上三种方法在市场营销学初创时期颇为流行。

4. 管理研究法

它又称为决策研究法，它是从决策管理的角度来研究市场营销的问题。即依目标市场的需要，分析研究外部环境因素，同时考虑企业自身的资源条件及营销目标，选择最佳的市场营销组合以满足目标市场的需要，提高市场占有率，增加盈利。当前，西方市场营销学主要是运用这种管理决策法进行研究。

5. 历史研究法

即从事物发展变化或演变的角度来分析研究和阐述市场营销问题。例如，分析阐述市场

营销这一概念及含义的发展变化、企业经营思想的演变、零售机构的生命周期的发展演变等，从中找出它们发展的变化或演变的原因。

6. 系统研究法

它是企业管理部门在做销决策时，把企业的有关环境和市场营销活动过程看作是一个系统，统筹兼顾其市场营销系统中的各个相互影响、相互作用的组成部分，做到协同行动、密切结合，从而产生增效的作用，提高营销绩效。

三、市场营销学的研究意义

1. 市场营销对企业发展的作用

从微观角度看，市场营销是联结社会需求与企业反应的中间环节，是企业用来把消费者需求和市场机会变成有利可图的公司机会的一种行之有效的方法，亦是企业战胜竞争者、谋求发展的重要手段与方法。

（1）发现和了解消费者的需求

企业只有通过满足消费者的需求，才可能实现企业的目标，因此，发现和了解消费者的需求是市场营销的首要功能。

（2）指导企业决策

企业决策正确与否是企业成败的关键。企业通过市场营销活动，分析外部环境的动向，了解消费者的需求和欲望，了解竞争者的现状和发展趋势，结合自身的资源条件，指导企业在产品、定价、分销、促销和服务等方面做出相应的、科学的决策。

（3）开拓市场

企业市场营销活动的另一个作用就是通过对消费者现在需求和潜在需求的调查、了解与分析，充分把握和捕捉市场机会，积极开发产品，建立更多的分销渠道及采用更多的促销形式，开拓市场，增加销售。

（4）满足消费者的需要

企业通过市场营销活动，从消费者的需求出发，并根据不同目标市场的顾客，采取不同的市场营销策略，合理地组织企业的人力、财力和物力等资源，为消费者提供适销对路的产品，做好销售后的各种服务，让消费者满意。

2. 市场营销学对社会发展的意义

从宏观角度看，一方面，市场营销学强调适时、适地、以适当价格把产品从生产者传递到消费者手中，求得生产与消费在时间和地区的平衡，从而促进社会总供需平衡；另一方面，市场营销学通过指导社会营销活动，引导生产与消费，满足整个社会的需求，对实现我国现代化建设、发展我国各领域的经济起着巨大的作用。主要体现在以下四个方面：

（1）促进产品的适销对路，提高社会经济效益

成功的市场营销可减少滞销产品的生产，促进产品的适销对路，从而加快产品的周转和销售，减少产品的积压，减少资金的占用，节约有效劳动，大大提高社会的经济效益。

（2）引导消费者的需求，提高人民生活水平

有效的市场营销不仅能成功地销售产品，并且在产品的宣传过程中传播了新观念。当人们接受了新的流行时，一种新的价值观往往在他们身上潜移默化地起着作用，使原有的习俗、价值观念和社会规范发生一定变化，并直接影响到艺术、文化和政治等社会生活的各个方面，从而提高了人民的生活水平，推动了社会的发展。

（3）发展市场营销，加强第三产业的发展

第三产业在社会主义经济的发展中起着重要的作用，没有第三产业的发展，整个经济就不可能得到健康的发展。而市场营销尤其是服务市场营销是第三产业得以发展的重要条件与内容。树立市场营销的观念，努力提高服务质量和顾客满意度，我们的服务市场才会不断地壮大发展，社会主义经济才会健康稳定协调的发展。

（4）创造国际市场营销环境，促进我国经济发展

现代市场具有国际化和全性化的特点，任何一个国家的经济发展都离不开国际市场。做好市场营销有利于吸引外商来我国进行贸易与投资，也有利于我国企业进入国际市场，参与国际市场竞争，加速我国经济的发展。

第 4 节　市场营销观念及其演变

市场营销观念是企业开展市场营销工作的指导思想或者说企业的经营思想。它集中反映了企业以什么态度和思想方法去看待和处理组织（Organization）、顾客（Customer）和社会（Society）三者之间的利益关系。市场营销工作的指导思想正确与否对企业经营的成败兴衰具有决定性的意义。

企业市场营销的指导思想是在一定的社会经济环境下形成的，并随着这种环境的变化而变化。当然，指导思想的变化会促使企业的组织结构以及业务经营程序和方法的调整和改变。一个世纪以来，西方企业的市场营销观念经历了一个漫长的演变过程，可分为：生产观念、产品观念、推销观念、市场营销观念和社会营销观念这五种不同的观念。

一、生产观念

生产观念也称为生产中心论，它是一种最古老的经营思想。这种指导思想认为，消费者或用户欢迎的是那些买得到而且买得起的产品。因此，企业应组织自身所有资源，集中一切力量提高生产效率和分销效率，扩大生产，降低成本以拓展市场。显然，生产观念是一种重生产、轻市场营销的企业经营思想。

生产观念的产生背景是 20 世纪 20 年代以前，整个西方国家的国民收入还很低，生产落后，许多商品的供应还不能充分满足需要，生产企业是在市场中占主导地位的卖方市场状态，生产观念是在卖方市场条件下产生的。

20 世纪初，亨利·福特（Hennery Ford）在开发汽车市场时所创立的"扩大生产、降低价格"的经营思想，就是一种生产观念。福特汽车公司从 1914 年开始生产 T 型汽车，福特将其全部精力与才华都用于改进大规模汽车生产线，使 T 型车的产量达到非常理想的规模，大幅度地降低了成本，使更多的美国人买得起 T 型汽车。他不注重汽车的外观，曾开玩笑地

说，福特公司可供应消费者任何颜色的汽车，只要他要的是黑色汽车。这种只求产品价廉而不讲究花色式样的经营方式无疑是生产观念的典型表现。

中国在改革开放前，由于产品供不应求，生产观念在企业中盛行，主要表现为生产部门埋头生产，不问市场，商业企业将主要力量集中在抓货源上，工业部门生产什么，商品部门就收购什么，根本不问及消费者的需要。

生产观念是一种"以产定销"的经营指导思想，它在以下两种情况下仍显得有效：

第一，市场商品需求超过供给，卖方竞争较弱，买方争购，选择余地不大。

第二，产品成本和售价太高，只有提高效率，降低成本，从而降低售价，才能扩大销路。

正因为如此，时至今日，一些现代公司也时而奉行这种观念，如美国德州仪器公司（Texas Instruments）一个时期以来为扩大市场，就一直尽其全力扩大产量、改进技术以降低成本，然后利用它的低成本优势来降低售价，扩大市场规模。该公司以这种经营思想赢得了美国便携式计算器市场的主要份额。今天的许多日本企业也是把这种市场取向作为其重要的实施策略。

但是，在这种经营思想指导下运作的企业也面临一大风险，即过分狭隘地注重自己的生产经营，忽视顾客真正所需要的东西，会使公司面临困境。例如，德州仪器公司在电子表市场也采用这一战略时，便遭到了失败。尽管公司的电子表定价很低，但对顾客并没有多少吸引力。在其不顾一切降低价格的冲动中，该公司忽视了顾客想要的其他一些东西，即不仅仅要价廉，而且还要物美。

二、产品观念

产品观念认为，消费者会欢迎质量最优、性能最好、特点最多的产品，因此，企业应把精力集中在创造最优良的产品上，并不断精益求精。

产品观念是在这样的背景下产生的，相比于上一阶段，社会生活水平已有了较大幅度地提高，消费者已不再仅仅满足于产品的基本功能，而是开始追求产品在功能、质量和特点等方面的差异性。因此，如何比其他竞争对手在上述方面为消费者提供更优质的产品就成了企业的当务之急。在产品供给不太紧张或稍微宽裕的情况下，这种观念常常成为一些企业经营的指导思想。在 20 世纪 30 年代以前，不少西方企业广泛奉行这一观念。

传统上我国有不少企业奉行产品理念，"酒好不怕巷子深""一招鲜，吃遍天"等都是产品观念的反映。目前，我国还有很多企业不同程度地奉行产品观念，它们把提高产品功能与质量作为企业首要的任务，提出了"企业竞争就是质量竞争""质量是企业的生命线"等口号，这无疑有助于推动我国企业产品的升级换代，缩短与国外同类产品的差距，一些企业也由此取得了较好的经济效益。

然而，这种观念也容易导致公司在设计产品时过分相信自己的工程师知道怎样设计和改进产品，它们很少深入市场研究，不了解顾客的需求意愿，不考察竞争者的产品情况。他们假设购买者会喜欢精心制作的产品，能够鉴别产品的质量和功能，并且愿意付出更多的钱来购买质量上乘的产品。正如科特勒所言：某些企业的管理者深深迷恋上了自己的产品，以至于没有意识到其市场上可能并不那么迎合时尚，甚至市场正朝着不同的方向发展。企业抱怨自己的服装、洗衣机或其他高级家用电器质量是最好的，但奇怪的是，市场为何并不欣赏。某一办公室文件柜制造商总是认为他的产品一定好销，因为它们是世界上最好的。他说："这文件柜从四层楼扔下去仍能完好无损。"不过令人遗憾的是，没有人会在购买文件柜后，先把文件柜从四楼上扔下去再开始使用。而为了保证这种过分的产品坚固性，必然会增加产品的成本，消费者也不愿意为这些额外又无多大意义的品质付更多的钱。

这种产品观念还会引起美国营销学专家西奥多·李维特（Theodore Leavitt）教授所讲的"营销近视症"（Market Myopia）现象，即不适当地把注意力放在产品上，而不放在需要上。例如，铁路管理部门认为用户需要的是火车本身，而不是为了解决交通运输，于是忽略了飞机、公共汽车、货车和小汽车日益增长的竞争；计算尺制造商认为工程师需要的是计算尺本身而不是计算能力，以至于忽略了袖珍计算器的挑战。

案例

20 世纪 30 年代，美国以生产大型轿车著称，而且车越大利润越高，逐利的美国老板一味求大，从来没有碰过钉子。1957 年丰田在美国开设第一家全资子公司，开始正式进入美国市场，陆续推出"丰边""皇冠""光冠"等系列车型，表现非常不理想，直至 1966 年，8 年来丰田几乎一无所获，第一轮进军美国市场失败了。于是，丰田准备开始第二轮进军，首先，丰田展开大规模的市场调查，委托美国当地的专业市场调查公司访问大量的"大众"汽车的消费者，调查了美国特性、道路条件和顾客对物质生活用品的兴趣所在等几个方面，发现了美国市场由于需求趋势变化而出现的产销差距，终于，1966 年 10 月，丰田推出了"花冠"，1967 年进入美国市场，立即引起巨大的反响，销量直线上升，60 年代后半期，在美国的销量达到百万以上。

1973 年 10 月，第四次中东战争爆发，阿拉伯石油输出国组织（OPEC）发出了原油产量削减 25% 的通告，石油价格上涨了近 3 倍，突如其来的石油危机给美国汽车工业造成沉重的打击。1979 年，第二次石油危机接踵而来，石油价格又一次大幅上涨，丰田充分利用这次机遇，发挥自己节能价廉的优势，一路高歌，当年在美国的市场占有率就达到了 17%，1980 年上升到 24%。在日本车的冲击下，美国一些小厂损失惨重，纷纷倒闭，"美国汽车公司"依靠雷诺公司的追加投资才勉强维持生计，克莱斯勒公司处于破产的边缘。从此以后，丰田登上了世界第二的宝座。日本通产省认为，日本车的成功主要是由于美国车厂对于美国汽车市场偏好小型车的快速变化没能及时做出反应所致。美国通用汽车公司总裁就曾说过："在消费者没有见到汽车之前，他们怎么会知道需要什么样的汽车呢？"这种典型的产品观念无疑使通用在日本进入美国市场时的较量中丧失了机会：石油价格飞涨时期，美国设计师们仍然还在忙于如何把车做得更长，如何设计更多闪闪发光的镀件，如何设计更大排量的汽车，完全不顾消费者的使用成本和产品需求的变化。

产品观念与生产观念类似，同样不能脱离具体条件，如果产品确实有市场，但因质量太差而影响销路，供应商坚持这种质量第一的观念就会大有作为。但是，其他因素不能满足顾客需要，即使质量再好的产品也不会畅销。在现代市场经济高度发达的条件下，这种生产观念也是不适宜的。因为现代市场需求的层次是不断提高的，能够更好地满足市场需求的产品层出不穷，如果供应商的产品不能及时满足市场的更高要求，质量再好的老产品也不可能持久地占领市场。

三、推销观念

这是一种以推销为中心内容的经营指导思想。它强调企业要将主要精力用于推销工作，企业只要努力推销，消费者或用户就会更多地购买。这一观念认为，消费者通常表现出一种购买惰性或者抵触心理，故需用好话去劝说他们多买一些，企业可以利用一系列有效的推销和促销工具去刺激他们大量购买。在这种观念指导下，企业十分注重运用推销术和广告术，大量雇佣推销人员，向现实和潜在买主大肆兜售产品，以期压倒竞争者，提高市场占有率，取得更多的利润。

推销观念产生于从卖方市场向买方市场转变的时期。从 1920 年到 1945 年，西方国家社会从生产不足状态开始进入生产过剩状态，企业之间的竞争日益激烈。特别是 1929 年所爆发的严重经济危机，大量商品卖不出去，许多工商企业和银行倒闭，大量工人失业，市场萧条。残酷的事实使许多企业家认为即使物美价廉的产品，也未必能卖出去，必须重视和加强商品销售工作。

自从产品供过于求、卖方市场转变为买方市场以后，推销观念就被企业普遍采用，尤其是生产能力过剩和产品大量积压时期，企业常常本能地采纳这种理念。前些年，在我国几乎被奉为成功之路的"全员推销"典型地代表了这种理念。

应当说，推销观念有其合理性的地方，一般而言，消费者购买是有惰性的，尤其是当产品丰富和销售网点健全的情况下，人们已不再需要像战时状态那样储存大量的产品，也没有必要担心商品涨价。买商品只求"够用就行"已成为主导性的消费观念，另外，在买方市场条件下，过多的产品追逐过少的消费者也是事实。因此，加强推销工作以扩大本企业的产品信息，劝说消费者选择购买本企业产品，都是非常有必要的。

然而，推销观念注重的仍然是企业的产品和利润，不注重市场需求的研究和满足，不注重消费者利益和社会利益。强行推销不仅会引起消费者的反感，而且还可能使消费者在不自愿的情况下购买了不需要的商品，严重损害了消费者的利益，这样，反过来又给企业造成不良的后果。正如科特勒教授所指出，感到不满意的顾客不会再次购买该产品，更糟糕的情况是，感到满意的普通顾客仅会告诉其他三个人有关其美好的购物经历，而感到不满意的普通顾客会将其糟糕的经历告诉其他十个人。

四、市场营销观念

市场营销观念也称为需求中心论，它与推销观念及其他传统的经营思想存在着根本的不同。这一观念认为，实现企业营销目标的关键在于正确地掌握市场的需求，然后调整整体市场营销组织，使公司能比竞争者更有效地满足消费者的需求。这种营销观念的具体表现是顾客需要什么，就卖什么，而不是企业自己能制造什么，就卖什么。

20 世纪 50 年代以后，资本主义发达国家的市场已经变成名副其实的供过于求，卖主间竞争激烈，买主处于主导地位的买方市场。同时，科学技术发展，社会生产力得到了迅速的提高，人们的收入水平和物质文化生活水平也在不断提高，消费者的需求向多样化发展并且变化频繁。在这种背景下，企业意识到传统的经营观念已不能有效地指导新形势下的企业营销管理工作，于是市场营销观念逐步形成。

在这种观念的指导下，"顾客至上""顾客是上帝""顾客永远是正确的""爱你的顾客而非产品""顾客才是企业的真正主人"等成为企业家的口号和座右铭。营销观念的形成，不仅从形式上，更从本质上改变了企业营销活动的指导原则，使企业经营指导思想从以产定销转变为以销定产，第一次摆正了企业与顾客的位置，所以是市场观念的一次重大革命，其意义可与工业革命相提并论。

市场营销观念的意义具体可以体现为：

第一，企业的市场营销工作由以生产者为中心转向了以目标市场的顾客需要为中心，促进了"顾客至上"思想的实现。

第二，改变了企业的组织结构，提高了市场营销部门在企业中的地位，建立了以市场营销为中心的新的管理体制。

第三，改变了企业的经营程序和方法，企业的市场营销转化为整体性的营销活动过程，营销管理工作占据了重要的地位。

第四，销售工作由过去的高压或"硬卖"转变为诱导式的"软卖"，通过满足顾客的需求来获取利润。

由于市场营销观念符合"生产是为了消费"的基本原理，既能较好地满足市场需要，同时也提高了企业的环境适应能力和生存发展能力，因而自从被提出后便引起了广泛的注意，为众多企业所追捧，并成为当代市场营销学研究的主体。

案例

通用汽车公司战胜福特汽车公司而成为汽车业霸主，就是因为关注到消费者的需求和欲望的变化而取得了战略性胜利。随着时间的推移，当福特千篇一律的"T"型车已经为人们所厌倦时，通用汽车公司发现，此时的美国已产生第二代驾车族，他们多数是由年轻人组成，他们更喜欢色彩鲜艳、富有激情的汽车，不同的人由于地位不同、职业不同、个性爱好不同而需求不同，因此，专门成立了"产品政策研究特别委员会"，下设"色彩与美术部"专门研究设计能满足不同个性消费者需求的汽车，成功推出的五彩缤纷雪佛兰汽车让人们眼前一亮，迅速成为了福特"T"型车的替代者。"一切从顾客出发"的观念帮助通用汽车公司就此成为汽车业的霸主。

五、社会营销观念

社会营销观念也称为社会中心论，它是用来修正或取代市场营销观念的。这种观念认为，企业的任务是确定目标市场的需要、欲望和利益。并且在保持或增进消费者和社会福利的情况下，比竞争者更有效地满足目标市场消费者的需求。

社会营销观念产生于 20 世纪 70 年代。进入 20 世纪 60 年代以后，市场营销理念在美国等西方国家受到质疑。

首先，不少企业为了最大程度地获取利润，迎合消费者，采用各种方式扩大生产和经营，而不顾对消费者以及社会整体利益的损害。只顾生产而忽视环境保护，促使环境恶化、资源短缺等问题变得相当突出。如清洁剂工业满足了人们洗涤衣服的需要，但同时却严重污染了江河，大量杀伤鱼类，危害生态平衡。

其次，某些标榜自己奉行市场营销理念的企业以次充好、大搞虚假广告、牟取暴利，损害了消费者的权益。

最后，某些企业只注重消费者眼前需要，而不考虑长远需要。例如，化妆品，虽然短期内能美容，但其有害元素含量过高；汉堡包、炸鸡等快餐食品虽然快捷、方便、可口，但由于脂肪与食糖含量过高而不利于顾客的长期健康。

这些质疑导致了人们从不同角度对市场营销理念进行补充，如理智消费者的营销观念、生态营销观念和人道营销观念等均属于社会营销观念。

社会市场营销观念要求企业在确定营销决策时要权衡三方面的利益：企业利润、消费者需要的满足和社会利益。具体来说，社会市场营销观念希望摆正企业、顾客和社会三者之间的利益关系，使企业既发挥特长，在满足消费者需求的基础上获取经济效益，又能符合社会利益，从而使企业具有强大的生命力。许多公司通过采用和实践社会营销观念，已获得了引人注目的销售业绩，如美国的安利和强生等大公司就是其中的例子。

应当说，社会市场营销观念只是市场营销的进一步扩展，在本质上并没有多大的突破。但是，许多企业主动采纳它，主要原因是把它看作为改善企业名声、提升品牌知名度、增加顾客忠诚度、提高企业产品销售额以及增加新闻报道的一个机会。他们认为，随着环境与资源保护、健康意识的深入人心，顾客将逐渐地寻找在提供理性和情感利益上具有良好形象的企业。

案例

近年来，中国以火箭般的速度由单纯的汽车制造基地转变为巨大的汽车消费市场。来自世界各地的汽车商人，瞄准中国消费市场发动一轮又一轮的冲锋。但在中国汽车业高速发展的光环背后，尾气排放引发环境污染、能源消费吃紧的问题也逐渐显现。

当刺激的价格战不再是促进消费者购买决策的唯一途径，品牌的魅力便发挥着越来越大的作用。政策倾向以及消费者环保意识增强，中国新能源汽车市场的商机日见明显，这些因素都促使国际汽车制造商纷纷在中国市场发动以环保为重点诉求的品牌攻势。

1. 丰田展开"环保之旅"

尽管不是最早提出环保理念的汽车制造厂商，但在品牌的环保宣传方面，日本丰田汽车早就展开了品牌"环保之旅"，成为世界汽车环保意识觉醒的受益者。

宣称"没有环保就没有汽车的未来"的丰田汽车公司，自2002年以来开始推广"今天、明天、丰田（Today, Tomorrow, Toyota）"系列广告。该广告以开阔的绿色环境中飞驰的车影，与蓝天、白云和草地融为一体的汽车等场景，直接体现其产品的环保特征。

同时，丰田与中国汽车技术研究中心联手，开展关于混合动力车的研究活动，探讨将混合动力车引进中国的问题。丰田希望通过合作，提高在中国销售混合动力车的可能性。据悉，丰田公司新款混合动力轿车Prius已经停在了中国市场的大门口。

专家分析，混合动力车有可能成为未来国内销售的主要车型，而蛰伏着的丰田正是看准了中国新能源汽车市场这一巨大商机。

2. 大众力推"D"文化

柴油车技术不仅是德国大众在汽车环保研发中着重研发的核心，也是其进行品牌推广的利器。当下，大众正积极地在中国推行其品牌的"D"文化，即柴油机文化。

大众轿车品牌，是最早推出多款柴油轿车并进行市场培育的国际汽车品牌。一汽大众先是推出柴油发动机的捷达 SDI，开始在中国市场破冰；随后又派出宝来 TDI 大张旗鼓地宣传柴油轿车众多环保优点；接着是奥迪 A6 柴油版继续探路；柴油版高尔夫和柴油版 POLO 也在其合资供应商的生产计划之中。

据悉，大众还参与了国家环保总局的《柴油车排放污染控制技术政策》研究工作，为其在中国的发展赢得技术上的空间。

专家认为，中国可能成为未来世界上最大的柴油车市场。依靠大众在国际柴油轿车领域的领先地位，加之在中国市场的捷足先登，如果中国消费者能够接受柴油轿车，大众至少可以占据50%的份额。

3. 通用绘制"氢"蓝图

众所周知，通用的主攻方向是氢燃料电池车的研发。通用以"环保动力先锋"的品牌标签，竭力向中国消费者绘制"氢经济"时代的未来交通系统。

2002 年通用汽车全球范围内规模最大的一次高新科技巡展——2003 能源动力高新科技全球巡展活动在北京展开，首次全面地向中国观众展现其在新能源新动力利用方面的近期、中期和远期的研发成果、目标及战略。通用研发的未来轿车"氢动 3 号"燃料电池车也在北京长城亮相。

据悉，目前美国通用公司和上海通用正在研究向中国市场推出混合动力车的可行性，如果开始实行，将会引进一款小型 SUV 混合动力车。

汽车环保意识的提升使得中国消费者对一个汽车品牌代表的环保内涵有了更高的期待。人们更愿意看到，汽车制造商，这个汽车环保系统中的一员，对汽车环保的承诺不止是在树立和推广品牌方面，而是以市场实际为基础，持之以恒地将汽车环保进行到底，让更科学的、实际使用功能更好的环保汽车走进中国寻常百姓的生活。

汽车市场营销观念代表的是汽车制造商决策者对于汽车市场的根本态度和看法，是指导制造商开展或决定一切经营活动的出发点，因此，汽车市场营销观念的正确与否直接影响汽车供应企业的兴衰。随着社会的不断进步，市场竞争也不断发生着变化，市场营销观念也不断发生着变化。由于制造商决策者的更替等因素，也会导致制造商营销观念发生变化，从而导致企业向不同的方向发展，就像前面讲述的各个案例中，通用汽车公司历任总裁的观念是不同的，企业的发展也是不同的。

第 5 节　市场营销要素和市场营销组合

一、营销要素的概念

市场营销活动是供应商采取的经营活动，是为了满足顾客需求，促进市场交易而运用的各种市场营销手段。这些手段多种多样，是供应商能自主决定的营销手段，且在促进交易和满足顾客需求中发挥着不同的作用。为了便于分析和运用各种供应商可控制市场营销手段，美国市场营销学家麦肯锡教授把各种市场营销手段归纳为四大类营销要素：产品（Product）、价格（Price）、渠道（Place）和促销（Promotion）。这几个词的英文字头都是 P，故称 4PS。因此，目前大多数对市场营销的研究就是如何使顾客在合适的地点以其可接受的价格获得其需求的产品，研究中许多基本原理和内容都是围绕着这四个营销要素展开的。由于这四个营销要素是供应商能自主决定的营销手段，故称可控因素。

以上产品、价格、渠道和促销这四个营销要素是对各种营销手段的高度归纳，每个要素还包含有若干特定的子因素（或称变量），从而在 4PS 组合下，又形成每个 P 的次组合。对于汽车市场营销而言：

①产品：主要是指生产商（或供应商）生产什么样的产品——汽车，通过处理和调查顾客的需要和欲望，并设计能满足他们的产品。它包括汽车的功能、型号、外观、式样、体积、颜色、品牌、性能、商标、服务和质量保证等子因素。这些子因素的组合，构成了产品组合要素。

②价格：主要是指生产商（或供应商）对汽车如何定价，通过处理和调查顾客的购买能力和购买习惯，并设计能让他们接受的价格以及方式。它包括基本价格、折扣、返利、付款时间和信贷条件等，构成了价格组合要素。顾客关心的是在一场交易中获得的价值。价格常被用来作为竞争的手段。激烈的价格竞争有时会导致价格大战，但高价也会被用来建立产品的形象。

③渠道：主要是指生产商（或供应商）通过怎样的渠道和过程将汽车送达到消费者手中，包括销售渠道、储存设施、运输和存货控制等，构成了渠道组合要素。为了满足顾客需要，产品必须出现在合适的时间和便捷的地点。在处理营销渠道因素时，供应商要使市面上的产品的数量尽可能地满足目标市场的顾客需要，同时也要把存货、运输和仓储的总体成本降至最低。

④促销：主要是指生产商（或供应商）采取什么样的方式让消费者知晓并了解其销售的汽车，激发消费者的购买欲，促进交易达成，包括人员推销、广告、公共关系、营业推广和售后服务等，构成了促销组合要素。

以上这些子因素中，某些子因素尚可进一步细分。例如，质量可分为高、中、低三个档次；价格也可分为高、中、低三种价格；广告按其所用媒体不同，可分为报刊、电视、广播和橱窗广告等多种。所以市场营销组合有许多种组合形式，其组合数目非常大，而且只要其中某一个因素发生变化，就会出现一个新的组合。因此，市场营销活动需要科学性和艺术性紧密结合，在选择市场营销因素组合时，必须要通过对环境的客观分析以及对消费者需求的深刻理解，根据供应商的具体情况进行可行性选择。营销因素不能选择得太多太复杂，否则随着市场营销因素的增多，经过排列组合，可采取的市场营销组合数量会大大增加，供应商的资金将会被分散，同时也对管理水平提出了较高的要求，因此盲目过多地选择市场营销组合要素是不现实的，也是毫无意义的。

二、市场营销组合

在现代市场营销活动的实践中，由于市场竞争激烈，营销手段层出不穷，供应商为了满足顾客需求，促成市场交易，在市场上获得成功，达到预期的经营目标，仅仅运用一种营销手段而无其他营销手段相配合，是难以获得成功的。从前面介绍过的五种主要营销观念中不难看出，生产观念、产品观念和推销观念是比较初级的营销观念，这些观念分别只是强调营销活动要素中的价格、产品或促销这些单一要素，而忽视将几种要素组合起来运用，事实证明，这样做在现代市场环境中是难以获得成功的。因此，必须综合利用各种可控制的营销手段，将这些营销手段进行整体组合，使其互相配合，从不同角度发挥最佳作用，供应商才可能获得成功。市场营销组合，也就是将产品、价格、渠道和促销这 4 个最基本的营销要素进行适当组合与搭配，从不同角度发挥最佳作用，从而达到经营目标。市场营销组合体现供应商的市场营销观念指导下的整体营销思想。

产品、价格、渠道和促销的 4PS 是市场营销过程中可以控制的因素，也是供应商进行市场营销活动的主要手段。通过对它们的具体运用，形成了供应商的市场营销战略。它们之间不是彼此分离的关系，而是相互依存、相互影响和相互制约的关系。而且，这些手段不能脱离目标市场需求以及营销环境，营销环境包括竞争、经济、政治、法律法规、技术和社会文化力量，这些因素难以被企业控制，但会对消费者造成很大影响。因此，在营销过程中，供应商必须从目标市场需求和市场营销环境的特点出发，根据供应商的资源条件和优势，综合运用各种市场营销手段，形成统一的、配套的市场营销战略，使他们发挥整体效应，争取最佳的效果和作用。

三、现代营销组合趋势

1. 4CS 营销组合

4PS 是站在供应商的角度进行研究，其目的是用于指导供应商在其营销观念的指导下如何实现成功的市场营销活动。应该注意到，一切营销活动都是围绕消费者展开，消费者是起支配作用的一方，那到底是什么因素促使消费者产生购买行为呢？只有分析研究清楚了消费者购买行为的决定因素，供应商的营销组合才会有方向性，才会合理有效。罗伯特·劳特伯恩强调每一营销工具应从顾客出发，为顾客提供利益。所以，他提出了与 4PS 相对应的顾客 4CS 要素：顾客需要与欲望（Customers and wishes）、费用（Cost）、便利（Convenience）和交流（Communication），由于这四个词第一个字母都是"C"，因此，称之为 4CS。4CS 具体的内涵是：

① 顾客需要与欲望：主要是指消费者需要什么样的产品。

② 费用：主要是指消费者为获取这一产品能承受多少费用。

③ 便利：主要是指这种产品是否容易买到，它有多少销售网点，提供什么服务？就顾客而言，便利性属于服务范畴。

④ 交流：主要是指购买者接受什么样的信息交流方式。

2. CS 营销战略

同样是围绕着消费者而展开的营销活动，4PS 是站在供应商的角度进行研究，4CS 是从消费者利益的角度出发进行研究。但是，现代营销学者们发现仅仅这样还是不够的，在现代社会，企业要能实现长期发展，赢得长期顾客，还需要创造顾客满意。

美国市场营销大师菲利普·科特勒在《营销管理》一书中指出："企业的整个经营活动要以顾客满意度为指针，要从顾客角度，用顾客的观点而非企业自身利益的观点来分析考虑消费者的需求"。越来越多的供应商发现一个满意的顾客会有这样的状态：购买的产品更多和对产品"忠诚"更久；听从公司介绍购买附加产品和对产品升级换代；为公司和产品说好话；忽视竞争品牌和广告，对低价也不敏感；向公司提出产品或服务的建议；由于交易规范化而比新顾客降低了服务成本。据美国汽车业的调查，一个满意的顾客会引发 8 笔潜在生意，其中至少有 1 笔成交，一个不满意的顾客会影响 25 个人的购买意愿。争取一位新顾客所花的成本是保住一位老顾客所花成本的 6 倍。顾客满意成了现代企业活动的基本准则，越来越多的企业把顾客满意作为经营成功的绩效指标。如何实施基于顾客满意的营销战略，已成为现代企业市场竞争的一个重要课题。

CS 是英文 Customer Satisfaction 的缩写，意为顾客满意，称之为 CS 战略。它是一种新的营销管理战略。CS 战略的指导思想是：企业的全部经营活动都要从满足顾客的需要出发，以提供满足顾客需要的产品或服务为企业的责任和义务，以满足顾客需要、使顾客满意为企业的经营目的。CS 战略强调以顾客为中心，打破了企业传统的市场占有率推销模式，建立起一种全新的顾客满意营销导向。

CS 战略始创于 20 世纪 80 年代末。90 年代初，在美国、瑞典和日本等国家的一些先进企业实施过程中，均取得了显著的成效。实践表明，CS 战略是一种行之有效的现代企业经营战略。它以顾客为中心，更适合现代市场的营销理念；它以顾客需求为导向，通过顾客满意系统的运行，赢得忠诚满意的顾客群。CS 战略与传统经营战略最大的区别在于对待顾客的态度不同。前者尊重顾客并站在顾客角度审视企业的经营活动，传统经营战略更多考虑的是如何卖东西给顾客而很少关注顾客的情感消费。当今世界一场深刻的 CS 革命正在到来，因为它根植于一个这样的浅显道理：在现代市场竞争中，使顾客满意的企业是不可战胜的。保持顾客满意是企业经营活动的基本准则，CS 战略是现代企业制胜的关键。

因此，供应商在进行市场营销战略规划时，不仅仅要考虑到如何满足顾客的需求，还要考虑如何实现客户满意，进行合理有效的营销组合策略。具体该如何选择营销组合策略，在本书后面的章节将详细分析。此外，必须指出的是，市场营销组合不是固定不变的静态组合，而是经常变化的动态组合。供应商应善于动态地使用可以控制的市场营销因素，制订市场营销组合策略，以适应外部不可控因素的变化，在市场上争取主动，从而提高市场竞争能力，使供应商能更好地生存和发展。

本章小结

市场是社会分工和商品经济发展到一定程度的产物，狭义的市场指的是商品交换的场所，广义的市场则是由那些具有特定需要或欲望，且愿意并能够通过交换来满足这种需要或欲望的全部顾客所构成的，这种市场范围，既可以指一定的区域，也可以指一定的商品，甚至还可指某一类经营方式等。

市场营销是个人和群体通过创造产品和价值，并同他人进行交换以获得所需所欲的一种社会及管理过程。为了加深对市场营销概念的理解，应该掌握它的一些基本的核心概念，具体包括需要、欲望和需求，商品与服务，价值与满足，交换与交易以及营销者。市场营销学是在经济学和行为科学等学科基础上发展起来的，它重点研究以市场为导向的企业市场营销活动及其规律性，采用了产品、机构、职能、历史、管理和系统这六种研究方法。市场营销学是一门动态发展的学科，随着经济社会的发展变化而不断地更新内容，市场营销观念是企业开展市场营销工作的指导思想或者说企业的经营思想，它集中反映了企业以什么态度和思想方法去看待和处理组织、顾客和社会三者之间的利益关系，市场营销工作的指导思想正确与否对企业经营的成效兴衰具有决定性意义。

　　企业市场营销的指导思想是在一定的社会经济环境下形成的，并随着这种环境的变化而变化。一个世纪以来，西方企业的市场营销观念经历了一个漫长的演变过程，可分为：生产观念、产品观念、推销观念、市场营销观念和社会营销观念这五种不同的观念。

关键词

市场（Market）　　　　　　　　　　市场营销（Marketing）

需求（Demand）　　　　　　　　　　商品（Goods）

服务（Service）　　　　　　　　　　顾客满意（Customer Satisfaction）

顾客价值（Customer Value）　　　　交易（Transaction）

营销者（Marketer）　　　　　　　　生产观念（Production Concept）

产品观念（Product Concept）　　　　推销观念（Selling Concept）

营销观念（Marketing Concept）　　　社会营销观念（Societal Concept）

思考与练习

1．概念理解

（1）任何能满足人们某一种需要的东西都可称为是_____，而不管它是否是有形的还是无形的。

（2）从广义的市场概念来看，_____等三要素同时具备时，企业才算拥有市场。

（3）_____ $= \dfrac{利益}{成本} = \dfrac{功能利益 + 情感利益}{金钱成本 + 时间成本 + 精力成本 + 体力成本}$，是顾客从拥有和使用产品中所获得的价值与为取得该产品所付出的成本之比。

（4）要使交换双方获得双赢，则交换过程必须需要满足：

_____；

第二，每一方都要有对方所需要的有价值的东西；

第三，每一方都要有沟通信息和传递信息的能力；

第四，每一方都可以自由地接受或拒绝对方的交换条件；

第五，每一方都认为同对方的交换是称心如意的？

（5）在五种可供选择的观念中，_____是以产品为中心来指导企业市场营销活动的。

2．思考与讨论

（1）生产观念与产品观念有何不同？

（2）企业采用社会营销观念指导市场营销活动，将对企业运作产生什么样的影响？

（3）需求与需要有何不同？企业若把两者混淆将会产生什么不良的后果？

（4）如何理解彼得·德鲁克所言：营销的目的就是要使推销成为多余。

（5）营销观念是否意味着企业就应当把自己局限于消费者想要满足的那些欲望和需求中来开展营销活动？

案例分析

以顾客为中心的日本大荣百货公司

大荣公司是日本最大的百货公司，其创始人中内是个上过大学的退役军人。在 1957 年 9 月，中内在日本千林车站前开设了一个面积为 53m² 的小商店，职工 13 人，全部资金仅有 8400 美元，开始只经营药品，后来扩展到经营糖果、饼干等食品和百货。大荣公司的经营决策是：一切以顾客为中心，由此走上了成功的道路。

大荣公司认为，凡是消费者所需要的商品，只要做到物美价廉、供货及时，总是可以卖出去的。其中，重要的一点是满足消费者对价格的要求。为了满足顾客对价格的要求，他们打破通常意义上的以进货价格加上利润和其他管理费作为零售价格的观念，在深入调查消费者需要哪些商品的基础上，着重了解消费者认为合适并可以接受的价格，以此为采购和进货的基础。因此，商店确定了"1、7、3"原则，即商店经营毛利润率为 10%，经费率仅为 7%，纯利润率为 3%。从这个原则可以看出，商店的经营盈利率是相当低的。但是由于赢得了广大消费者的欢迎，商品出售很快，销售量很大，资金周转也很快，所以商店的利润还是相当可观的。

与此同时，依据一切以顾客为中心的决策，大荣公司在经营过程中，把所经营的商品整理归类，按合理的计划和适宜的方法进行批发和零售。以衬衫为例，其他商店基本上是统一样式分为大、中、小三种规格，不同规格具有不同价格，而大荣公司则不同，他们和生产厂方协调一致，确定一个消费者满意、产销双方又有利可图的采购价格，深受消费者的欢迎，销售量扩大，销售额剧增。

另外，大荣集团在耗资 760 亿日元兴建福冈"巨蛋"体育馆时，全面推行符合 CS（顾客满意）精神的"人性化"经营战略，使大荣公司在消费者心目中树立起美好的形象，生意声誉日隆。1995 年，日本大荣公司营业额高达 250 亿美元，占亚洲第一，在国内拥有 1 200 家大型超市、6700 多家便利店、220 多家大型百货商店和 7 个大型配送中心。

思考题

1. 你认为大荣公司采用的是什么样的营销观念？

2. 本案例中，大荣公司通过哪些方面来体现一切以顾客为中心？

3. 大荣公司成功的启示是什么？

第 2 章　汽车市场营销环境分析

【本章教学要点】

知识要点	掌握程度	相关知识
汽车市场营销环境的概念和特点	掌握市场营销环境的概念和特点	汽车市场营销环境的概念和特点
市场微观环境与宏观环境的概念	掌握市场微观环境与宏观环境的概念	掌握市场微观环境与宏观环境的概念
汽车市场营销宏观环境所包括的内容和具体的分析方法	掌握汽车市场营销宏观环境所包括的内容和具体的分析方法	汽车市场营销宏观环境所包括的内容和具体的分析方法

　导入案例

丰田公司应对汽车市场环境变化的成功案例

　　1970 年，美国发布了限制汽车排放废气的"马斯基法"，而丰田早在 1964 年就把省油和净化技术列为自己的技术发展战略，并一直进行相应的技术研究。为了研制废气再循环装置和催化剂转换器，丰田在当时的 7 年间投入了 10 000 亿日元的资金和 1 万人的力量。仅废气处理系统就开发出丰田催化方式、丰田稀薄燃烧方式和丰田触媒方式三种，并很快在"追击者"高级轿车上安装了这些装置，从而在这一技术领域把美国人远远甩在了后边。同时，丰田还与其他日本汽车厂家一起开发了节约燃料 25% ~ 30% 的省油车，以后又开发出了防止事故发生和发生事故后保证驾驶人员安全的装置。这些对受石油危机冲击后渴望开上既经济又安全轿车的美国人来说，无异于久旱逢甘露。5 年间，在其他厂家的汽车销售直线下滑的情况下，丰田在美国的销售却增加了 2 倍。

　　一位美国汽车行业人士事后对照丰田的做法和当时美国汽车公司的反应，发表了这样的看法："在 1973 年阿以战争和接着出现的石油危机之后，对一些问题的回答是非常清楚的。整个世界陷于一片混乱之中，对这种局势我们必须立即做出反应。小型的、节油的、前轮驱动的汽车是今后的趋向。"

　　"做出这样的推测不必是什么天才，只需要看看对底特律来说最可怕的 1974 年的销售数字就行了。通用汽车公司的汽车销售总数较上年下降了 150 万辆，福特公司的销售数也减少 50 万辆。小型车大多来自日本，而且销路极好。"

"在美国要提高生产小型车的效率是很费钱的事情。但是，有些时候，你除了作出巨额投资之外，没有任何其他的选择。通用汽车公司耗资数十亿来生产小型汽车。克莱斯勒公司也对节油型号的汽车投入了一大笔钱。但是，对亨利（福特的董事长）来说，生产小型车是没有出路的。他最喜欢用的说法'微型汽车，低微利润。"

"你又能靠小型汽车赚钱，这毕竟是对的——至少在美国是这样。这一点，一天天变得更正确。但是这并不意味着我们就不应该制造小型汽车，即使不出现第二次石油短缺的前景，我们也必须使我们的经销商保持心情舒畅。如果我们不向他们提供消费者需要的小型车，这些经销商便会与我们分手，另谋出路，甚至去为本田或丰田公司工作。"

"严酷的现实是，我们必须照顾购买力较低的那部分市场。如果再加上爆发石油危机的因素，这种论点就更是正确无疑了。我们不提供小型节油的汽车，就像开一家鞋店而告诉顾客：对不起，我们只经营9号以上的鞋。"

"制造小型汽车已成为亨利不愿意谈及的事。但是我坚持我们必须设计一种小型的、前轮驱动的汽车——至少在欧洲设计一种小型车的确很有意义。"

"于是派遣我们的高级产品的设计师到大西洋彼岸去工作，很快就装配出了一辆崭新的假日型汽车。它是一种前轮驱动和配有横置发动机的型号很小的汽车，简直妙不可言，也很受市场欢迎。"

第 1 节　汽车市场营销环境概述

　　汽车的市场营销活动，是在不断发展、变化的环境条件下进行的，它既对汽车市场产生影响，又对汽车营销造成制约。这来自市场影响和营销制约的两种力量，就是汽车市场营销环境，它包括宏观环境和微观环境。汽车市场营销环境分析的目的：一是要发现汽车市场环境中影响汽车营销的主要因素及其变化趋势；二是要研究这些因素对汽车市场的影响和对汽车营销的制约；三是要发现在这样的环境中的机会与威胁；四是要善于把握有利机会，避免可能出现的威胁，发挥汽车市场营销者的优势，克服其劣势，制订有效的汽车市场营销战略和策略，实现汽车市场营销目标。

一、汽车营销环境的概念与特征

（一）汽车营销环境的概念

　　美国著名市场营销学家菲利普·科特勒将市场营销环境定义为"企业的营销环境是由企业营销管理职能外部的因素和力量组成的。这些因素和力量影响营销管理者成功地保持和发展同其目标市场顾客交换的能力"。也就是说，市场营销环境是指企业有潜在关系的所有外部力量与机构的体系。因此，对汽车营销来说，汽车市场营销环境的研究是汽车营销活动最基本的课题。

　　汽车市场环境是汽车营销活动的约束条件。汽车营销管理者的任务不但在于适当安排营销组合，使之与外面不断变化着的营销环境相适应，而且要创造性地适应和积极地改变环境，创造或改变顾客的需要。这样才能实现潜在交换，扩大销售，更好地满足目标顾客日益增长的需要。

汽车市场营销环境分析的意义在于：

① 汽车市场营销环境分析是汽车企业市场营销活动的立足点。

汽车企业的市场营销活动，是在复杂的市场环境中进行的。社会生产力水平、技术进步变化趋势、社会经济管理体制和国家一定时期的政治经济任务，都直接或间接地影响着汽车企业的生产经营活动，左右着汽车企业的发展。

1983 年，美国经济从石油危机的影响中摆脱出来，汽车市场需求大增，而对美国最大汽车出口国日本却因"自愿出口限制"配额影响，每年只能从日本进口 10 万辆汽车，造成进口车供需之间的巨大差距。加上此时日元升值，日本汽车制造商采取了高档车转移方针。而美国三大汽车厂商对低价车毫不重视，并趁日本车涨价之机调高同类车售价。引进日本三菱技术的韩国现代汽车公司，立足于对当时美国汽车市场营销环境的详细调查、预测和分析，确定了质优价廉的产品战略，提出"日本车的质量、韩国车的价格"的营销推广口号，进军美国汽车市场。韩国现代汽车公司 1986 年进入美国市场，当年汽车销量就达到 168 882 辆，是同期日本铃木公司 60 983 辆销量的 2.5 倍。

② 汽车市场营销环境分析使汽车企业发现经营机会，避免环境威胁。

汽车企业通过对汽车市场营销环境的分析，在经营过程中就能发现经营机会，取得竞争优势；同时，避免环境威胁就是避免汽车营销环境中对企业不利的趋势。如果没有适当的应变措施，则可能导致某种产品甚至整个企业的衰退或被淘汰。

在开创汽车市场的时代时，许多人扔掉马车，换来汽车。对于这样一种市场来说，福特汽车顺应从乡村转入城市这一潮流，本身敞开式的 T 型车自然是完美无缺的。但是到了 20世纪 20 年代，市场上的买主是已经有了一辆车的人，他们对自己运输方面的要求已不仅仅局限于经济实惠，而是要求有漂亮的颜色、四轮驱动、减振器、变速器、低压大胎和流线型车体。这时福特汽车公司只是对 T 型车进行局部改进；而通用汽车公司已通过对汽车市场营销环境的研究分析，转向提供多姿多彩、线条优雅的新型汽车。通用汽车公司的汽车既有方便的取暖器，又用自动离合器代替手柄，即使妇女驾车，也感到舒适惬意。由于福特汽车公司忽视了对变化了的汽车市场营销环境的分析，没能及时把握经营机会，又没有对来自通用汽车公司的竞争威胁做出有效的反应，当通用汽车公司推出新型车雪佛兰时，福特汽车公司的 T 型车只能黯然退出历史舞台。

③ 汽车市场营销环境分析使汽车企业经营决策具有科学依据。

汽车市场营销经营受着诸多环境因素的制约，是一个复杂的系统，企业的外部环境、内部条件与经营目标的动态平衡，是科学决策的必要条件。企业要通过分析找出自己的优势和缺陷，发现由此给企业带来汽车市场上相对的有利条件和不利因素，使企业在汽车营销过程中取得较好的经济效益。

（二）汽车市场营销环境的特点

汽车市场营销环境是一个多因素、多层次而且不断变化的综合体。其特点主要表现在以下五个方面：

1. 客观性

企业总是在特定的社会经济和其他外界环境条件下生存和发展的。不管你承认不承认，企业只要从事市场营销活动，就不可能不面对着这样或那样的环境条件，也不可能不受到各种各样环境因素的影响和制约，包括微观的和宏观的。一般来说，企业是无法摆脱营销环境影响的，它们只能被动地适应营销环境的变化和要求。因此，企业决策者必须清醒地认识到这一点，要及早做好充分的思想准备，随时应付企业将面临的各种环境的挑战。

2. 差异性

市场营销环境的差异性不仅表现在不同的企业受不同环境的影响，而且同样一种环境因素的变化对不同企业的影响也不相同。例如，不同的国家、民族和地区之间在人口、经济、社会文化、政治、法律和自然地理等各方面存在着广泛的差异性，这些差异性对企业营销活动的影响显然是很不相同的。再如，我国汽车企业处于相同的国内经济环境和政治法律环境、技术环境、竞争环境等，但这些环境对不同企业影响的程度是存在着差异的。由于外界环境因素的差异性，汽车企业必须采取不同的营销策略才能应付和适应这种情况。

3. 相关性

市场营销环境是一个系统，在这个系统中各个影响因素是相互依存、相互作用和相互制约的。这是由于社会经济现象的出现，往往不是由某一个单一的因素所能决定的，而是受到一系列相关因素影响的结果。例如，企业开发新产品时，不仅要受到经济因素的影响和制约，更要受到社会文化因素的影响和制约。再如，价格不但受市场供求关系的影响，而且还受到科技进步及财政政策的影响。因此，要充分注意各种因素之间的相互作用。

4. 动态性

营销环境是企业营销活动的基础和条件，这并不意味着营销环境是一成不变的、静止的。恰恰相反，营销环境总是处在一个不断变化的过程中，今天的环境与十多年前的环境相比已经有了很大的变化。例如，国家产业政策，过去重点放在航天工业上，现在已明显向农业、轻工业和服务业倾斜，这种产业结构的变化给企业的营销活动带来了决定性的影响。再如，我国消费者的消费倾向已从追求物质的数量化为主流正在向追求物质的质量及个性化转变，也就是说，消费者的消费心理正趋于成熟。这无疑会对企业的营销行为产生最直接的影响。

5. 不可控性

影响市场营销环境的因素是多方面的，也是复杂的，并表现出企业的不可控性。例如，一个国家的政治法律制度、人口增长以及一些社会文化习俗等，企业不可能随意改变。而且，这种不可控性对不同企业表现不一，有的因素对某些企业来说是可控的，而对另一些企业则可能是不可控的；有些因素在今天是可控的，而到了明天则可能变为不可控因素。另外，各个环境因素之间也经常存在着矛盾关系。例如，消费者对家用电器的兴趣与热情就可能与客观存在的电力供应的紧张状态相矛盾，那么这种情况就使企业不得不做进一步的权衡，在利用可以利用的资源前提下去开发新产品，而且企业的行为还必须与政府及各管理部门的要求相符合。

二、市场营销环境与企业活动

市场营销环境通过其内容的不断扩大及其自身各因素的不断变化，对企业营销活动造成影响。企业营销活动既要积极适应营销环境，又要设法改变营销环境。

市场营销环境是企业经营活动的约束条件，它对企业的生存和发展有着极端重要的影响。现代营销学认为，企业经营成败的关键，就在于企业能否适应不断变化的市场营销环境。由于生产力水平的不断提高和科学技术的不断进步，当代企业外部环境的变化速度，远远超过企业内部因素变化的速度。因此，企业的生存和发展，越来越决定于其适应外界环境变化的能力。"适者生存"既是自然界演化的法则，也是企业营销活动的法则，如果企业不能很好地适应外界环境的变化，则很可能在竞争中失败，从而被市场所淘汰。强调企业对所处环境的反应和适应，并不意味着企业对于环境是无能为力或束手无策的，只能消极被动地改变自己以适应环境，而是应从积极主动的角度出发，能动地去适应营销环境。也就是说，企业既可以以各种不同的方式增强适应环境的能力，避免来自营销环境的威胁，也可以在变化的环境中寻找自己的新机会，并可能在一定的条件下转变环境因素，或者说运用自己的经营资源去影响和改变营销环境，为企业创造一个有利的活动空间，然后再使营销活动与营销环境取得有效地适应。

美国学者菲利普·科特勒针对该种情况，提出了"大市场营销"理论。该理论认为，企业为了成功地进入特定市场或者在特定市场经营，可应用经济的、心理的、政治的和公共关系技能，赢得若干参与者的合作。科特勒举例说，假设某家百货公司拟在美国某城市开设一家商店，但是当地政府的法律不允许它开店，在这种情况下，它必须运用政治力量来改变法律，才能实现企业的目标。"大市场营销"理论提出企业可以运用能控制的方式或手段，影响造成营销障碍的人或组织，争取有关方面的支持，使之改变做法，从而改变营销环境。这种能动的思想不仅对开展国际市场营销活动有重要指导作用，对国内跨地区的市场营销活动也有重要意义。因此，营销管理者的任务不但在于适当安排组合，使之与外部不断变化的营销环境相适应，而且要积极地、创造性地适应环境并积极改变环境，创造或改变目标顾客的需要。只有这样，企业才能发现和抓住市场机会，因势利导，进而在激烈的市场竞争中立于不败之地。

第 2 节　汽车市场宏观环境

宏观环境（macro - environment），是指能影响整个微观环境和企业营销活动的广泛性因素，包括人口环境、自然环境、经济环境、科技环境、政策法律环境以及社会文化环境等。一般地说，企业对宏观环境因素只能适应，不能改变。宏观环境因素对企业的营销活动具有强制性、不确定性和不可控性等特点。宏观环境力量如图 2.1 所示。

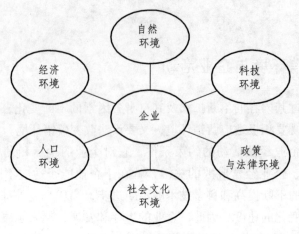

图 2.1 宏观环境力量

一、人口环境

人口环境（demography environment），是指一个国家和地区（企业目标市场）的人口数量、人口质量、家庭结构、人口年龄分布及地域分布等因素的现状及其变化趋势。

人口环境对企业的市场需求规模、产品的品种结构、档次以及用户购买行为等市场特征具有决定性影响。例如，供老年人使用的汽车就应在安全、方便、舒适等方面满足老年人的需要，而不必过于强调汽车的最高车速和设计上的标新立异。同时，如果人口老龄化现象增加，将意味着适合老年人消费的大型车的市场规模扩大。

汽车市场营销人员在分析研究人口环境时，应注重区别人口环境对国际、国内两个汽车市场的不同影响。如对西方发达国家而言，由于汽车，尤其是轿车，已经作为耐用消费品广泛地进入家庭，对于这样的汽车市场，营销者就应更加重视研究目标市场的人口环境特点，以便展开正确的营销活动。

对国内汽车市场而言，由于汽车尚未广泛进入家庭，营销者在进行家用轿车市场的人口环境分析时，应着重分析高收入阶层的人口数量、职业特点和地理分布等因素的现状及其发展变化；同时，营销者还必须注意到我国人口众多、人民生活水平日益提高和人们对交通的需要迅速增加的事实，汽车特别是轿车作为耐用消费品广泛进入中国家庭已经起步。因而，汽车企业应加强对我国人口环境因素具体特点的研究，充分做好各项营销准备，以抓住不断增加的营销机会。

二、自然环境与汽车使用环境

1. 自然环境

自然环境（natural environment），是指影响社会生产的自然因素，主要包括自然资源和生态环境。自然环境对汽车企业市场营销的影响是：①自然资源的减少将对汽车企业的市场营销活动构成一个长期的约束条件。由于汽车生产和使用需要消耗大量的自然资源，汽车工业越发达，汽车普及程度越高，汽车生产消耗的自然资源也就越多，而自然资源总的变化趋势是日益短缺的。②生态环境的恶化对汽车的性能提出了更高的要求。生态与人类生存环境总的变化趋势也是日趋恶化，环境保护将日趋严格，而汽车的大量使用又会明显地产生环境污染，因而环境保护对汽车的性能要求将日趋严厉，这对企业的产品开发等市场营销活动将产生重要的影响。

汽车企业为了适应自然环境的变化，应采取的对策包括：①发展新型材料，提高原材料的综合利用。例如，第二次世界大战以后，由于大量采用轻质材料和新型材料，每辆汽车消耗的钢材平均下降 10% 以上，自重减轻达 40%。②开发汽车新产品，加强对汽车节能、改进排放新技术的研究。例如，汽车燃油电子喷射技术、主动和被动排气净化技术等都是汽车工业适应环境保护的产物。③积极开发新型动力和新能源汽车。例如，国内外目前正在广泛研究电动汽车、燃料电池汽车和混合动力汽车和其他能源汽车等。

2. 汽车使用环境

汽车使用环境，是指影响汽车使用的各种客观因素，一般包括气候、地理、车用燃油、道路交通和城市建设等因素。

（1）自然气候

自然气候，包括大气的温度、湿度、降雨、降雪、降雾和风沙等情况以及它们的季节性变化。自然气候对汽车使用时的冷却、润滑、起动、充气效率和制动等性能以及对汽车机件的正常工作和使用寿命产生直接影响。因而汽车企业在市场营销的过程中，应向目标市场推出适合当地气候特点的汽车，并做好相应的技术服务，以使用户科学地使用本企业的产品并及时解除用户的使用困难。

（2）地理因素

这里所指的地理因素，主要包括一个地区的地形地貌、山川河流等自然地理因素和交通运输结构等经济地理因素。

地理因素对汽车企业市场营销的影响有：

① 经济地理的现状及其变化，决定了一个地区公路运输的作用和地位的现状及其变化，它对企业的目标市场及其规模和需求特点产生影响。

② 自然地理对经济地理尤其对公路质量（如道路宽度、坡度、弯度、平坦度、表面质量、坚固度、隧涵及道路桥梁等）具有决定性影响，从而对汽车产品的具体性能有着不同的要求。因而汽车企业应向不同地区推出性能不同的汽车产品。例如，汽车运输曾是西藏自治区交通运输的唯一方式，针对西藏的高原、多山和寒冷的地理气候特点，有些汽车公司推出了适合当地使用条件的汽车，而其他公司的汽车产品却因不能适应当地的使用条件，产品难以经受住使用考验。

（3）车用燃油

车用燃油，包括汽油和柴油两种成品油。它对汽车企业营销活动的影响有：

① 车用燃油受世界石油资源不断减少的影响，将对传统燃油汽车的发展产生制约作用。例如，20 世纪在两次石油危机期间，全球汽车产销量大幅度下降。

② 车用燃油中汽油和柴油的供给比例影响到汽车工业的产品结构，进而影响到具体汽车企业的产品结构。例如，柴油短缺对发展柴油汽车就具有明显的制约作用。

③ 燃油品质的高低对汽车企业的产品决策具有重要影响，譬如，燃油品质的不断提高，

汽车产品的燃烧性能亦应不断提高。

车用燃油是汽车使用环境的重要因素，汽车企业应善于洞察这一因素的变化，并及时采取相应的营销策略。例如，日本各汽车企业在 20 世纪 70 年代就成功地把握住了世界石油供给的变化趋势，大力开发小型、轻型和经济型汽车，在两次石油危机中赢得了营销主动，为日本汽车工业一跃成为世界汽车工业的强国奠定了基础；而欧美等国的汽车企业因没有把握好这一因素的变化，以至于形成日后竞争被动的局面。

（4）公路交通

公路交通，是指一个国家或地区公路运输的作用，各等级公路的里程及比例，公路质量，公路交通量及紧张程度，公路网布局，主要附属设施如停车场、维修网、加油站及公路沿线附属设施等因素的现状及其变化。公路交通对汽车营销的影响有：

① 良好的公路交通条件有利于提高汽车运输在交通运输体系中的地位。公路交通条件好，有利于提高汽车运输的工作效率，提高汽车使用的经济性等，从而有利于汽车的普及；反之，公路交通条件差，则会减少汽车的使用。

② 汽车的普及程度增加也有利于改善公路交通条件，从而对企业的市场营销创造更为宽松的公路交通使用环境。

经过几十年的建设，我国公路交通条件极大改善，公路里程大幅度增加，公路等级大幅度提高，路面状况大大改善，公路网密度日趋合理。预计到 2020 年，国家将建成"国家道路主干线快速系统"。该系统总规模 3.5 万千米，全部由高速公路、一级公路和二级汽车专用公路组成。这一系统以"五纵七横"十二条路线连接首都、各省省会、直辖市、中心城市、主要交通枢纽和重要口岸，通过全国 200 多个城市，覆盖全国近一半的人口，可实现400～500 千米汽车当日往返，800～1000 千米可当日到达。因而，我国汽车企业将面临更好的汽车使用环境。

（5）城市道路交通

城市道路交通是汽车尤其轿车使用环境的又一重要因素，它包括城市的道路面积占城市面积的比例、城市交通体系及结构、道路质量、道路交通流量、立体交通、车均道路密度以及车辆使用附属设施等因素的现状及其变化。这一使用环境对汽车市场营销的影响，与前述公路交通基本一致。但由于我国城市的布局刚性较大，城市布局形态一经形成，改造和调整的困难很大；加之人们对交通工具选择的变化，引发了对汽车需求的增加，中国城市道路交通的发展面临巨大的压力，因而该使用环境对汽车市场营销的约束作用就更为明显一些。

有关方面现正着手考虑通过建立现代化的城市交通管理系统、增加快速反应能力和强化全民交通意识等手段，提高城市交通管理水平。同时，国家和各城市也将更加重视对城市交通基础设施的建设，改善城市道路交通的硬件条件。随着我国城市道路交通软、硬件条件的改善，城市道路交通对我国汽车市场营销的约束作用将得以缓解。

三、科技环境

科技环境（science-technological environment），是指一个国家和地区整体科技水平的现状及其变化。科学与技术的发展对一国的经济发展具有非常重要的作用。科技环境对市场营销的影响如下：

① 科技进步促进综合实力的增强，国民购买能力的提高给企业带来更多的营销机会。

② 科学技术在汽车生产中的应用，改善了产品的性能，降低产品的成本，使得汽车产品的市场竞争能力提高。而今，世界各大汽车公司为了满足日益明显的差异需求，汽车生产的柔性多品种乃至大批量定制（mass customarization）现象日益明显，都是现代组装自动化、柔性加工、计算机网络技术发展和应用的结果。再从汽车产品看，汽车在科技进步的作用下，已经经历了原始、初级和完善提高等几个发展阶段，汽车产品在性能、质量和外观设计等方面获得了长足的进步。

③ 科技进步促进了汽车企业市场营销手段的现代化，引发了市场营销手段和营销方式的变革，极大地提高了汽车企业的市场营销能力。企业市场营销信息系统、营销环境监测系统以及预警系统等手段的应用，提高了汽车企业把握市场变化的能力；现代设计技术、测试技术以及试验技术，加快了汽车新产品开发的步伐；现代通信技术、办公自动化技术，提高了企业市场营销的工作效率和效果，等等。

当今世界汽车市场的竞争日趋激烈，各大汽车公司十分注重高新技术的研究和应用，以赢得未来市场竞争的主动性。相对世界汽车工业而言，我国汽车工业科技水平的落后状况尚很明显，科技进步的潜力十分巨大，我国汽车企业应不断地加强科技研究和加大科技投入，缩小同世界汽车工业先进水平的差距，以谋求更多的营销机会。

四、经济环境

经济环境（economic environment）包括那些能够影响顾客购买力和消费方式的经济因素。具体包括消费者现实居民收入、商品价格、居民储蓄以及消费者的支出模式等。

1. 消费者实际收入状况

消费者收入包括工资、奖金、退休金、红利、租金、赠给性收入，等等，但由于受通货膨胀、风险储备和个人税赋因素的影响，实际收入经常低于货币收入。实际收入只是货币收入扣除通货膨胀、风险储备和税收因素影响后的收入。可能成为市场购买力的消费者收入还有"可支配的个人收入（disposable personal income）"与"可随意支配的个人收入（discretionary income）"之分，前者是指货币收入扣除消费者个人各项税款（所得税、遗产税）以及交给政府的非商业性开支（学费、罚款等）后可用于个人消费、储蓄的那部分个人收入，这是影响消费者购买力和消费者支出的决定性因素；后者则是指再扣除消费者个人基本生活用品支出（食物、衣服等）和固定支出（房租、保险费、分期付款、抵押借款等）后的那部分个人收入。因此，企业市场营销人员必须注意经常分析这种消费者收入的变动状况以及消费者对其收入的分配情况。一般情况下，可随意支配的个人收入主要用于对奢侈品的需求。

2. 消费者储蓄与信贷状况

在消费者实际收入为既定的前提下，其购买力的大小还要受储蓄与信贷的直接影响。从动态的观点来看，消费者储蓄是一种潜在的、未来的购买力。在现代市场经济中，消费者的储蓄形式有银行存款、债券、股票、不动产，等等，它往往被视为现代家庭的"流动资产"，因为它们大都可以随时转化为现实的购买力。在正常状况下，居民储蓄同国民收入成正比变动，但在超过一定限度的通货膨胀情况下，消费者储蓄向实际购买力的转变就极易成为现实。消费者信贷是指消费者以个人信用为保证先取得商品的使用权，然后分期归还贷款的商品购买行为，它广泛存在于西方发达国家，是影响消费者购买力和消费支出的另一个重要因素。在西方国家，消费者信贷主要有四种形式：日常用品的短期赊销、购买住宅时的分期付款、购买耐用消费品时的分期计息贷款以及日益普及的信用卡信贷。因此，研究消费者信贷状况与了解消费者储蓄状况一样，都是现代企业市场营销的重要环节。

3. 消费者支出模式的变化

所谓消费者支出模式，其内容是指消费者收入变动与需求结构变动之间的关系。其变化状况主要受恩格尔定律的支配，即随着家庭收入的增加，用于购买食物的支出比例将会下降，用于住宅、家务的支出比例则大体不变，而用于服装、交通、娱乐、保健、教育以及储蓄等方面的支出比重会大大上升。除此以外，消费者支出模式的变化还要受两个因素的影响，一个是家庭生命周期，另一个则是消费者家庭所处的地点。显然，同样的年轻人，没有孩子的丁克家庭与普通家庭的消费方式差异较大。家庭所处的位置也会构成家庭支出结构的差异，居住在农村与居住在城市的家庭，其各自用于住宅、交通以及食品等方面的支出情况也必然不同。从经济学的角度来看，居民收入、生活费用、利率、储蓄和借贷形式都是经济发展中的主要变量，它们直接影响着市场运行的具体情况。

因此，注意研究消费者支出模式的变动走势，对于企业市场营销来说，具有重大意义，它不仅有助于企业未来时期内避免经营上的被动，而且还便于企业制订适当的发展战略。

企业市场营销的重要任务之一，就是要把握市场的动态变化，市场是由购买力和人口两种因素所共同构成的。因而了解购买力的分布、发展和投向，是企业宏观营销环境的重要内容。

五、政策与法律环境

营销学中的政治与法律环境，又称政治环境（political environment），是指能够影响企业市场营销的相关政策、法律以及制定它们的权力组织。市场经济并不是完全自由竞争的市场，从一定意义上说，市场经济本质上属于法律经济，因而在企业的宏观管理上主要靠经济手段和法律手段。政治与法律环境正在越来越多地影响着企业的市场营销。

政治与法律环境对市场营销的影响表现在以下两方面：

1. 法律对工商业的限制和保护

（1）法律对工商业的约束

近几年来，全世界各国有关工商业的立法稳步增长，覆盖竞争、公平交易行为、环境保护、产品安全、广告真实性、包装与标签、定价及其他重要领域。

发达国家在企业市场营销方面的立法主要有三种类型：

① 保护企业相互之间的利益，维护公平竞争的立法。这种立法的目的是要说明何为不公平竞争，以及如何防止不公平竞争。国际上较为著名的此类法律有：美国1890年通过的旨在禁止垄断行为的《谢尔曼反托拉斯法》；1914年通过的旨在反对不正当竞争的《联

邦贸易委员会法》；1936 年通过的旨在禁止价格歧视的《帕特曼法》；1950 年通过的有关企业兼并的《反吞并法》，等等。

②保护消费者利益免受不公平商业行为损害的立法。这种立法的核心在于防止企业以欺骗性广告或包装招徕顾客，或以次品低价引诱顾客的行为，否则将进行法律制裁。美国等发达国家的此类立法尤多，比如《消费者公平信贷法》、《消费品定价法》、《广告法》等。

③保护社会公众利益的立法。为保护环境、防止经济发展与生活水平反向变化现象的出现，以及避免企业在生产过程中造成的负担，制定的旨在约束企业行为的立法。这方面的立法有各种专门的国际公约，各国也有具体的立法，比如美国的《国家交通安全法》和《国家环境政策法》等。

无论法律的具体类型如何，都会对企业的市场营销活动构成某种约束。这种意义上，企业的市场营销人员必须掌握关于环境保护、消费者利益和社会利益方面的法律。一般说来，早期的法律重心多为保护竞争，而现代法律的重点则已经位移到了保护消费者。把握这一点对于企业开展市场营销业务尤为重要。不过，在企业立法方面一直存在着一个国际性的争论，即何处才是管制成本与管制利益的均衡点。而且，立法的公正性与执法的公正性远不是一回事，这是法律经济学上的难题，也是市场营销活动中所要经常面对的问题。

另外，立法与执法是相同意向的前后相连的两个过程，它们的承载主体各不相同。例如，美国的执法机构主要有：联邦贸易委员会、联邦药物委员会、食品与药物管理局、联邦动力委员会、民用航空局、消费品安全委员会、环境保护局、消费者事务局，等等。显然，这些机构的行为状况对企业的市场营销行业与营销过程的影响作用不会完全相同。但这里却存在着一个具有国际普遍性的难题，即在立法机构与执法机构之间，真正熟知营销业务的人员在水平上并不完全对等。因此企业市场营销人员如果缺乏与其打交道的技巧，往往极易丧失机会与市场。

（2）国家政策和法律对工商业的保护

新的法律和政策将随经济形式的变化而不断变化。企业管理人员在制订产品及其营销计划的时候，必须注意这些变化。

中国在加入 WTO 以后，国家的产业政策、税收政策以及国家的进出口管理政策产生了重大调整。以产业政策为例，国家将出台对幼稚产业的保护政策和战略性贸易政策。

所谓对幼稚产业的保护政策，指对那些经济发展后起步的国家，必须选择某些具有潜在比较优势和发展前景的产业（幼稚产业）给予适当的、暂时的关税保护，以便逐步扶持其国际竞争的能力。加入 WTO 以后，农业、汽车产业、金融服务业等将被国家定为幼稚产业。加入世贸以后，我国在 2006 年，将汽车整车的进口关税降至 25%，汽车零部件进口的平均关税减至 10%，汽车进口配额取消。届时国产汽车的价格优势将荡然无存。加入 WTO 以后，在银行业方面，外国银行进入中国两年后可与中国企业开展人民币业务，进入 5 年后可从事银行零售业务，地域限制和客户限制都将彻底消除。在保险业方面，人寿保险外国保险机构可占 50% 的股权，非人寿保险外国机构可占 51% 的股权，再保险业务经同意可完全放开。在证券业方面，少数合资公司可从事和中国公司一样的基金管理业务，也可从事国内证券业务的发行和以外币计价的证券交易，包括债券和股票。总而言之，在这些领域国家将在近期实行一定的保护政策。

战略性贸易保护政策，指由于不完全竞争和规模经济的存在，市场本身运动的结果处于一个"次优"的境地，政府可适当运用如关税、补贴等干预措施扶持本国战略性产业的成长，并带动相关产业的发展，从而增加本国的经济贸易福利，如谋取规模经济之外的额外收入、抢占国际竞争对手的市场份额。

中国在加入 WTO 以后，在承担相应开放市场义务的同时，对国内某些幼稚产业和战略性产业在一定时期内必将实行适当保护。在立法方面，反倾销法、反补贴法、进口保障法、维护公平竞争法和反垄断法等都将逐步出台。

2. 社会规范和商业道德对市场营销的影响

形成文字的法律法规不可能覆盖所有可能产生的市场弊端，而现有法律也很难全部执行。而且，除法律和规章以外，企业也要受社会规范和商业道德的约束。大量出现的商业丑闻使人们重新重视商业道德问题。因此，许多行业和专业贸易协会提出了关于道德规范的建议，许多公司制定了关于复杂的社会责任问题的政策和指导方针。

另外，公众利益团体，如那些保护消费者状况方面的团体，如消费者协会、动物保护委员会和妇女权益委员会等迅速崛起，他们会游说政府官员，呐喊、左右舆论导向，给企业的市场营销活动带来极大的影响，如果企业营销人员缺乏相应的斡旋技巧，就难免会给原有的目标市场造成威胁。

六、社会文化环境

社会文化环境（cultural environment），是指一个国家、地区或民族的传统文化（如风俗习惯、伦理道德观念、价值取向，等等）。它包括核心文化和亚文化。核心文化是人们持久不变的核心信仰和价值观，它具有世代相传，由社会机构（如学校、教会和社团等组织）予以强化和不易改变等待点。亚文化是指按民族、经济、年龄、职业、性别、地理和受教育程度等因素划分的特定群体所具有的文化现象，它根植于核心文化，但比核心文化容易改变。社会文化环境对汽车营销的影响有：

① 它影响着人们的行为（包括购买行为），对企业不同的营销活动（如产品设计、造型、颜色、广告和品牌等）具有不同的接受程度。例如，某些性能先进、国际流行款式、深受外国人喜爱的"留背式"轿车，在推向中国市场时却遇到了销售不畅的麻烦，其原因就在于中国的集团消费者认为它"不气派"，生意人认为其"有头无尾"（不吉祥），结婚者认为其"断后"（断"香火"），等等。总之，这种车型被认为"不符国情"，致使有关企业不得不为改变上述文化观念，花费大量促销费用。又例如，北方某公司曾成功地利用南方人爱"发"的心理特点，对"××大发"汽车的促销宣传取得了显著效果。以上两例从正反两方面说明了社会文化对企业市场营销的重要影响。

② 亚文化的发展与变化，决定了市场营销活动的发展与变化。例如，在 20 世纪 60 年代以前，由于受第二次世界大战和战后物质相对贫乏的影响，人们的心理还非常庄重、严肃，世界汽车也多以深颜色（如黑色）为主。之后，由于世界汽车工业的重心向日本转移（日本人多喜欢白色），而且人们也开始追求自由自在的生活，世界汽车的流行色也变得以轻快、明亮的色泽（如白色、银灰色）为主。但另一方面，营销者也可以利用亚文化的相对易变性，充分发挥主观能动作用，引导亚文化向有利于本企业市场营销的方向变化。

总之，社会文化环境影响着企业的营销活动。同时，营销活动对社会文化环境也有一定的能动作用。

第 3 节　汽车市场微观环境

微观环境（micro‐environment），是指与企业关系密切、能够影响企业服务顾客能力的各种因素，包括企业自身、供应商、销售渠道、顾客、竞争对手和公众。这些因素构成企业的价值传递系统。营销部门的业绩，建立在整个价值传递系统运行效率的基础之上。微观环境因素的图 2.2 所示。

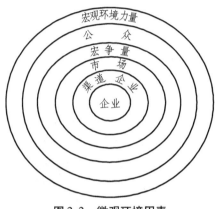

图 2.2　微观环境因素

一、企业的内部环境

企业的内部环境，是指企业的类型、组织模式、组织机构及企业文化等因素。其中企业组织机构，即企业职能分配、部门设置及各部门之间的关系，是企业内部环境最重要的因素。

一般而言，企业内部基本的组织机构包括高层管理部门、财务部门、研究与发展部门、采购部门、生产部门和销售部门。营销部门必须与其他部门密切合作：营销计划必须经高层管理层同意方可实施；财务部门负责寻找和使用实施营销计划所需的资金；研究与开发部门研制适销对路的产品；会计部门核算收入与成本以便管理部门了解是否实现了预期目标。用营销概念来说，就是所有这些部门都必须"想顾客所想"，并协调一致地提供上乘的顾客价值和满意度。

企业内部环境是企业提高市场营销工作效率和效果的基础。因此，企业管理者应强化企业管理，为市场营销创造良好的营销内部环境。

二、生产供应者

生产供应者，是指向企业提供生产经营所需资源（如设备、能源、原材料、配套件等）的组织或个人。供应商的供应能力包括供应成本的高低（由原材料价格变化所引起）、供应的及时性（由供应短缺或延迟、工人罢工所引起），这些是营销部门需要关注的，这些因素短期将影响销售的数额，长期将影响顾客的满意度。

生产供应者对企业的市场营销的实质性影响，从下面的例子可略见一斑。据介绍，1992年通用公司只有其德国子公司欧宝（Opel）公司赢利。该公司赢利的原因就在于其供应部最高经理罗佩茨先生出色的采购才能，使得欧宝公司从价格低廉的配套零部件中受益。大众汽车公司为摆脱不景气局面，不惜重金，于1993年将罗佩茨"挖走"，任命其担任供应董事，希望借此扭转大众公司的亏损状况。就连大众公司董事长也说："就大众公司而言，罗佩茨的重要性比我还高。"罗佩茨的"跳槽"虽因涉嫌窃取了通用公司的商业秘密（在其加入大众公司的前一周尚参加了通用公司高层关于产品规划的会议），而在世界上引起了一阵轩然大波，但此例的确说明了生产供应者对企业市场营销（经济效益）的重要性。

所以，企业应不断地处理好同生产供应者之间的关系，以为企业的市场营销营造较为有利的"小气候"。我国不少的汽车企业对其生产供应者采取"货比三家"的政策，既与生产供应者保持大体稳定的配套协作关系，又让生产供应者之间形成适度的竞争，从而使本企业的汽车产品达到质量和成本的相对统一。实践表明，这种做法对企业的生产经营活动具有较好的效果。

对汽车企业的市场营销而言，企业的零部件（配套协作件）供应者尤为重要。汽车企业不仅要选择和规划好自己的零部件供应者，而且还应从维护本企业市场营销的长远利益出发，配合国家有关部门对汽车零部件工业和相关工业的发展施加积极影响，促其发展，以改变目前我国的汽车零部件工业和相关产业发展相对滞后的状况，满足本企业生产经营未来发展的配套要求。特别是现代企业管理理论非常强调供应链管理，汽车主机企业应认真规划自己的供应链体系，将供应商视为战略伙伴，不要过分牺牲供应商的利益，按照"双赢"的原则最终实现共同发展。

三、营销中介

营销中介（marketing intermediaries），是指协助汽车企业从事市场营销的组织或个人。它包括中间商、实体分配公司、营销服务机构和财务中间机构等。

中间商是销售渠道公司，能帮助公司找到顾客或把产品售卖出去。中间商包括批发商和零售商。寻找合适的中间商并与之进行有效的合作并不是一件容易的事。制造商不能像从前那样从很多独立的小型经销商中任意挑选，而必须面对具备一定规模并不断发展的销售机构。这些机构往往有足够的力量操纵交易条件，甚至将某个制造商拒之门外。

实体分配公司帮助企业在从原产地至目的地之间存储和移送商品。在与仓库、运输公司打交道的过程中，企业必须综合考虑成本、运输方式、速度及安全性等因素，从而决定运输和存储商品的最佳方式。

营销服务公司包括市场调查公司、广告公司、传媒机构和营销咨询机构，它们帮助公司正确地定位和促销产品。由于这些公司在资质、服务及价格方面变化较大，公司在做选择时必须认真。

财务中间机构包括银行、信贷公司、保险公司及其他金融机构，它们能够为交易提供金融支持或对货物买卖中的风险进行保险。大多数公司和客户都需要借助金融机构为交易提供资金。

营销中介对企业市场营销的影响很大,如关系到企业的市场范围、营销效率、经营风险和资金融通等。因而企业应重视营销中介的作用,获得他们的帮助,弥补企业市场营销能力的不足,并不断地改善企业的财务状况。

四、顾客(用户)

顾客是企业产品销售的市场,是企业赖以生存和发展的"衣食父母",企业市场营销的起点和终点都是满足顾客的需要,汽车企业必须充分研究各种汽车用户的需要及其变化。

一般来说,顾客市场可分为五类:消费者市场、企业市场、经销商市场、政府市场和国际市场。消费者市场是由个人和家庭组成的,他们仅为自身消费而购买商品和服务。企业市场购买商品和服务是为了深加工或在生产过程中使用。经销商市场购买产品和服务是为了转卖,以获取利润。政府市场由政府机构组成,购买产品和服务用以服务公众,或进行救济物资发放。最后是国际市场,由其他国家的购买者组成。每个市场都有各自的特点,销售人员需要对此做出仔细分析。

五、竞争者

任何企业的市场营销活动都要受到其竞争者的挑战,这是市场营销的又一重要微观环境。现代市场营销理论认为,竞争者有各种不同的类型,企业应针对不同类型的竞争者分别采取不同的竞争策略。这将在第六章内进行更详细地讨论。

六、有关公众

公众,是指对企业的营销活动有实际的潜在利害关系和影响力的一切团体和个人,一般包括融资机构、新闻媒介、政府机关、协会社团组织以及一般群众等。公众对企业市场营销的活动规范、对企业及其产品的信念等有实质性影响:金融机构影响一个公司的获得资金的能力;新闻媒体对消费者具有导向作用;政府机关决定有关政策的动态;一般公众的态度影响消费者对企业产品的信念,等等。现代市场营销理论要求企业采取有效措施与重要公众保持良好关系、树立良好企业形象,为此,企业应适时开展正确的公共关系活动。

企业的市场营销活动除了应重视研究本企业微观营销环境的具体特点外,更重要的是要研究市场营销的宏观环境。

第 4 节　市场环境分析的具体方法

一、波士顿矩阵法

1. 波士顿矩阵法的背景和应用

波士顿矩阵法,又称为"增长率—占有率矩阵"法,它是美国一流的管理咨询公司——

波士顿咨询公司在 20 世纪 70 年代提出的一种投资组合评估方法。当时波士顿咨询公司鉴于一些大公司将资金平均分配给各分公司或部门的缺点，提出要根据产品的市场增长率和市场占有率两个重要因素来确定对每一产品或每一业务所应采取的策略措施。他们把对这些产品或业务的分析综合成一个组合平衡表。平衡表中将增长潜力、相对市场占有率以及资金潜力等因素都考虑进去，构成矩阵图形，并据此确定资金流向和各种产品或业务的取舍策略。以上所提到的矩阵就是在营销管理中经常使用的波士顿矩阵，波士顿矩阵法的主要应用是：通过公司（尤其是大企业，集团公司）波士顿矩阵的制作和分析，有效地对公司各项产品或策略性业务单位（Strategic Business Unit，SBU）进行资源配置、评估及调整，以达到公司最佳的投资组合模式。

2．波士顿矩阵的内容

（1）波士顿矩阵三要素

图 2.3 为一家公司的波士顿矩阵图。该图根据每种产品的三个特征组成（即波士顿矩阵三要素）：

①该产品市场占有率与同类产品最大竞争对手的市场占有率之比（即该产品的相对市场占有率）；

②该产品的市场增长率（可用销售额增长率表示）；

③以销售金额表示的该产品对公司的贡献。

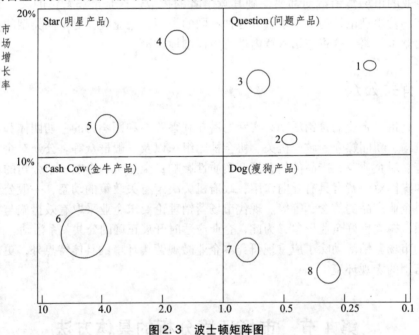

图 2.3　波士顿矩阵图

图 2.3 中，横轴表示相对市场占有率，可以本企业产品销售额与最大竞争对手销售额之比来计算。它用以衡量公司在有关市场上的相对势力。如果相对市场占有率为 0.1，那就意味着公司的产品销售额仅为最大竞争者销售额的 10%；如果是 10，就意味着公司的产品是市场的领导产品，且其销售额是市场次强者的 10 倍。相对市场占有率的高低以 1.0 为分界线。相对市场占有率是用对数标尺画出的，这是因为对数函数能够在不改变数据逻辑大小关

系的前提下，将非线性的数据系列线性化。所以在波士顿矩阵图中，横轴上等距离代表同一的增长百分比。

纵轴是产品的市场增长率，可用销售额增长率来表示，衡量有些类似产品生命周期的各阶段。高增长与低增长的界限类似产品生命周期中成长阶段与成熟阶段的界限。一般以 10% 为界限（实际应用中此界限可根据具体行业市场情况而有所变化）。

圆圈大小表示产品贡献的大小。圆圈面积越大，表示销售额越大，从而该产品对公司的贡献也越大，有些企业直接以圆圈直径来表示销售额大小。自然，矩阵各圆圈数目就代表了该公司的产品数目。

（2）波士顿矩阵象限划分

参考上图 2.3，我们可以看到：波士顿矩阵划分为四个象限，区分点为相对市场占有率 1.0，市场增长率 10%，每一象限代表不同类型的产品，具体来讲：

① 问题产品（Question）。

问题产品是指高速增长率、低度占有率的产品。大部分产品都是从问题产品开始的，即公司力图进入一个已有一强大市场领导者占据的高速增长市场。由于公司须不断增加工厂、设备和人员，以跟上高速度的增长，另外还想要超越对手，因此问题产品需要大量资金。"问题产品"这个词确实非常贴切，因为公司要认真考虑是继续向该产品投资还是撤资？在上图中，公司有 3 个问题产品，这似乎太多了。如果该公司向其中一两个产品集中投资，而不是向 3 个产品分散投资，情况也许会好些。

② 明星产品（Star）。

如果问题产品成功了，它就变成明星产品，即成为高速成长市场中的市场领导者。这并不意味着明星产品一定会给公司带来滚滚财源，因为公司必须花大量资金来保持高速增长，并击退竞争者。但明星产品常常是有利可图的，是公司未来的财源。在上图中，该公司有两颗明星。如果一个公司没有明星产品，就需要引起关注了。

③ 金牛产品（Cash Cow）。

如果市场增长率降低（上图中低于 10%），明星产品又有最大的市场占有率，它就成了金牛产品。

金牛产品使公司财运亨通。这时公司不要再大量投资，扩充设备，因为增长率已降低。由于该产品称霸市场，它享有规模经济和较大的利润率。公司用金牛产品来支付各项开支，支持那些急需大量资金的明星产品、问题产品和瘦狗产品。

④ 瘦狗产品（Dog）。

这是指公司的低增长率和低市场占有率的产品。它们可能会产生一些收入，但通常都是利润微薄甚至亏损。如上图 2.3 所示，该公司有两项瘦狗产品，这可能为数过多。该公司应该考虑是有充分理由（如预计的市场占有率可能转好等），还是出于感情用事，仍坚持这两项产品，瘦狗产品常常耗费管理人员的时间，得不偿失，应将其压缩或淘汰。

3. 波士顿矩阵的分析应用

公司在波士顿矩阵中标出各项产品后，就要确定其产品投资组合是否恰当。如果瘦狗产品或问题产品过多，或者明星产品和金牛产品过少，就将是不和谐的产品投资组合。

（1）利用波士顿矩阵进行分析和决策

公司的下一个任务就是要决定应赋予每个产品或每个策略性业务单位（SBU）什么目标、策略和预算。有以下四个可行目标可供选择：

① 发展。此目标是要扩大产品的市场占有率，即使放弃近期收益也要达成此目标。"发展"适用于问题产品，若想使它们成为明星产品就必须提高增长率。

② 保持。此目标是要保持产品的市场占有率。如果强大的金牛产品想要继续为公司创造大量利润（产生大量正向现金流量），那么"保持"就将是它们的目标。

③ 缩减。此目标是要扩大产品的短期现金收入，而不管其长远效益如何。此策略适用于前景黯淡且又需要大量投入的不景气产品，瘦狗产品和部分问题产品均属此列。

④ 撤销。此目标是要出售或了结此项产品，因为向其他产品投资的效益会更好。这适用于瘦狗产品和部分问题产品，因为它们会妨碍公司获取利润。

所有产品在波士顿矩阵中的位置都是随时间而变化的。成功的产品也有生命周期。它们从问题产品开始，继而成为明星产品，然后成为金牛产品，最后变成瘦狗产品而至生命周期的终点。因此，公司不仅要检查其各项产品在波士顿矩阵中的现时位置（如同摄影中的定格），还要检查其动态位置（如同电影）。要检查每项产品去年、前年以及更早以前的情况，还要观察明年、后年及更长远的发展趋势。如果发现某项产品的发展趋势不尽如人意，公司应敦促其产品经理提出新策略和今后可能发展的方向。因此，波士顿矩阵就成为总公司策略规划人员制订规划的基础。我们可使用此矩阵来评估每项产品，确定最合理的产品投资组合与相应的发展目标。

（2）利用波士顿矩阵进行分析与决策时应注意的问题

即或是公司的产品投资组合基本正常（见上图2.3），但是也可能制订出错误的目标或策略。最大的错误就是要求所有的产品都达到同样的增长率或利润水平。产品分析的重点是各项产品有不同的潜量，各有其不同的目标，因此我们在产品分析与决策时应避免以下错误：

① 留给金牛产品的留存资金太少。在这种情况下，这些业务的发展就会放慢，同时有被竞争对手超过的危险；或者留给金牛产品的留存资金太多，公司就无法向有发展前途的产品投入足够的资金。

② 在瘦狗产品上投入大量资金，希望扭转乾坤，但每次都失败。

③ 保留太多的问题产品，对每项产品都投资不足，从而浪费了有限的资金资源。对于问题产品，要么就给其足够的支持，使之形成市场竞争优势，成为公司的"明日之星"；要么就干脆将其放弃，以节省有限的资源。

综上所述，我们可以发现：利用波士顿矩阵，我们可以非常直观地看到公司各项产品或业务的市场地位、潜力及其对公司的贡献，从而能够进一步进行分析，确定公司最优的产品投资组合，确定对每项产品或业务的发展策略，波士顿矩阵法的应用主旨正在于此。

二、SWOT 分析法

1. SWOT 分析法的含义及应用

SWOT 分析法，是企业进行市场营销环境分析的基本方法，我们在利用此法进行市场营销环境分析时，将分两大方面进行，即：外部环境分析和内部条件分析。再细化，则每大方面又分两个要点，即：外部环境分析中的机会与威胁、内部条件分析中的优势与弱点。SWOT 就是英文单词 Strength（优势）、Weakness（弱点）、Opportunities（机会）、Threats（威胁）的首字母的缩写，这样 SWOT 分析法的名称本身就明确表示了应用此法进行市场营销环境分析时要考虑的四个要点。

在实际工作中，SWOT 分析经常应用于各种市场营销规划及计划的制订中，对于公司的策略性业务单位（SBU）而言，SWOT 分析就成为他们制订业务计划的基础。我们可以参考下图 2.4（"联想掌上电脑业务计划制订流程"），明确看到 SWOT 分析在各项营销规划及业务计划中的位置及基础重要性。

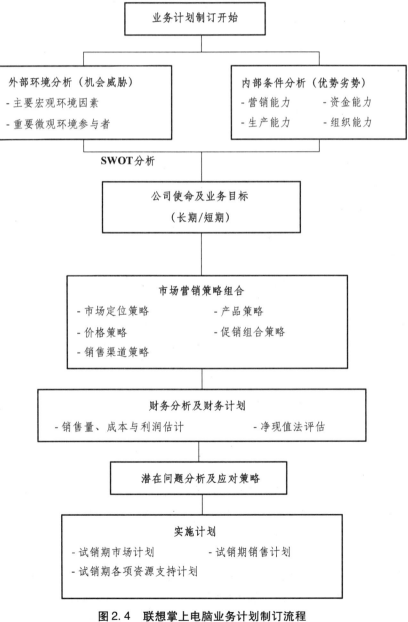

图 2.4　联想掌上电脑业务计划制订流程

2．SWOT 分析的内容

（1）外部环境分析（机会与威胁分析）

外部环境，是指与企业市场营销活动有关的外部因素和力量的总和。它们是独立于企业的变量，因而是企业不可控的，企业只能趋利避害、主动适应。

企业外部环境因素和力量，按照它们对企业的营销活动的直接相关程度和相关范围的大小，分为企业的宏观环境和企业的微观环境两类，企业的宏观环境是指对企业营销活动影响深远的各种因素和力量，包括社会政治环境、人口及消费环境、经济自然环境、科学技术环境以及社会文化环境等；企业的微观环境是指对企业营销活动直接相关程度较高的各种因素和力量，包括顾客、竞争者、配销渠道以及供应商等。具体如下表 2.1 所示。

表 2.1　企业外部环境

宏观环境	初会政治环境	1．国家的政治经济形势及任务； 2．经济管理体制； 3．国家的方针、政策及法规
	人口及消费环境	1．人口数量及结构； 2．家庭规模和结构； 3．消费结构
	经济自然环境	1．自然资源状况和开发水平； 2．国民收入和人均收入水平； 3．生产布局和各地区发展特点
	科学技术环境	1．先进科学知识的应用； 2．新技术与新工艺
	社会文化环境	1．文化教育水平； 2．价值观念和生活方式
微观环境	顾客	顾客是企业市场营销的出发点和归宿点，要研究和掌握消费者行为和变化的规律性
	竞争者	企业选择和确定目标市场后，即处于了一个竞争环境集合之中。对竞争者的分析，是制定企业营销战略的重要基础
	配销渠道	配销渠道是指那些为企业提供商品流通、销售等服务的盈利性机构和组织，企业选择良好的配销渠道，对于开拓市场、增强市场竞争力有重要的作用
	供应商	企业与供应商的关系包括两个方面：一是掌握资源供给使自己在市场竞争中处于优势；二是建立良好的合作关系，为提高市场营销水平共同努力

在实际工作中，策略性业务单位（SBU）要将这些环境因素加以分类，进行定性及定量地分析，以研究这些因素的重大发展趋势和规律。通过对这些趋势或发展规律的研究，SBU的市场营销人员可以辨别其中明显的或隐蔽的机会与威胁。

① 机会。

环境扫描的一个主要目标就是要辨别新机会，我们将公司的市场营销机会表述如下：

公司的市场营销机会是指对公司的市场营销活动有吸引力的地方，公司在这里会具有竞争优势。

　　根据机会的吸引力高低和公司可能有的每个机会的成功概率,可综合评估,绘制"机会矩阵图",以便将这些机会加以分类。公司某个具体机会的成功概率不仅仅取决于业务力量(即明显的竞争力)是否与在目标市场中成功经营所需的条件相匹配,还取决于业务力量是否超过其竞争对手的业务力量。最善于经营的公司就是那种能创造最大顾客价值并能持之以恒的公司。有竞争力还不够,公司必须有强大的竞争力,这样才能获得持久的竞争优势。

例1　机会分析

　　一家打印机公司对外部环境各因素进行分析,辨别出 4 个市场机会(见下图2.5),通过评估,运用机会矩阵图,对这4个机会进行分类,可看到:该公司面临的最佳机会就在左上方的区格内,管理机构应筹划抓住这个机会。而右下角的机会则是微不足道的。右上方和左下方的机会,如果其吸引力和成功概率提高了,就应抓住它们。

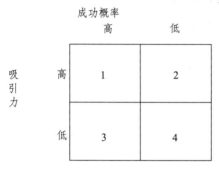

机会
1. 公司开发功能更强的打印机;
2. 公司开发成本更低的打印机;
3. 开发向使用者传授基本知识的光盘;
4. 开发一种测量打印速度和能耗的打印机附件。

图2.5　机会分析矩阵

② 威胁。

外部环境的某些变化预示着威胁。我们将环境威胁的定义表述如下:

环境威胁是指可能导致公司在市场竞争中地位动摇的一种不利趋势。公司如不对此威胁采取及时和明确的市场营销措施,就有可能产生严重后果。

　　根据威胁的严重性和可能发生的概率,可综合评估,绘制"威胁矩阵图(详见例2)",以便将这些威胁加以分类。对于高概率、后果严重的威胁公司一定要重视对待,其他类的威胁公司可做相应的处理。

例2　威胁分析

　　一家打印机公司对外部环境各因素进行分析,发现4个威胁(见下图2.6),通过评估,

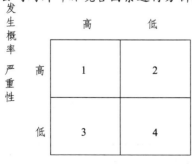

威胁
1. 竞争对手开发更好的打印机;
2. 严重的长期经济不景气;
3. 成本增长;
4. 打印专用纸张短缺。

图2.6　威胁分析矩阵

运用威胁矩阵图，对这4个威胁进行分类，可看到：左上方区格的威胁较大，因为它可能会严重危害公司，而且发生的概率较大，针对这种威胁，公司要准备一份应变计划，它预先说明在威胁到来之前或发生威胁时，公司能如何应变。右下方区格的威胁不大，可以忽略不计。右上方和左下方区格的威胁不需拟定应变计划，但应注意监测对待，以防威胁扩大。

（2）内部条件分析（优势与弱点分析）

业务成功的第一步是要正确辨别出外部环境中存在的机会，而随后的更为至关重要的则是我们自身应具有能够在机会中取胜所必需的竞争优势。每个企业都要针对营销机会检查自己的优势与弱点，这可以通过"优势和弱点分析表"（见下表2.2）的格式与内容来进行。我们利用这一表格来检查企业的市场营销、资金、生产和组织能力。每一要素都要按照特强、稍强、中等、稍弱和特弱划分等级。市场营销能力强的公司会表明其各项营销要素都在"特强"这一栏。将竖栏所列的公司所有要素的等级归纳在一起，其最大优势和最大弱点就一目了然了。

当然，使一个企业成功或使一个提供给企业的新的营销机会成功，并非所有的要素都同样举足轻重，因此，要将每项要素对整个企业或某一具体营销机会的重要性划分等级（如高、中和低等）。

表2.2　优势和弱点分析表

项　目		性　能					重要性		
		特强	稍强	中等	稍弱	特弱	高	中	低
营销能力	1. 公司知名度和信誉								
	2. 产品质量								
	3. 服务维修								
	4. 生产成本								
	5. 配销成本								
	6. 销售人员								
	7. 研究开发与革新能力								
	8. 地理优势								
	9. 拥有原材料优势								
资金能力	10. 资金成本								
	11. 资金筹集								
	12. 盈利力情况								
	13. 资金稳定性								
生产能力	14. 设备								
	15. 生产人员的素质								
	16. 满足需要的出产能力								
	17. 技术和制造工艺								
组织能力	18. 领导核心的能力								
	19. 经理与员工的素质								
	20. 灵活应变的能力								
	21. 制度保障								

注：评分标准为：性能中特弱、稍弱、中等、稍强、特强分别为1分、2分、3分、4分、5分；
　　重要性中低、中、高分别为1分、2分、3分。

在实际工作中，我们可以根据上表所列出的方面及要素，对公司内部的优势及弱点先进行定性或定量地描述分析；再由各方面相关人员，包括公司经营人员和市场营销人员等，分别填写以上的评估表，根据评分标准，综合各方面人员的评估表打分，可计算出平均的各项要素在绩效与重要性两方面的得分，最后我们就可以作出绩效－重要性矩阵来，如下图 2.7 所示，从而直观地对公司的内部条件做出分析和调整，以适应公司所面临的新的营销机会。

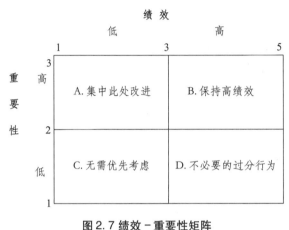

图 2.7 绩效－重要性矩阵

图 2.7 就是绩效－重要性矩阵，可以看到，会出现 4 种情况。处于 A 区格中的是一些重要的因素，但在此处公司的绩效不好，因此公司要加强这些要素——"集中此处改进"。处于 B 区格中的也是一些重要因素，此处公司绩效良好，因此应"保持高绩效"。处于 C 区格中的是一些次要因素，此处公司的绩效不好，这些因素将"无需优先考虑"。处于 D 区格中的也是一些不重要因素，此处企业的绩效很好，这可能是采取了不必要的过度行为，对这些因素投资过多所致。

最后，值得一提的是：在内部条件分析中，我们可以发现，即使一个公司在某项因素中具有主要优势（即差别优势），该优势未必会产生竞争优势。第一，对该市场的顾客而言，它可能不是重要的优势；第二，即使它是一种很重要的优势，但竞争者在该因素上可能也具有同样的优势，因而，更重要的是，该公司在该因素中比其竞争者要具有更大的相对优势。比如两个竞争者的生产成本可能都低，但其中生产成本更低者才具有竞争优势。

以上就是 SWOT 分析法的主要内容及应用，我们可以看到，SWOT 分析是公司制订营销战略、业务计划以及各种营销分析的基础，因此它具有非常重要的实际工作意义。当然，SWOT 分析法只是一个分析工具，它向人们提供的仅仅是一种思路和一种相互交流的规范，要真正做好公司外部环境、内部条件的分析，进而制订成功的市场营销战略及策略，归根结底还需要依靠市场营销人员自身的素质和经验，以及营销团队的默契合作和群策群力。

第 5 节　企业适应环境变化的策略

营销者必须善于分析营销环境的变化，研究相应的对策，提高企业市场营销的应变能力。只有如此，企业才能在"商战如兵战""市场无常势"中立于不败之地。

一、企业对抗环境变化的策略

对企业市场营销来说，最大的挑战莫过于环境变化对企业造成的威胁。而这些威胁的来临，一般又不为企业所控制，因此企业应做到冷静分析并沉着应付。面对环境威胁，企业可以采取以下三种对策：

1. 对抗对策

这种对策要求尽量限制或扭转不利因素的发展。比如企业通过各种方式促使或阻止政府或立法机关通过或不通过某项政策或法律，从而赢得较好的政策法律环境。显然企业采用此种策略时必须要以企业具备足够的影响力为基础，一般只有大型企业才具有采用此种策略的条件。此外，企业在采取此种策略时，其主张和所作所为，不能倒行逆施，而应同潮流趋势一致。

2. 减轻策略

此种策略适宜于企业不能控制不利因素发展时采用。它是一种尽量减轻营销损失程度的策略。一般而言，环境威胁只是对企业市场营销的现状或现行做法构成威胁，并不意味着企业就别无他途，俗话说"天无绝人之路""东方不亮西方亮"，企业只要认真分析环境变化的特点，找到新的营销机会，及时调整营销策略，不仅可能减轻营销损失，而且可能谋求到更大的发展。

3. 转移策略

这种策略要求企业将面临环境威胁的产品转移到其他市场上去，或者将投资转移到其他更为有利的产业上去，实行多角经营。例如，KD 方式转移生产和产品技术转移等都是转移市场的做法。但转移市场要以地区技术差异为基础，即在甲地受到威胁的产品，在乙地市场仍有发展前景。企业在决定多角经营（跨行业经营）时，必须要对企业是否在新的产业上具有经营能力做审慎分析，不可贸然闯入。

总之，当企业在遇到威胁和挑战时，营销人员，尤其是管理者，应积极寻找对策，率领全体职工努力克服困难，创造出光明前景才是企业家的风度。

二、企业调节市场需求的策略

调节市场需求的水平、时间和特性，使之与供给相协调，是营销管理者的重要任务。现代市场营销理论总结出多种调节市场需求的方法。

1. 扭转性经营

即采取适当的营销措施，改变用户对本企业产品的信念和态度，把否定需求改为肯定需求。此策略适合在用户对本企业产品存有偏见或缺乏了解等情况下采用。

2. 刺激性经营

即设法引起用户的注意和兴趣，刺激需求，扩大需求规模。此策略一般适合在企业成功的新产品在推向市场时采用。

3. 开发性营销

当用户对现有产品已感到不满足，希望能有一种更好的产品取代时，即意味着某种新产品就有了潜在需求，企业应尽快推出适合用户需要的新产品，将用户的潜在需求变为现实需求。

4. 维持性营销

当某种产品目前的需求水平与企业期望的需求水平基本吻合，出现更大规模需求的可能性不大时，宜采用此策略，即维持营销现状，不再对此产品做更大的投资。

5. 限制性营销

当产品呈现供求不平衡时，企业可以通过宣传引导和提价等措施，以抑制部分需求；当产品供过于求时，企业可以加强促销，以扩大需求；必要时还必须减少产品的供给，实行限制性营销。

有人说市场营销管理的实质就是需求管理，这说明了调节市场需求对企业市场营销的重要性，它体现了企业市场营销的高超技艺。

本章小结

本项目从汽车市场营销环境的概念入手，阐述了汽车市场营销环境的特点及其对汽车企业加快发展的意义。汽车企业营销环境可分为宏观环境和微观环境两部分。宏观环境主要有政治法律、经济、自然、人口、社会文化及科技等环境因素；微观环境主要有企业内部环境、供应商、营销中介、顾客、竞争者和公众等环境因素。汽车企业必须研究营销环境，以寻找机遇，规避威胁。

思考与练习

1. 汽车企业为什么要进行营销环境分析？
2. 汽车市场营销环境的特征有哪些？
3. 如何分析汽车企业的宏观环境？它由哪些因素组成？
4. 如何分析汽车企业的微观环境？它由哪些因素组成？

5. 你认为汽车企业可以通过哪些策略调整市场需求？

6. 选择一个你熟悉的汽车企业，就它目前的经营状况以及消费者的市场反应，说说它的主要优势和劣势。结合国家的汽车工业政策，谈谈企业应怎样调整措施，扩大市场？

案例分析

案例 1

1992 年，通用公司只有其德国子公司欧宝（Opel）公司盈利。该公司盈利的原因就在于其供应部最高经理罗佩茨先生的采购才能，使得欧宝公司从价格低廉的配套零部件中受益。大众汽车公司为摆脱不景气局面，不惜重金，于 1993 年将罗佩茨挖走，任命其担任供应董事，希望借此扭转大众公司的亏损状况。就连大众公司董事长也说："就大众公司而言，罗佩茨的重要性比我还高"。

案例思考：

1. 此案例说明了什么问题？

2. 汽车企业所需要的供应商有哪些？

3. 企业如何与供应商建立良好的关系？

案例 2

美国一家汽车公司生产了一种牌子叫"Cricket"（奎克脱）的小型汽车，这种汽车在美国很畅销，但在英国却不受欢迎。其原因就在于语言文字上的差异。"Cricket"一词有蟋蟀、板球的意思，美国人喜欢打板球，所以一提到"Cricket"就想到是蟋蟀，汽车牌子叫"Cricket"，意思是个头小，跑得快，所以很受欢迎。但在英国，人们不喜欢玩板球，所以一说"Cricket"就认为是板球。人们不喜欢牌子叫板球的汽车。后来，美国公司把其在英国的产品改为"Avengex"，意思是复仇者。因为这个名称不是说明它小，而是说明它很有力量，结果很受欢迎，销量大增。

案例思考：

1. 论述宏观环境的重要性。

2. 应该如何对待宏观环境？

第 3 章　汽车市场购买行为分析

【本章教学要点】

知识要点	掌握程度	相关知识
理解消费者市场的基本概念及相关的核心概念	理解消费者市场的基本概念及相关的核心概念	消费者市场、消费者市场的特征
掌握消费者行为的一般模式	掌握消费者行为的一般模式	文化因素、社会因素、个人因素
理解消费者购买决策过程	理解消费者购买决策过程	购买决策类型、购买决策模型

导入案例

我国日益扩大的汽车内需市场

中国在 2001 年 12 月 11 日加入了世界贸易组织，国外的厂商陆续进入了中国市场，使得竞争进一步激烈，给中国汽车产业带来了一定的挑战，但是这也将是一个机遇，在这样的情况下将有利于中国汽车技术的不断创新。微观上，中国的汽车市场一直以来都是一个极具潜力的市场，近几年随着中国经济地不断发展，中国汽车不断地普及，汽车行业一直以来的目标市场正在不断地成长，针对于白领阶层等上班一族汽车销售市场正飞速地发展。在这个时候，汽车行业就需要不断地进行技术创新，拓宽销售渠道，开发新的市场，寻找更多的目标群体，来延伸自己的生命周期，来获取更大的利益。

2004 年中国汽车产量占世界总产量的 7.91%，销量占世界总销量的 8.41%。通过数字比较，我们知道中国是一个汽车进口的国家。理论上说，降低关税有利于消费者的福利。但是进口的汽车大都是高档车，对于这一部分的消费者来说，他们不在乎这辆车的价格，而是车子带来的社会地位。也就是说更高的价格，会有相对少的人来买，这样就会使得这一产品在生活中比较稀缺，使得消费者感到了更大的满足感。这是高档车所特有的虚荣效应。

2005 年，无疑是小排量微型轿车扬眉吐气的年份！国内微型轿车厂家产量为 57.71 万辆，比 2004 年产量 37.88 万辆增长 52.34%，国内微型轿车厂家销售量为 58.29 万辆，比 2004 年销售量 39.47 万辆增长 47.68%，国内微型轿车行业成为乘用车各细分市场中表现最为突出的领域，市场表现有目共睹。到 2005 年末，国内微型轿车在国内轿车的市场份额达到 20.42%，比 2004 年的市场份额 17.36% 提高了 3.06 个百分点，国内微型轿车行业的市场地位日益显著。

第 1 节　消费者市场及其特点

一、消费者市场的含义

消费者市场，又称最终消费者市场、消费品市场或生活资料市场，是指为满足生活消费需要而购买货物和劳务的所有个人和家庭。一切企业，无论是否直接为消费者服务，都必须研究消费者市场，因为只有消费者市场才是最终市场；其他市场，如生产者市场和中间商市场等，虽然购买数量很大，但仍然要以最终消费者的需要和偏好为转移。因此，消费者市场是一切市场的基础，是最终起决定作用的市场，很多人把消费者市场理解为市场是不够全面的。

消费者市场是现代市场营销理论研究的主要对象。成功的市场营销者是那些能够有效地提供对消费者有价值的产品，并运用富有吸引力和说服力的方法将产品有效地呈现给消费者的企业和个人。因而，研究影响消费者购买行为的主要因素及其购买决策过程，对于开展有效的市场营销活动至关重要。

二、消费者市场的特点

与生产者市场相比，消费者市场具有以下四个特征：

① 从交易的汽车看，由于消费者市场提供的是人们最终消费的产品，而购买者是个人或家庭，因而它更多地受到消费者个人人为因素诸如文化修养、欣赏习惯和收入水平等方面的影响；产品的花色多样、品种复杂，产品的生命周期短；汽车的专业技术性不强，替代品较多，因而汽车的价格需求弹性较大，即价格变动对需求量的影响较大。

② 从交易的规模和方式看，消费品市场购买者众多，市场分散，成交次数频繁，但交易数量较少。因此绝大部分汽车都是通过中间商销售，以方便消费者购买。

③ 从购买行为看，消费者的购买行为具有很大程度的可诱导性。一是因为消费者在决定采取购买行为时，不像生产者市场的购买决策那样，常常受到生产特征的限制及国家政策和计划的影响，而是具有自发性、冲动性；二是消费品市场的购买者大多缺乏相应的汽车知识和市场知识，其购买行为属非专业性购买，他们对产品的选择受广告、宣传的影响较大。由于消费者购买行为的可诱导性，生产和经营部门应注意做好汽车的宣传广告，一方面当好消费者的参谋，另一方面也能有效地引导消费者的购买行为。

④ 从市场动态看，由于消费者的需求复杂，供求矛盾频频发生，加之随着城乡、地区间的往来的日益频繁，国际交往的增多，人口的流动性越来越大，购买力的流动性也随之加强。因此，企业要密切注视市场动态，提供适销对路的产品，同时要注意增设购物网点和在交通枢纽地区创设规模较大的购物中心，以适应流动购买力的需求。

第 2 节　消费者行为的一般模式

消费者行为，是指消费者为获取、使用、处置消费物品或服务所采取的各种行动，包括先于且决定这些行动的决策过程。消费者行为是与产品或服务的交换密切联系在一起的。在现代市场经济条件下，企业研究消费者行为是着眼于与消费者建立和发展长期的交换关系。为此，不仅需要了解消费者是如何获取产品与服务的，而且也需要了解消费者是如何消费产品，以及产品在用完之后是如何被处置的。

图 3.1 给出了本章的消费者行为分析的基本框架。这个模型是基于德尔 I. 霍金斯等人合著的《消费者行为学》一书得出的。

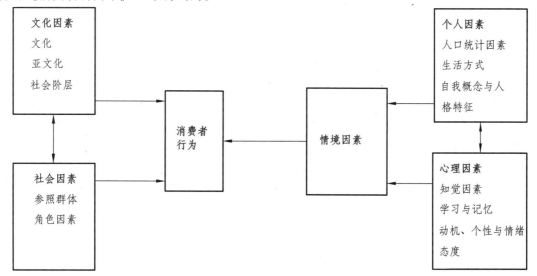

图 3.1　消费者行为总体模型

该模型是一个概念性模型，它所包含的细节不足以预测某种特定的消费者行为。然而，它的确反映了我们对消费者行为性质的信念和认识。消费者行为同时受到文化、社会、个人和心理因素的影响，其中个人和心理因素又通过特定的情境因素表现出来。

观察图 3.1，我们可能会认为消费者行为似乎是简单的、有意识的，同时又是机械的、线性的。其实仔细观察我们周围的现实生活就可以发现，消费者行为通常是复杂的、无意识的、杂乱无章的和周而复始的。这也决定了研究消费者行为的复杂性。图中文化、社会、个人和心理因素又分别包含不同的方面，我们将在下面的内容逐一介绍。

第 3 节　影响消费者行为的主要因素

从上一节的图 3.1 可知，影响消费者行为的文化和社会因素有：文化、亚文化、社会阶层、参照群体和角色因素。影响消费者行为的个人与心理因素是：人口统计因素，生活方式，自我概念与人格特征，知觉因素，学习与记忆，动机、个性与情绪和态度。这些因素不仅在某种程度上决定消费者的决策行为，而且它们对外部环境与营销刺激的影响起放大或抑制作用。

一、文化因素

1. 文化

文化，有广义与狭义之分。广义文化是指人类创造的一切物质财富和精神财富的总和；狭义文化是指人类精神活动所创造的成果，如哲学、宗教、科学、艺术和道德等。在消费者行为研究中，由于研究者主要关心文化对消费者行为的影响，所以我们将文化定义为一定社会经过学习获得的并用以指导消费者行为的信念、价值观和习惯的总和。文化具有习得性、动态性、群体性、社会性和无形性的特点。

文化通过对个体行为进行规范和界定进而影响家庭等社会组织。文化本身也随着价值观、环境的变化或随着重大事件的发生而变化。价值观是关于理想的最终状态和行为方式的持久信念，它代表着一个社会或群体对理想的最终状态和行为方式的某种共同看法。文化价值观为社会成员提供了关于什么是重要的、什么是正确的以及人们应追求一个什么最终状态的共同信念。它是人们用于指导其行为、态度和判断的标准，而人们对于特定事物的态度一般也是反映和支持他的价值观的。

文化价值观可分为三类：有关社会成员间关系的价值观，有关人类环境的价值观以及有关自我的价值观。这些价值观对于消费者行为具有重要影响，并最终影响着企业营销策略的选择及其成败得失。

有关社会成员之间关系的价值观反映的是一个社会关于该社会中个体与群体、个体之间以及群体之间适当关系的看法，其中包括个人与集体、成人与孩子、青年与老年、男人与妇女和竞争与协作等方面。

有关环境的价值观反映的是一个社会关于该社会与其自然、经济以及技术等环境之间关系的看法，其中包括自然界、个人成就与出身、风险与安全和乐观与悲观等方面。

有关自我的价值观反映的是社会各成员的理想生活目标及其实现途径，其中包括动与静、物质与非物质主义、工作与休闲、现在与未来、欲望与节制和幽默与严肃等方面。

不同国家、地区或不同群体之间，语言上的差异是比较容易察觉的。但是易于为人们所忽视的往往是那些影响非语言沟通的文化因素，包括时间、空间、礼仪、象征、契约和友谊等。这些因素上的差异往往也是难以察觉、理解和处理的。对一定社会各种文化因素的了解将有助于营销者提高消费者对其产品的接受程度。

背景知识：

"名片是你的脸面。"

"名片在这里是必需的，是绝对必不可少的。"

"在日本一个没有名片的人是没有身份的。"

在一个社交礼节十分考究的国度里，名片的交换是一种最基本的社交礼节。它强化了人际之接触，而人际接触对一个人的成功至关重要。交换名片折射出很深的社会寓意。一旦完成这样一种看似细小的礼节，双方都能了解对方在公司或政府机关的位置，从而较准确地把握彼此之间的交往尺度。

两人彼此交换名片，这在美国是十分普遍、简单的活动，而在日本则是一种不可缺少的复杂社会交往。

资料来源：《消费者行为学》（美）霍金斯等著，机械工业出版社，2000.

2. 亚文化

亚文化，是一个不同于文化类型的概念。所谓亚文化，是指某一文化群体所属次级群体的成员共有的独特信念、价值观和生活习惯。每一亚文化都会坚持其所在的更大社会群体中大多数主要的文化信念、价值观和行为模式。同时，每一文化都包含着能为其成员提供更为具体的认同感和社会化的较小的亚文化。目前，国内外营销学者普遍接受的是按民族、宗教、种族和地理划分亚文化的分类方法。

① 民族亚文化。几乎每个国家都是由不同民族所构成的。不同的民族，都各有其独特的风俗习惯和文化传统。我国有 56 个民族，民族亚文化对消费者行为的影响是巨大的。

② 宗教亚文化。不同的宗教群体，具有不同的文化倾向、习俗和禁忌。如我国有佛教、道教、伊斯兰教、天主教和基督教等，这些宗教的信仰者都有各自的信仰、生活方式和消费习惯。宗教能影响人们的行为，也能影响人们的价值观。

③ 种族亚文化。白种人、黄种人、黑种人都各有其独特的文化传统、文化风格和态度。他们即使生活在同一国家甚至同一城市，也会有自己特殊的需求、爱好和购买习惯。

④ 地理亚文化。地理环境上的差异也会导致人们在消费习俗和消费特点上的不同。长期形成的地域习惯，一般比较稳定。自然地理环境不仅决定着一个地区的产业和贸易发展格局，而且间接影响着一个地区消费者的生活方式、生活水平、购买力的大小和消费结构，从而在不同的地域可能形成不同的商业文化。

不同的亚文化会形成不同的消费亚文化。消费亚文化是一个独特的社会群体，这个群体以产品、品牌或消费方式为基础，形成独特的模式。这些亚文化具有一些共有的内容，比如：一种确定的社会等级结构；一套共有的信仰或价值观；独特的用语、仪式和有象征意义的表达方式等。消费亚文化对营销者比较重要，因为有时一种产品就是构成亚文化的基础，是亚文化成员身份的象征，如高级轿车，同时符合某种亚文化的产品会受到其他社会成员的喜爱。

3. 社会阶层

社会阶层（Social class）是由具有相同或类似社会地位的社会成员组成的相对持久的群体。每一个体都会在社会中占据一定的位置，使社会成员分成高低有序的层次或阶层。社会阶层是一种普遍存在的社会现象。导致社会阶层的终极原因是社会分工和财产的个人所有。

消费者行为学中讨论社会阶层，可以了解不同阶层的消费者在购买、消费、沟通和个人偏好等方面具有哪些独特性，哪些行为是各社会阶层成员所共有的。

吉尔伯特（Jilbert）和卡尔（Kahl）将决定社会阶层的因素分为三类：经济变量、社会互动变量和政治变量。经济变量包括职业、收入和教育；社会互动变量包括个人声望、社会联系和社会化；政治变量则包括权力、阶层意识和流动性。

声望（Prestige）表明群体其他成员对某人是否尊重，尊重程度如何。联系（Association）涉及个体与其他成员的日常交往，他与哪些人在一起，与哪些人相处得好。社会化

（Socialization）则是个体习得技能、态度和习惯的过程。家庭、学校、朋友对个体的社会化具有决定性影响。阶层意识是指某一社会阶层的人，意识到自己属于一个具有共同的政治和经济利益的独特群体的程度。人们越具有阶层或群体意识，就越可能组织政治团体、工会来推进和维护其利益。

不同社会阶层消费者的行为在很多方面存在差异，比如：支出模式上的差异；休闲活动上的差异；信息接收和处理上的差异；购物方式上的差异，等等。对于某些产品，社会阶层提供了一种合适的细分依据或细分基础，依据社会阶层可以制定相应的市场营销战略。具体步骤如下：首先，决定企业的产品及其消费过程在哪些方面受社会阶层的影响，然后将相关的阶层变量与产品消费联系起来。为此，除了运用相关变量对社会阶层分层以外，还要搜集消费者在产品使用、购买动机和产品的社会含义等方面的数据。其次，确定应以哪一社会阶层的消费者为目标市场。这既要考虑以不同社会阶层作为市场的吸引力，也要考虑企业自身的优势和特点。再次，根据目标消费者的需要与特点，为产品定位。最后是制定市场营销组合策略，以达到定位目的。

需要注意的是，不同社会阶层的消费者由于在职业、收入和教育等方面存在明显差异，因此即使购买同一产品，其趣味、偏好和动机也会不同。比如同样是买牛仔裤，劳动阶层的消费者可能看中的是它的耐用性和经济性，而上层社会的消费者可能注重的是它的流行程度和自我表现力。事实上，对于市场上的现有产品和品牌，消费者会自觉或不自觉地将它们归入适合或不适合哪一阶层的人消费。例如，在中国汽车市场，消费者认为宝马和奔驰更适合上层社会消费，而捷达则更适合中下层社会的人消费。这些都表明了产品定位的重要性。

另外，处于某一社会阶层的消费者会试图模仿或追求更高层次的生活方式。因此，以中层消费者为目标市场的品牌，根据中上层生活方式定位可能更为合适。

二、社会因素

1. 参照群体

参照群体，是与消费者密切相关的社会群体，它与隶属群体相对应。社会群体是指通过一定的社会关系结合起来进行共同活动而产生相互作用的集体。

社会成员构成一个群体，应具备以下基本特征：

① 群体成员需以一定纽带联系起来；

② 成员之间有共同目标和持续的相互交往；

③ 群体成员有共同的群体意识和规范。

与消费者密切相关的有五种基本的参照群体：①家庭；②朋友；③正式的社会群体；④购物群体；⑤工作群体。参照群体具有规范和比较两大功能。

参照群体对其成员的影响程度取决于多方面的因素，主要有以下几个方面：①产品使用时的可见性；②产品的必需程度；③产品与群体的相关性；④产品的生命周期；⑤个体对群体的忠诚程度；⑥个体在购买中的自信程度。参照群体概念在营销中的运用如下：

（1）名人效应

对很多人来说，名人代表了一种理想化的生活模式。正因为如此，企业花巨额费用聘请名人来促销其产品。研究发现，用名人做支持的广告较不用名人的广告评价更正面和积极，这一点在青少年群体上体现得更为明显。运用名人效应的方式多种多样。例如，可以用名人作为产品或公司代言人；也可以用名人做证词广告，即在广告中引述广告产品或服务的优点和长处，或介绍其使用该产品或服务的体验；还可以采用将名人的名字使用于产品或包装上等做法。

（2）专家效应

专家是指在某一专业领域受过专门训练，具有专门知识、经验和特长的人。医生、律师和营养学家等均是各自领域的专家。专家所具有的丰富知识和经验，使其在介绍、推荐产品与服务时较一般人更具权威性，从而产生专家所特有的公信力和影响力。当然，在运用专家效应时，一方面应注意法律的限制，如有的国家不允许医生为药品做证词广告；另一方面，应避免公众对专家的公正性、客观性产生质疑。

（3）"普通人"效应

运用满意顾客的证词来宣传企业的产品，是广告中常用的方法之一。由于出现在荧屏上或画面上的代言人是和潜在顾客一样的普通消费者，使受众感到亲近，从而广告诉求更容易引起共鸣。还有一些公司在电视广告中展示普通消费者或普通家庭如何用广告中的产品解决其遇到的问题，如何从产品的消费中获得乐趣，等等，也是"普通人"效应的运用。

（4）经理型代言人

自 20 世纪 70 年代以来，越来越多的企业在广告中用公司总裁或总经理做代言人。

2．角色因素

（1）角色概述

角色是个体在特定社会或群体中占有的位置和被社会或群体所规定的行为模式。对于特定的角色，无论是由谁来承担，人们对其行为都有相同或类似的期待。

虽然承担某一具体角色的所有人都被期待展现某些行为，但每个人实现这些期待的方式却各不相同。期望角色与实践角色之间的差距被称为角色差距，适度的角色差距是允许的，但这种差距不能太大。否则意味着角色扮演的不称职，社会或群体的惩罚也就不可避免。因此，大多数人都力求使自己的行为与群体对特定角色的期待相一致。

（2）几个重要概念

① 角色关联产品集。

角色关联产品集，是承担某一角色所需要的一系列产品。这些产品或者有助于角色扮演，或者具有重要的象征意义。例如，靴子与牛仔角色相联系。角色关联产品集规定了哪些产品适合某一角色。营销者的主要任务，就是确保其产品能满足目标角色的实用或象征需要，从而使人们认为其产品适用于该角色。计算机制造商强调笔记本电脑为商人所必需，保险公司强调人寿保险对于扮演父母角色的重要性，这些公司实际上都是力图使自己的产品进入某类角色关联产品集。

② 角色超载和角色冲突。

角色超载，是指个体超越了时间、金钱和精力所允许的限度而承担太多的角色或承担对个体具有太多要求的角色。比如，一位教师既面临教学、科研和家务的多重压力，同时又担任很多的社会职务或在外兼职。此时，由于其角色集过于庞大，他会感到顾此失彼和出现角色超载。角色超载的直接后果是个体的紧张、压力和角色扮演的不称职。

角色冲突，是指不同的角色由于在某些方面不相容，或人们对同一角色的期待和理解的不同而导致的矛盾和抵触。角色冲突有两种基本类型：一种是角色间的冲突，另一种是角色内的冲突。很多现代女性所体验到的那种既要成为事业上的强者又要当贤妻良母的冲突，就是角色间的冲突。

③ 角色演化。

角色演化，是指人们对某种角色行为的期待随着时代和社会的发展而发生变化。角色演化既给营销者带来机会也提出挑战。例如，妇女在职业领域的广泛参与，改变了她们的购物方式，许多零售商也因此调整其地理位置和营业时间，以适应这种变化。研究发现，全职家庭主妇视购物为主妇角色的重要组成部分，而承担大部分家庭购物活动的职业女性对此并不认同。显然，在宣传产品和对产品定位的过程中，零售商需要认识到基于角色认同而产生的购物动机上的差别。

④ 角色获取与转化。

在人的一生中，个人所承担的角色并不是固定不变的。随着生活的变迁和环境的变化，个体会放弃原有的一些角色、获得新的角色和学会从一种角色转换成另外的角色。在此过程中，个体的角色集相应地发生了改变，由此也会引起他对与角色相关的行为和产品需求的变化。

三、个人因素

1. 人口统计因素

人口统计，是根据人口规模、分布和结构对人口环境进行的描述。人口规模指的是人口的数量。人口分布说明人口的地理分布，即多少人生活在农村、城市和郊区。而人口结构反映人口在年龄、收入、教育和职业方面的状况。上述每个因素都影响消费者的行为并对不同产品和服务的总需求产生影响。

（1）人口规模和分布

人口增长是许多行业是否赢利甚至能否生存的关键性决定因素。例如，有些快速消费品可能人均消费量随着时间的变化而呈递减趋势，但由于人口规模的增加则可以使这种消费品的总销售额保持不变。我国是人口大国，从某种程度上也促进了我国消费者市场的繁荣。

除了人口增长率，了解这些人口增长发生的地方也是很重要的。因为一个国家的不同地区代表了不同的亚文化，每一亚文化下的人有着独特的情趣、态度和偏好，了解人口快速增长出现在哪些地区以及这些地区的消费者有何种需要，可以使企业更好地开拓市场。

（2）年龄

年龄对于我们购物的地点、使用产品的方式和我们对营销活动的态度有重要影响。目前包括我国在内的世界上大多数国家都面临着人口老龄化的问题。根据预测，我国 65 岁以上的老年人口在总人口中的比重在 2025 年左右将达到 14%，这必然会导致更多新的针对老年人的细分市场的出现。

（3）职业

由于所从事的职业不同，人们的价值观念、消费习惯和行为方式存在着较大的差异。职业的差别使人们在衣食住行等方面有着显著的不同。譬如，通常不同职业的消费者在衣着的款式、档次上会做出不同的选择，以符合自己的职业特点和社会身份。

（4）教育

受教育的程度越来越成为影响家庭收入高低的重要因素。传统上，制造业中的一些高薪职位并不要求很高的受教育程度，但现在不同了。如今，制造业和服务业的许多高薪工作需要专业技能、抽象思维能力以及快速阅读和掌握新技巧的能力，这些能力往往通过受教育才能获得。受教育的程度部分地决定了人们的收入和职业，进而影响着人们的购买行为。同时它也影响着人们的思维方式、决策方式以及与他人交往的方式，从而极大地影响着人们的消费品位和消费偏好。

（5）收入

家庭收入水平和家庭财产共同决定了家庭的购买力。很多购买行为是以分期付款的方式进行的，而人们分期付款的能力最终是由人们目前的收入和过去的收入决定的。

由以上五个方面的因素可以看到，人口统计因素既能直接地影响消费行为，同时又能通过影响人们的其他特征如个人价值观和决策方式等间接影响消费者的行为。综合运用人口统计资料可以帮助企业界定其主要的目标市场，并规划相应的营销策略。

2．生活方式

生活方式，是个体在成长过程中，在与社会因素相互作用下表现出来的活动、兴趣和态度模式。生活方式包括个人和家庭两个方面，两者相互影响。

生活方式与个性既有联系又有区别。一方面，生活方式很大程度上受个性的影响。一个具有保守、拘谨性格的消费者，其生活方式不大可能太多地包容诸如攀岩、跳伞和蹦极之类的活动。另一方面，生活方式关心的是人们如何生活、如何花费和如何消磨时间等外在行为，而个性则侧重从内部来描述个体，它更多地反映个体思维、情感和知觉特征。可以说，两者是从不同的层面来刻画个体的。区分个性和生活方式在营销上具有重要的意义。一些研究人员认为，在市场细分过程中过早以个性区分市场，会使目标市场过于狭窄。因此，他们建议，营销者应先根据生活方式细分市场，然后再分析每一细分市场内消费者在个性上的差异。如此，可使营销者识别出具有相似生活方式的大量消费者。

研究消费者生活方式通常有两种途径：一种途径是直接研究人们的生活方式，另一种途径是通过具体的消费活动进行研究。生活方式对消费者购买决策的影响往往是隐性的。例如，在购买登山鞋、野营帐篷等产品时，很少有消费者想到这是为了保持其生活方式。然而，对于那些喜欢户外活动的人来说这种影响是客观存在的。

3．自我概念与人格特征

（1）自我概念的含义与类型

自我概念是个体对自身一切的知觉、了解和感受的总和。自我概念回答的是"我是谁？"和"我是什么样的人？"诸如此类的问题，它是个体自身体验和外部环境综合作用的结果。一般来说，消费者将选择那些与其自我概念相一致的产品与服务，避免选择与其自我概念相抵触的产品和服务。所以，研究消费者的自我概念对企业特别重要。

消费者不只有一种自我概念，而是拥有多种类型的自我概念：①实际的自我概念；②理想的自我概念；③社会的自我概念；④期待的自我。期待的自我，即消费者期待在将来如何看待自己，它是介于实际的自我与理想的自我之间的一种形式。由于期待的自我折射出个体改变"自我"的现实机会，对营销者来说它也许较理想的自我和现实的自我更有价值。

（2）自我概念与产品的象征性

在很多情况下，消费者购买产品不仅仅是为了获得产品所提供的功能效用，而是要获得产品所代表的象征价值。对于购买"劳斯莱斯""宝马"的消费者来说，显然不是购买一种单纯的交通工具。一些学者认为，某些产品对拥有者而言具有特别具体的含义，它们能够向别人传递关于自我的很重要的信息。从某种意义上，消费者是什么样的人是由其使用的产品来界定的。如果丧失了某些关键拥有物，那么，他或她就成为了不同于现在的个体。

一般来说，能够成为表现自我概念的象征品应具有三个方面的特征。首先，应具有使用时的易见性，即这些产品的购买、使用和处置能够很容易被人看到。其次，应具有差异性，即某些消费者有能力购买，而另一些消费者无力购买。如果每人都可拥有一辆"奔驰"车，那么这一产品的象征价值就所剩无几了。最后，应具有拟人化性质，即能在某种程度上体现使用者的特别形象。比如汽车和珠宝等产品均具有上述特征，因此，它们很自然地被人们作为传递自我概念的象征品。

四、心理因素

1．知觉因素

所谓知觉，是人脑对刺激物各种属性和各个部分的整体反映，它是对感觉信息加工和解释的过程。产品、广告等营销刺激只有被消费者知觉才会对其行为产生影响。消费者形成何种知觉，既取决于知觉对象，又与知觉时的情境和消费者先前的知识与经验密切相关。

消费者的知觉过程包括三个相互联系的阶段，即展露、注意和理解。这三个阶段也是消费者处理信息的过程。在信息处理过程中，如果一则信息不能依次在这三个阶段生存下来，它就很难贮存到消费者的记忆中，从而也无法有效地对消费者行为产生影响。

（1）刺激物的展露

展露（Exposure）或刺激物的展露，是指将刺激物展现在消费者的感觉神经范围内，使其感官有机会被激活的过程。展露只需把刺激对象置于个人相关环境之内，并不一定要求个人接收到刺激信息。比如，电视里正在播放一则广告，而你正在和家人或朋友聊天而没有注意到，但广告展露在你面前则是事实。

对于消费者来说，展露并不完全是一种被动的行为，很多情况下是主动选择的结果。很多情况下，消费者往往根据刺激物所展露出来的各种物理因素而进行挑选汽车。这些因素有强度、对比度、大小、颜色、运动状态、位置、隔离、格式及信息数量等。

（2）注意

注意，是指个体对展露于其感觉神经系统面前的刺激物进行进一步加工和处理的行为，它实际上是对刺激物分配某种处理能力。注意具有选择性的特点，这要求企业认真分析影响注意的各种因素，并在此基础上设计出能引起消费者注意的广告、包装和品牌等营销刺激物。需要注意的是，消费者对某一节目或某一版面内容的关心程度或介入程度，会影响他对插入其中的广告的注意程度。

（3）理解

知觉的最后一个阶段，是个体对刺激物的理解，它是个体赋予刺激物以某种含义或意义的过程。理解涉及个体依据现有知识对刺激物进行组织、分类和描述，它受到个体因素、刺激物因素和情境因素的制约和影响。

（4）营销启示

通过对消费者知觉过程的认识，企业应针对自己的产品或服务展开调查，以了解消费者主要依据哪些线索做出质量判断，并据此制定营销策略。如果某些产品特征被消费者作为质量认知线索，那么，它就具有双重的重要性：一方面作为产品的一个部分具有相应的功能和效用；另一方面对消费者具有信息传递作用。后一作用在企业制定广告等促销策略时具有重要的参照作用。把不构成认知线索的产品特征或特性大加宣传，将很难收到预期的营销效果。

另外，企业还应充分重视形成质量认知的外在因素。这些因素有价格、商标知名度和出售场所等，企业应了解这些因素对消费者的相对重要程度，以及不同消费者在这些评价因素上存在的差异，并据此采取措施。比如，高品质的产品应有相应的价格、包装与之相符合，分销渠道的选择上应避免过于大众化，短期促销活动也应格外慎重。

2. 学习与记忆

（1）学习的含义

所谓学习，是指人在生活过程中，因经验而产生的行为或能力的比较持久的变化。学习是因经验而生的，同时伴有行为或能力的改变。此外，学习所引起的行为或能力的变化是相对持久的。

（2）学习的分类

根据学习材料与学习者原有知识结构的关系，学习可分为机械学习与意义学习。机械学习，是指将符号所代表的新知识与消费者认知结构中已有的知识建立人为的联系。消费者对一些拗口的外国品牌的记忆，很多就属于这种类型。意义学习，是将符号所代表的知识与消费者认知结构中已经存在的某些观念建立自然的和合乎逻辑的联系。比如，用"健力宝"作为饮料商标，消费者自然会产生强身健体之类的联想，这就属于意义学习的范畴。

机械学习可以通过两种作用表现出来：

① 经典性条件反射，即借助于某种刺激与某一反应之间的已有联系，经过练习建立起另一种刺激与这种反应之间的联系。经典性条件反射理论已经被广泛地运用到市场营销实践中。比如，在一则沙发广告中，一只可爱的波斯猫坐在柔软的沙发上，悠闲自得地欣赏着美妙的音乐，似乎在诉说着沙发的舒适和生活的美好。很显然，该广告试图通过营造一种美好的氛围，激发受众的遐想，使之与画面中的沙发相联系，从而增加人们对该沙发的兴趣与好感。

② 操作性条件反射，即通过强化作用来增强刺激与反应之间的联结。所以，企业要想与顾客保持长期的交换关系，还需采取一些经常性的强化手段。这也说明了为什么产品或品牌形象难以改变，因为品牌形象是消费者在长期的消费体验中，经过点滴的积累逐步形成的。

（3）记忆的含义

消费者的学习与记忆是紧密联系在一起的，没有记忆，学习是无法进行的。

记忆是以前的经验在人脑中的反映。记忆是一个复杂的心理过程，它包括识记、保持和回忆三个基本环节。从信息加工的观点看，记忆就是对输入信息的编码、贮存和提取的过程。虽然从理论上讲，消费者的记忆容量很大，对信息保持的时间也可以很长，但在现代市场条件下，消费者接触的信息实在太多，能够进入其记忆并被长期保持的实际上只有很少的一部分。正因为如此，企业才需要对消费者的记忆予以特别的重视。一方面，企业应了解消费者的记忆机制，即信息是如何进入消费者的长期记忆的，有哪些因素影响消费者的记忆，进入消费者记忆中的信息是如何被存储和被提取的；另一方面，企业应了解已经进入消费者长期记忆的信息为什么被遗忘和在什么条件下被遗忘，企业在防止或阻止消费者遗忘方面能否有所作为。

（4）遗忘及其影响因素

遗忘与记忆相对应，是对识记过的内容不能正确地进行回忆和再认识。从信息加工的角度看，遗忘就是信息提取不出来，或提取出现错误。除了时间以外，识记材料的意义、性质、数量、顺序位置、学习程度和学习情绪等均会对遗忘的程度产生影响。

3. 动机、个性与情绪

（1）消费者的动机

动机，是指引起、维持和促使某种活动向某一目标进行的内在作用。消费者具体的购买动机有：求值动机、求新动机、求美动机、求名动机、求廉动机、从众动机和喜好动机等。以上购买动机是相互交错、相互制约的。

背景知识：

海尔以消费者为目的、以消费者需要为导向进行技术革新，不断研制、生产出技术上领先、功能上令消费者满意的新型洗衣机。

在市场调查中，海尔发现许多消费者想购买滚筒式洗衣机，又苦于住房空间小。海尔运用世界上最先进的技术，在容量不减的情况下进行超薄设计，并按照"人体工程学原理"设计衣物的投放方式，研究开发出顶开盖式"小丽人"滚筒式洗衣机。

针对困扰人们的传统洗衣机洗涤时间长、费水费电的问题，海尔又开发出了中国第一台螺旋飓风速洗王洗衣机。这种洗衣机以其特有的十段水位、十分钟速洗功能、内外筒之间无水中空洗涤和瀑布漂洗功能赢得了众多消费者的青睐。

资料来源：《消费者行为学》李晴主编，重庆大学出版社，2003.8

关于动机的理论很多。精神分析说认为，人的行为与动机主要由潜意识所支配，研究人的动机，必须深入到人类的内心深处。并认为仅仅通过观察消费者行为和询问消费者都不可能获得消费者的真正购买意图。

美国人本主义心理学家马斯洛提出了著名的需要层次理论。马斯洛认为，人的需要可分为五个层次，即生理需要、安全需要、爱与归属需要、自尊需要和自我实现的需要。上述五种需要是按从低级到高级的层次组织起来的，只有当较低层次的需要得到了满足，较高层次的需要才会出现并要求得到满足。

（2）消费者的个性

个性是在个体生理素质的基础上，经过外界环境的作用逐步形成的行为特点。个性的形成既受遗传和生理因素的影响，又与后天的社会环境尤其是童年时的经验具有直接关系。

消费者的个性对品牌的选择和新产品的接受程度有很大影响。由于个性的不同，消费者对某一品牌会自然地判断出是否适合自己。个性不仅使某一品牌与其他品牌相区别，而且使这种品牌具有激发情绪，为消费者提供潜在满足的作用。另外，有些人对几乎所有新生事物持开放和乐于接受的态度，有些人则相反；有些人是新产品的率先采用者，有些人则是落后采用者。了解率先采用者和落后采用者有哪些区别，有助于进行消费者市场的细分。

（3）消费者的情绪

情绪是一种相对来说难以控制且影响消费者行为的强烈情感。每个人都有一系列的情绪，所以每个人对情绪的描述和分类也千差万别。普拉契克（Plutchik）认为情绪有 8 种基本类型：恐惧、愤怒、喜悦、悲哀、接受、厌恶、期待和惊奇。其他任何情绪都是这些类型的组合。例如，欣喜是惊奇和喜悦的组合，轻蔑是厌恶和愤怒的组合。

很多产品把激发消费者的某种情绪作为重要的产品价值，比较常见的有电影、书籍和音乐。其他如长途电话、软饮料和汽车等也是经常被定位于"激发情绪"的产品。此外，许多产品被定位于防止或缓解不愉快的情绪。例如，鲜花被宣传为能够消除悲哀；减肥产品和其他有助自我完善的产品也常以缓解忧虑和消除厌恶感等来定位。

4．态度

（1）消费者态度的含义

态度是由情感、认知和行为构成的综合体。态度有助于消费者更加有效地适应动态的购买环境，使之不必对每一新事物或新的产品、新的营销手段都以新的方式做出解释和反应。

（2）消费者态度与行为

消费者态度对购买行为有重要影响。态度影响消费者的学习兴趣与学习效果，并将影响消费者对产品、商标的判断与评价，进而影响购买行为。

态度一般通过购买意向来影响消费者的购买行为。但是态度与行为之间在很多情况下并不一致。造成不一致的原因，除了主观规范、意外事件以外，还有很多其他的因素，如购买动机、购买能力、情境因素，等等。

（3）消费者态度的改变

消费者态度的改变包括两层含义：一是指态度强度的改变，二是指态度方向的改变。消费者态度的改变，一般是在某一信息或意见的影响下发生的。在某种程度上，态度改变的过程也就是劝说或说服的过程。

① 消费者态度改变的影响因素。

消费者态度改变主要受到三个因素的影响，即信息源、传播方式与情境。信息源是指持有某种见解并力图使别人也接受这种见解的个人或组织。传播方式是指以何种方式把一种观点或见解传递给信息的接收者。情境是指对传播活动和信息接收者有相应影响的周围环境。

② 信息源对消费者态度改变的影响。

一般来说，影响说服效果的信息源特征主要有四个，即信息传递者的权威性、可靠性、外表的吸引力和受众对传递者的喜爱程度。

③ 传播方式对消费者态度改变的影响。

传播方式主要包括：信息传递者发出的态度信息与消费者原有态度的差异；恐惧的唤起；双面表述。多项研究发现，中等态度差异引起的态度变化量大；当差异度超过中等差异之后再进一步增大，态度改变则会越来越困难。恐惧唤起是广告宣传中常常运用的一种说服手段，如诉说头皮屑带来的烦恼，就是用恐惧诉求来劝说消费者。双面表述即同时陈述正、反两方面意见与论据。情境因素对于双面表述能否达到效果有着重要的影响。

出于趋利避害的考虑，消费者更倾向于接纳那些与其态度相一致的信息。当消费者对某种产品有好感时，与此相关的信息更容易被注意，反之则会出现相反的结果。因此，态度是进行市场细分和制定新产品开发策略的基础。

五、情境因素

情境因素既包括环境中独立于中心刺激物的那些成分，又包括暂时的个人特征，如个体当时的身体状况等。一个十分忙碌的人较一个空闲的人可能更少注意到呈现在其面前的刺激物。处于不安或不愉快情境中的消费者，会注意不到很多展露在他面前的信息，因为他可能想尽快地从目前的情境中逃脱出来。

一些情境因素，如饥饿、孤独和匆忙等暂时的个人特征，以及气温、在场人数和外界干扰等外部环境特征，均会影响个体如何理解信息。可口可乐公司和通用食品公司均不在新闻节目之后播放其食品广告，他们认为新闻中的"坏消息"可能会影响受众对其广告与食品的反应。可口可乐公司负责广告的副总经理夏普（Sharp）指出："不在新闻节目中做广告是可口可乐公司的一贯政策，因为新闻中有时会有不好的消息，而可口可乐是一种助兴和娱乐饮料。"夏普所说的这段话，实际上反映了企业对"背景引发效果"的关切。背景引发效果（Contextual Priming Effects），是指与广告相伴随的物质环境对消费者理解广告内容所产生的影响。广告的前后背景通常是穿插该广告的电视节目、广播节目或报纸杂志。虽然目前有关背景引发效果的实证资料十分有限，但初步研究表明，出现在正面节目中的广告获得的评价更加正面和积极。

第 4 节　消费者购买决策过程

一、购买决策类型

消费者购买决策，是指消费者谨慎地评价某一产品、品牌或服务的属性，并进行理性的选择的过程。它具有理性化和功能化的双重内涵。但也有许多消费者在做购买决策时更多地关注购买或使用时的感受、情绪和环境。尽管如此，消费者决策过程仍对各种类型的购买行为产生了关键作用。

首先介绍两个概念：购买介入程度和购买介入。前者指消费者由某一特定购买需要而产生的对决策过程关心或感兴趣的程度。类似地，购买介入是消费者的一种暂时状态，它受个人、产品和情境特征的相互作用的影响。根据消费者在购买决策过程中介入程度的不同可以把消费者购买决策划分为以下三种类型：

①名义型决策。当一个消费问题被意识到以后，经内部信息搜集，消费者脑海里马上浮现出某个偏爱的产品或品牌，该产品或品牌随即被选择和购买等即属于这一类的购买决策。此时

消费者的购买介入程度最低。名义型决策通常分为两种：品牌忠诚型决策和习惯型购买决策。

②有限型决策。当消费者对某一产品领域或该领域的各种品牌有了一定程度的了解，或者对产品和品牌的选择建立起了一些基本的评价标准，但还没有形成对某些特定品牌的偏好时，消费者面临的就是有限型决策。它一般是在消费者认为备选品之间的差异不是很大，介入程度不是很高，解决需求问题的时间比较短的情况下所做的购买决策。

③扩展型决策。当消费者对某类产品或对这类产品的具体品牌不熟悉，也未建立起相应的产品与品牌评价标准，更没有将选择范围限定在少数几个品牌上时，消费者面临的就是扩展型决策。它一般是在消费者介入程度较高，品牌间差异程度比较大，而且消费者有较多时间进行斟酌的情况下所做的购买决策。

需要指出的是，这三种类型的决策并非截然分明，而是有重叠的部分。但同时也表明，消费过程的每一阶段都受到购买介入程度的影响，我们也应对不同的消费者决策类型制定不同的营销策略。不同的消费者决策类型如图 3.2 所示。

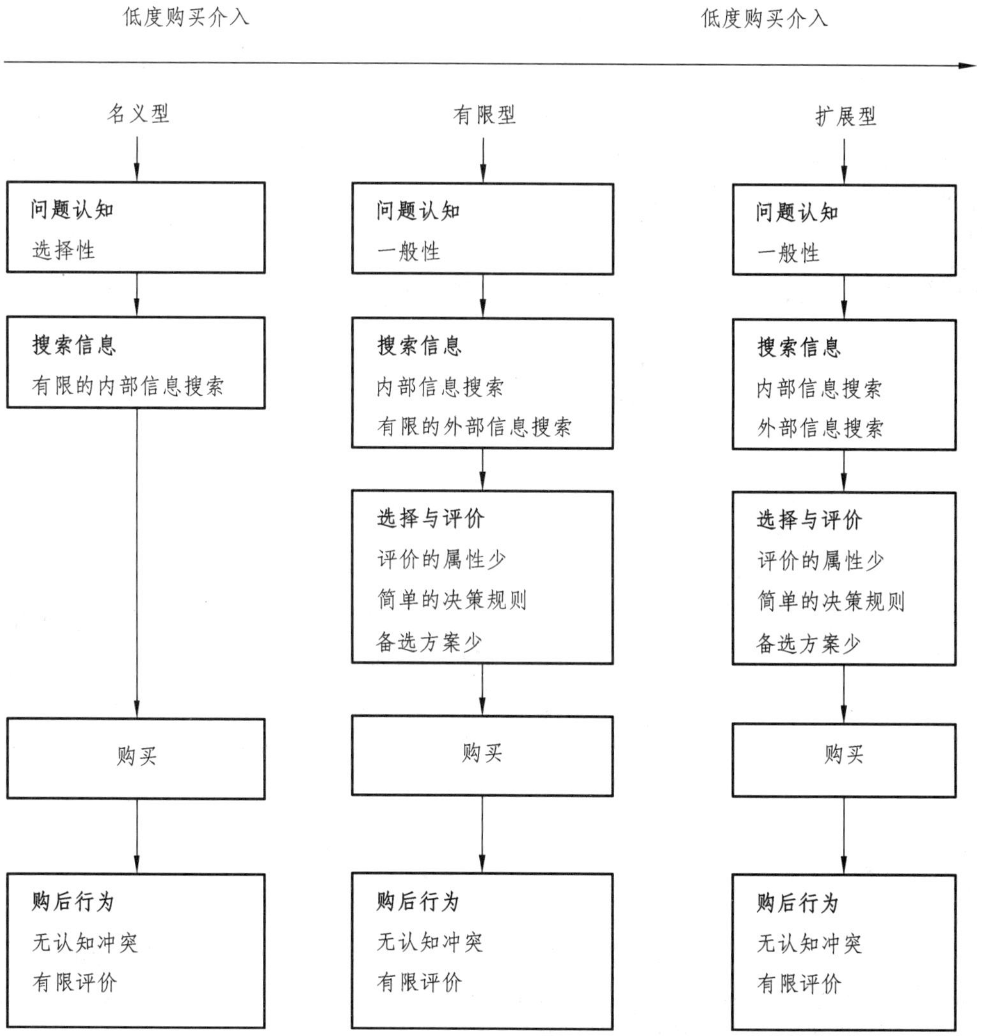

图 3.2　介入程度与决策类型

资料来源：《消费者行为学》（美）霍金斯等著，机械工业出版社，2000

二、消费者购买决策过程一般模型

消费者决策过程是介于营销战略和营销结果之间的中间变量。也就是说，营销战略所产生的营销结果是由战略与消费者决策过程的相互影响所决定的。只有消费者感到产品能满足某种需要，并觉得物有所值才会去购买，公司才能达到营销效果。图 3.3 是消费者决策过程的一般模型。

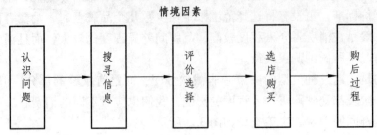

图 3.3　消费者决策过程的一般模型

从上图 3.3 可以看出，消费者决策发生在一定的情境下，并受其中的情境因素的影响。在上图中，认识问题是消费者购买决策的第一步，它是指消费者意识到理想状态与实际状态之间存在差距，从而需要进一步采取行动的过程。比如说，意识到饿了，同时发现附近能够买到充饥的食品，于是就会产生购买食品的活动。另外，还可以看出消费者行为是一个整体，是一个过程，获取或者购买只是这一过程的一个阶段。因此，研究消费者行为，既应调查和了解消费者在获取产品、服务之前的评价与选择活动，也应重视在产品获取后对产品的使用、处置等活动。

作为对问题认知的反应，消费者采取何种行动取决于问题对于消费者的重要性、当时情境、该问题引起的不满或不便的程度等多种因素。需要指出的是，导致问题认知的是消费者对实际状态的感知或认识，而并非客观的实际状态。吸烟者总相信吸烟并不危害健康，因为他们认为自己并没有把烟吞进肚子里。也就是说，尽管现实是抽烟有害，但这些消费者并未认识到这是一个问题。

营销管理者通常关注四个与问题认知有关的方面：①需要明白消费者面临的问题是什么；②需要知道如何运用营销组合解决这些问题；③需要激发消费者的问题认知；④在有些情况下需要压制消费者的问题认知。比如，一则香烟广告画面上是一对快乐的夫妇，标题是"享受人生"。很显然，这个标题正试图减少由广告下方的强制性警示"吸烟有害健康"而带来的问题认知。下面我们将讨论搜寻信息、评价选择、选店购买和购后过程这四个方面的内容。

三、信息搜集

认识问题之后，消费者可能进行广泛的内部与外部信息搜集，有限的内、外部信息搜集或仅仅是内部信息搜集。消费者搜寻的信息有：①问题解决方案的评价标准；②各种备选方案；③每一种备选方案符合评价标准的程度。

当面临某个问题，大多数消费者会回忆起少数几个可以接受的备选品牌。这些可接受的品牌，是在随后的内、外部信息搜寻过程中消费者进一步搜集信息的出发点。因此，营销者非常关注他们的品牌是否落入大多数目标消费者的考虑范围。

消费者内部信息，即储存在记忆中的信息可能是通过以前的搜集或个人经验主动地获得，也可能是经低介入度学习被动地获得。除了从自己的记忆中获得信息，消费者还可以从四种主要的来源获得外部信息：①个人来源，如家庭和亲友；②公众来源，如消费者协会和政府机构；③商业来源，如销售人员和广告；④经验来源，如产品的直接观测与试用。

认识问题之后，显性的外部信息搜集是较为有限的。由此在问题认识之前与消费者进行有效沟通是有必要的。市场特征、产品特征、消费者和情境特征相互作用，共同影响个体的信息搜集水平。

很多人认为，消费者在购买某一汽车前，应从事较为广泛的外部信息搜集，然而也应看到信息的获取是需要成本的。搜集信息除了花费时间、精力和金钱外，消费者通常还要放弃一些自己所喜欢的其他活动。所以，消费者进行外部信息搜集止于一定的水平，在此水平下，预期的收益（如价格的降低、满意度的提高）将超过信息搜集所引起的成本。

有效的营销战略应考虑消费者进行信息搜集的详细程度。信息搜集的详细程度与企业品牌是否处于消费者考虑范围以及在消费者心目中的地位如何是两个非常重要的考虑因素。以此为基础，有六种潜在的信息战略：保持战略、瓦解战略、捕获战略、拦截战略、偏好战略、接受战略。

四、购买评价与选择

消费者意识到问题之后，就开始寻求不同的解决方案。在收集与此有关的信息的过程中，他们评价各备选对象，并选择最可能解决问题的方案。图3.4描述了消费者在备选产品之间进行评价和选择的过程。

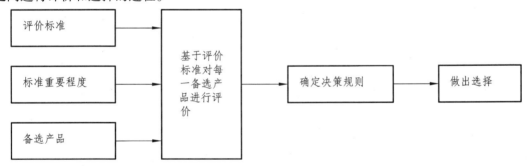

图3.4 购买评价与选择过程

资料来源：《消费者行为学》（美）霍金斯等著，机械工业出版社，2000

评价标准是消费者针对特定问题而考虑的各种特性和利益。它们是消费者根据特定消费问题，用来对不同品牌进行比较的依据。消费者应用的评价标准的数量、类型和重要程度因消费者和产品类别的不同而不同。

在运用评价标准制订营销策略时，关键的一步是衡量以下三个问题：①消费者应用了哪些评价标准；②消费者在每一标准上对各个备选对象的看法如何；③每个标准的相对重要性如何。上述问题的测量并非易事，企业可运用直接询问、投射技术和多维量表等各种技术进行测量。

对于像价格、尺寸和色彩等的评价标准，消费者很容易准确判断。另外一些标准，如质量、耐久力和健康属性等的评价则要困难得多。此时，消费者常用价格、品牌名称或其他一些变量作为替代指标。

当消费者根据几个评价标准来判断备选品牌时，他们必须用某些方法从各选项中选择某一品牌。决策规则就是用来描述消费者如何比较两个或多个品牌的。五种常用的决策规则是连接式、析取式、编纂式、排除式和补偿式。这些决策规则更适合于运用在功能性产品的购买和认知性接触场合。因为不同的决策规则需要不同的营销策略，市场营销管理者必须意识到目标市场所用的决策规则。

五、店铺选择与购买

消费者一般要对产品和店铺都做出选择。通常有三种决策方式：①同时选择；②先汽车后商店；③先商店后汽车。制造商和零售者应该了解目标市场的选择顺序，因为它对制订营销策略有重大影响。

消费者选择零售店的过程如同选择品牌的过程一样，唯一的区别在于使用的标准不同。商店形象是消费者选择商店的一项重要评价标准。商店形象的主要构成因素是汽车、店员、物质设施、方便程度、促销效果、店堂气氛和售后服务。店铺位置对于消费者来说是一个重要特点，因为大多数消费者喜欢就近购物。大零售店通常比小零售店更受欢迎。上述变量被用于各种形式的零售引力模型，这些模型可以较为精确地预测出某一行业商业圈的市场份额。

消费者去零售店和购物商场有多种原因。然而在商店里，消费者常常购买与进店前所计划的不同的汽车，这种购买被称为冲动型购买。冲动型购买是商店可以增加销售的重要机会。下面这些变量对冲动型购买有重大影响，它们是：汽车陈列、商店布局、销售人员、品牌和汽车热销程度。

六、购后过程与顾客满意

在购买活动后，消费者可能会后悔所做出的购买决策，这被称为购买后冲突。在下面四种情况下购后冲突很容易出现：①消费者有焦虑倾向；②购买是不可改变的；③购买的物品对消费者很重要；④购买时替代品很多。

无论消费者是否经历购买后冲突，多数购买者在购回产品后会使用产品。产品可以是购买者本人使用，也可以是购买单位的其他成员使用。跟踪产品如何被使用可以发现现有产品的新用途、新的使用方法、产品在哪些方面需要改进，还可以对广告主题的确定和新产品开发有所帮助。

产品不使用或闲弃也是需要引起注意的问题。如果消费者购买产品后不使用或实际使用比原计划少得多，销售者和消费者都不会感到满意。因此，销售者不仅试图影响消费者的购买决策，同时也试图影响其使用决策。

产品及其包装物的处理可以发生在产品使用前、使用后或使用过程中。由于消费者对生态问题的日益关注、原材料的稀缺及成本的上升、相关法规的制约，销售经理对这些处理行为的了解变得越来越重要。

购买后冲突、产品的使用方式和产品处理都有可能影响购买评价过程。消费者对产品满足其实用性和象征性需要的能力形成了一定程度的期望。如果产品在期望的水平上满足了消费者需要,那么消费者满意就有可能产生。如果期望不能满足,就可能导致消费者的不满。更换品牌、产品或商店以及告诫朋友都是消费者不满的常见反应。一般而言,销售经理应该鼓励不满意顾客直接向厂家而不是别人抱怨或投诉。采取各种措施和办法,如建立消费者热线,可以提高不满意顾客向厂商抱怨的比例。

在评价过程和抱怨过程后,消费者会产生某种程度的再购买动机。消费者可能强烈希望在未来避免选择该品牌,或者愿意将来一直购买该品牌,甚至成为该品牌的忠诚顾客。在后一种情况下,消费者对品牌形成偏爱并乐意重复选择该品牌。

营销战略并不总是以创造忠诚的顾客为目标。营销经理应该审视该品牌当前顾客与潜在顾客的构成,然后根据组织的整体目标来确定营销目标。关系营销试图在企业与顾客之间建立一种持久的信任关系,它被用来促进产品消费、重复购买和创造忠诚的顾客。

第 5 节　组织市场

组织市场和消费者市场的主要区别在于:购买者主要是企业或社会团体而不是个人或家庭消费者;其目的是为了用于生产或转卖以获取利润,以及其他非生活性消费,而不是为了满足个人或家庭的生活需要。根据组织市场的这种特点,我们可将组织市场定义为:购买汽车和服务以用于生产性消费,以及转卖、出租,或用于其他非生活性消费的企业或社会团体。组织市场的规模很大,往往是消费者市场规模的几倍。中国 2001 年仅生产资料市场的销售总额就达 57 000 亿元,比同年社会消费品零售总额高 51.6%。所以组织市场一直是企业十分关注的市场。

一、组织市场的类型

正因为我们把众多的不同购买者集合在一起统称为"组织市场",所以有必要对其进行一下分类,如下图 3.5 所示,以做进一步的分析与比较。

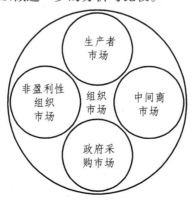

图 3.5　组织市场的主要构成

1. 生产者市场

在某些场合，它亦可称作产业市场或工业市场。它们采购汽车和劳务的目的是为了加工生产出其他产品以供出售、出租，以从中谋利，而不是为了个人消费。这部分市场是我们本文中所称的"组织市场"的主要组成部分。它主要由以下产业构成：①农、林、牧、渔业；②采矿业；③制造业；④建筑业；⑤运输业；⑥通讯业；⑦公用事业；⑧行、金融、保险业；⑨服务业。以生产者市场为服务目标的企业，必须深入研究这个市场的特点，并分析其购买行为，从而才能取得营销成功。

2. 中间商市场

亦称转卖者市场。它是由所有以盈利为目的而从事转卖或租赁业务的个体和组织构成，包括批发和零售两大部分。在许多场合中，批发和零售往往是作为营销渠道的组成部分被提出来的，而不是作为组织市场的一部分被讲述。其实，中间商市场和生产者市场有着许多相似之处，包括在双方的购买行为上，也有许多类似的地方。因此，我们认为有必要把它作为组织市场的第二主要组织部分提出来，而在具体分析的时候，并不涉及其作为渠道组成部门的特点。

3. 非盈利性组织市场

也称机构市场。主要是指一些由学校、医院、疗养院、监狱和其他为公众提供汽车和服务的部门所组成的市场，它们往往是以低预算和受到一定的控制为特征的，而且一般都是非盈利性的。所以，这部分市场也有其独特的特点，但为了全面起见，我们仍把它们也放入组织市场这个大概念中去，一起来讨论它们的共性问题。

4. 政府采购市场

在大多数国家里，政府也是产品和劳务的主要购买者。由于政府的采购决策要受到公众的监督，因此它们经常会要求供应商准备大量的书面材料，此外政府市场还有一些如以竞价投标为主，喜欢向国内供应商采购等特点。但这些特点都不会影响到把它也纳入组织市场这个大概念里来分析，事实上，把它纳入之后将会使我们的分析研究更有意义。

以上就是我们在平常可能会接触到的一些构成组织市场的不同类型的成员，在大多数场合里，它们被分开阐述，各自说明特点或进行购买行为分析。但实际上我们不难看出，在各自不同类型的市场特征背后，却有着很多的共性特征。

二、组织市场的特征

组织市场与消费者市场相比，具有一些鲜明的特征。

1. 购买者少，购买规模大

组织市场上的购买者比消费者市场上的购买者要少得多。例如，美国固特异轮胎公司的订单主要来自通用、福特和克莱斯勒三大汽车制造商，但当固特异公司出售更新的轮胎给消费者时，它就要面对全美1.71亿汽车用户组成的巨大市场了。组织市场不仅买主人数少而且其购买次数也少。一家生产企业的主要设备要若干年才购买一次，原材料与零配件也大都只签订了长期合同。而文具纸张等日用品也常常是八个月集中购买一次。购买次数少就决定了每次采购量将十分巨大，特别是在生产比较集中的行业里更为明显，通常少数几家大企业的采购量就占该产品总销售量的大部分。

2. 购买者在地域上相对集中

由于资源和区位条件等原因，各种产业在地理位置的分布上都是有相对的集聚性，所以组织市场的购买者往往在地域上也是相对集中的。例如，中国的重工产业大多集中在东北地区，石油化工企业云集在东北、华北以及西北的一些油田附近，金融保险业在上海相对集中，而广东、江苏和浙江等沿海地区集聚着大量轻纺和电子产品的加工业。这种地理区域集中有助于降低产品的销售成本，这也使得组织市场在地域上形成了相对的集中。

3. 着重人员销售

由于仅存在少数大批量购买的客户，企业营销部门往往倾向于通过人员销售宣传其优惠政策，而不是通过广告。一个好的销售代理可以演示并说明不同产品的特性、用途以吸引买方的注意力。根据及时得到的反馈，立即调整原有的政策。当然这种快速的反馈是不可能通过广告获得的。

4. 进行直接销售

消费品的销售通常都经过中间商，但组织材料的购买者大多直接向生产者购买。这是因为购买者数量有限，而且大多属于大规模购买，直接购买的成本显然低得多。其次组织市场的购买活动在售前售后都需要由生产者提供技术服务。因此，直接销售是组织市场常见的销售方式。

5. 实行专业购买

相应地，组织机构通常比个人消费者更加系统地购买所需要的汽车，其采购过程往往是由具有专门知识的专业人员负责，如采购代理商。这些代理商将其一生的工作时间都花在学习如何更好地采购方面。他们的专业方法和对技术信息评估能力导致他们的购买是建立在对汽车价格质量比、售后服务及交货期的逻辑分析基础之上的。这意味着组织营销者必须具有完备的技术知识，并能提供大量的有关自身及竞争者的数据。

6. 衍生需求，需求波动大

对组织市场上的购买需求最终来源于对消费品的需求，企业所以需要购买生产资料，归根到底是为了用来作为劳动对象和劳动资料以生产出消费资料。例如，由于消费者购买皮包、皮鞋，才导致生产企业需要购买皮革、钉子、切割刀具和缝纫机等生产资料。因此消费者市场需求的变化将直接影响组织市场的需求。有时消费品需求仅上升10%，就可导致生产这些消费品的企业对有关生产资料的需求增长200%。而若需求下降10%，则可导致有关生产资料需求的全面暴跌。这种现象在经济学上被称为"加速原理"，这导致许多企业营销人员促使其产品线和市场多样化，以便在商业波动周期中实现某种平衡。

7. 需求缺乏弹性

组织市场的需求受价格变化的影响不大。皮鞋制造商在皮革价格下降时，不会打算采购大量皮革；同样，皮革价格上升时，他们也不会因此而大量减少对皮革的采购，除非他们发现了某些稳定的皮革替代品。需求在短期内特别无弹性，因为厂商不能对其生产方式做许多变动。对占项目总成本比例很小的业务用品来说，其需求也是无弹性的。例如，皮鞋上的金属鞋孔价格上涨，几乎不会影响其需求水平。

8. 互惠购买原则

另外一种在消费营销过程中不会发生但在组织营销过程中常见的现象是互惠现象。也就是"你买我的产品，那么我也就买你的产品。"更通俗地讲，叫互相帮忙。由于生产资料的购买者本身总是某种产品的出售者，因此，当企业在采购时就会考虑为其自身产品的销售创造条件。但这种互惠购买的适用范围是比较狭窄的，一旦出现甲企业需要乙企业的产品，而乙企业并不想购买甲企业的产品时，就无法实现互惠购买了。这样互惠购买会演进为三角互惠或多角互惠。例如，甲企业向乙企业提出，如果乙企业购买丙企业的产品，则甲企业就购买乙企业的产品，因为丙企业以甲企业推销其产品作为购买甲企业的产品的条件。这就是三角互惠。虽然这类现象极为常见，但大多数经营者和代理商却反对互惠原则，并视其为不良习俗。

9. 租售现象

一些组织购买者乐于租借大型设备，并不愿意全盘购买。租借对于承租方和出租方有诸多好处。对于出租方，当客户不能支付购买其产品的费用时，他们的优惠出租制度为其产品找到了用武之地。对承租方，租借为他们省下了大量资金，又获得了最新型的设备。租期满后可以购买折价的设备。这种方式目前在工业发达的国家有日益扩大的趋势，特别适用于电子计算机、包装设备、重型工程机械、运货卡车和机械工具等价格昂贵、磨损迅速或并不经常使用的设备。在美国，租赁方式已扩大到小型次要设备，甚至连办公室家具、设备也都可以租赁。

10. 谈判和投标

组织机构在购买或出售汽车时，往往会在价格和技术性能指标上斤斤计较，如果营销人员能预先获知客户正在研究之中的新产品的有关信息，他们就可在谈判开始之前修改某些技术参数；卖方得知买方愿意接受耐用性较差和服务一般的汽车时，就会提出一个较低的价格。当双方在价格上都有较大的回旋余地时，而且此次交易对双方都是至关重要的，谈判就成为双方交涉中最重要的部分。谈判的风格或对抗或合作，但绝大多数买方倾向于后者。

有远见的买方通常在诸多投标卖方间进行精挑细选。美国联邦政府将它所有买卖的40%建立在投标的基础上。在公开投标的基础上，可以参阅其他投标商的标书。然而在保密投标的情况下，标书的条款是不公开的，所以供方会尽量提供好的设备和较低的价格。政府购买设备往往是用保密投标的方式。在研究组织市场购买行为一般特征的基础上，在具体的营销活动中还应当注意对特定时点上特定购买者行为特点的研究和分析。这是由于相对数量众多的个人消费者而言，数量有限的组织购买者行为特征的个性更为明显。

三、组织市场购买决策

正如个人消费者一样，组织消费者在做出购买决策之前，也要经历几个步骤，心理过程在这之中也充当了一个重要的角色。两者不同的是，组织购买更正规化、专业化和系统化。这一部分将主要论述组织购买区别于个人购买的一系列决策行为。

（一）购买行为类型

组织购买者行为的复杂程度和采购决策项目的多少，取决于采购业务的类型。我们把它分为三种类型：直接再采购、修正再采购和新购。

1. 直接再采购

指采购方按既定方案不做任何修订直接进行的采购业务。这是一种重复性的采购活动，按一定程序办理即可，基本上不用做新的决策。在这种情况下，采购人员的工作只是从以前有过购销关系的供应商中，选取那些供货能满足本企业的需要和能使本企业满意的供应商，向他们继续订货。入选的供应商应该尽最大的努力，保持产品和服务的质量，以巩固和老客户的关系，落选的供应商则应努力做一些新的工作，消除买方的不满，设法争取新的订单。

2. 修正再购买

指组织购买者对以前已采购过的产品通过修订其规格、价格、交货条件或其他事项之后的购买。这类购买较直接再购买要复杂，购销双方需要重新谈判，因而双方会有更多的人参与决策。被选中的供应商压力会很大，为了保持交易，供应商将加倍努力。而对"采购名单"之外的供应商来说，这也是一次机会，他们将会提供更好的条件以争取新的业务。

3. 新购

指组织购买者第一次购买货品的购买行为。新购的成本费用高、风险大，参加决策的人数多，所需信息量大，制定决策的时间长。营销人员要尽可能多地接触那些那采购决策有影响力的人，并为他们提供有用的信息和帮助。许多公司设立专门的机构负责对新客户的营销，该机构由最好的推销人员组成。

在直接再采购的情况下，组织购买者所做的决策数量最少。而在新购的条件下，他们所做的决策数量最多。购买者必须决定产品规格、价格限度、交货条件与时间、服务条件、支付条件、订购数量、可接受的供应商以及可供选择的供应商。不同的决策参与者会影响每一项决策，并将改变进行决策的顺序。

（二）购买决策者

谁在从事为组织市场所需要的价值达数千亿美元的汽车和服务的采购呢？在直接再采购时，采购代理人起的作用较大；而在新任务采购时，其他组织人员所起的作用较大。我们把采购组织的决策单位叫作"采购中心"（Buying Center），并定义为：所有参与购买决策过程的个人和集体。他们具有某种共同目标并一起承担由决策所引发的各种风险。采购中心包括购买组织中的全体成员，他们在购买决策过程中可能会形成五种不同的角色，如下图 3.6 所示。

图 3.6　组织购买决策的主要参与者

① 使用者（Users）：指组织中将使用产品或服务的成员。在许多场合中，使用者首先提出购买建议，并协助确定产品规格。

② 影响者（Influencers）：指影响购买决策的人，他们协助确定产品规格，并提供方案评价的情报信息，作为影响者，技术人员尤为重要。

③ 决策者（Deciders）：指一些有权决定产品需求和供应商的人，在重要的采购活动中，有时还涉及主管部门或上级部门的批准，构成多层决策的状况。

④ 购买者（Buyers）：指正式有权选择供应商并安排购买条件的人，购买者可以帮助制订产品规格，但主要任务是选择卖主和交易谈判。在较复杂的购买过程中，购买者中或许也包括高层管理人员一起参加交易谈判。

⑤ 守门者（Gatekeepers）：指有权阻止销售员或信息员与采购中心成员接触的人。主要是为了控制采购组织的一些信息不外露。例如，采购代理人、接待员和电话接线员都可以阻止推销员与用户或决策者接触。

在任何组织内，采购中心会随各不同类别产品的大小及构成发生变化。显然，参与购买一台重要机器设备的决策人数肯定会比参与购买办公文具的人数要多。作为产品营销人员要知道的是如下内容：谁是主要决策的参与者？其影响决策的程度如何？对哪些决策他们具有影响力？摸清客户的这些情况，然后才能有针对性地采取促销措施。

（三）影响采购决策的主要因素

组织采购人员在做出购买决策时会受到许多因素影响。有些营销人员认为经济因素是最为重要的，而另一些人又认为采购者对偏好、注意力和避免风险等个人因素反应敏感。实际上在组织市场的购买决策中，经济因素同个人因素对采购人员的影响是同样重要的。一般来说，如果所采购的汽车效用和价格差异较大，经济因素就会成为采购人员所考虑的主要因素；而如果效用和价格差异很小，个人因素的影响就可能增大。一些采购人员会根据个人所得利益的大小以及个人的偏好来选择供应商。

我们可以把影响组织购买者的因素归为四类：环境因素、组织因素、人际因素和个人因素，如下图 3.7 所示。

图 3.7　影响组织采购行为的主要因素

1. 环境因素

市场营销环境和经济前景对企业的发展影响甚大，也必然影响到其采购计划。例如，在经济衰退时期组织购买者会减少对厂房设备的投资，并设法减少存货。组织营销人员在这种环境下刺激采购是无能为力的，他们只能在增加或维护其需求份额上做艰苦的努力。

原材料的供给状况是否紧张，也是影响组织用户采购的一个重要环境因素。一般企业都愿购买并储存较多的紧缺物资，因为保证供应不中断是采购部门的主要职责。同样，采购者也受到技术因素、政治因素以及经济环境中各种发展因素的影响。他们必须密切注视所有这些环境作用力，测定这些力量将如何影响采购的有效性和经济性，并设法使问题转化为机会。

2. 组织因素

每一采购组织都有其具体目标、政策、程序、组织结构及系统，营销人员必须尽量了解这些问题。例如，有的地方规定只许采购本地区的原材料；有的国家规定只许买本国货，不许买进口货，或者相反；有的购买金额超过一定限度就需要上级主管部门审批等。

组织内部采购制度的变化也会给采购决策带来很大影响。如对于大型百货商厦来说，是采用集中采购的进货方式还是将进货权下放给各个汽车部或柜组，采购行为就会有很大差别；一些组织会用长期合同的方式来确定供应渠道，另一些组织则会采用临时招标的方式来选择其供应商。又如，在西方发达国家近年来兴起一种"正点生产系统（Just－in－time production systems）"，即适量及时进货、零库存、供量 100％ 合格的生产系统，它的兴起大大地影响了组织采购政策。

3. 人际因素

采购中心通常包括一些具有不同地位、职权、兴趣和说服诱导力的参与者。一些决策行为会在这些参与者中产生不同的反应，意见是否容易取得一致，参与者之间的关系是否融洽，是否会在某些决策中形成对抗，这些人际因素会对组织市场的营销活动产生很大影响，营销人员若能掌握这些情况并有的放矢地施加影响，将有助于消除各种不利因素，获得订单。

4. 个人因素

购买决策过程中每一个参与者都带有个人动机、直觉和偏好，这些因素取决于参与者的年龄、收入、教育、专业文化、个性以及对风险意识的态度的影响。因此，供应商应了解客户采购决策人的个人特点，并处理好个人之间的关系，这将有利于营销业务的开展。

组织营销人员必须了解自己的顾客，使自己的营销策略适合特定的组织购买行为中的环境、组织、人际以及个人因素的影响。组织市场购买行为的重要特点往往表现为组织与组织之间（BTOB）的交易关系，其应当比消费者购买行为更为理性，而不涉及个人情感。但实际上并非如此，因为在组织采购过程中的每一个过程都是有具体的人员去完成的。执行组织采购任务的具体人员的个性与情感对于其做出相应的采购决策同样发挥着重要的作用。所以注意研究组织购买行为中的个人因素，并有的放矢地开展相关的营销活动是十分重要的。而且组织之间的交易关系一旦建立，就会比较稳定（因为组织购买的信息收集和采购洽谈成本比较高，采购组织一般不愿轻易改变供应商），所以长期维护同购买者之间的稳定关系就变得十分重要。这也就是为什么"关系营销"首先是由北欧的"产业市场营销学派（IMP）"提出来的原因。

（四）购买决策过程

组织购买者做出采购决策的过程与消费者有相似之处，但又有其特殊性。当然，不是所有的组织都会做出一模一样的选择，正如没有两个消费者做出无差别的选择一样。一般认为，组织购买者的采购决策过程可分为八个购买阶段，如下图 3.8 所示。

图 3.8　组织购买者的采购决策过程

1. 提出需要

当公司中有人认识到了某个问题或某种需要可以通过得到某一产品或服务得到解决时，便开始了采购过程。提出需要是由两种刺激引起的：①内部刺激。如企业决定推出一种新产品，于是需要购置新设备或原材料来生产这种新产品；企业原有的设备发生故障，需要更新或需要购买新的零部件；或者已采购的原材料不能令人满意，企业正在物色新的供应商关系。②外部刺激。主要指采购人员在某个汽车展销会引起新的采购主意，或者接受了广告宣传中的推荐，或者接受了某些推销员提出的可以供应质量更好、价格更低的产品的建议关系。可见，组织市场的供应商应主动推销，经常开展广告宣传，派人访问用户，以发掘潜在需求。

2. 确定总体需要

提出了某种需要之后，采购者便着手确定所需项目的总特征和需要的数量。如果是简单的采购任务，这不是大问题，由采购人员直接决定。而对复杂的任务而言，采购者会同其他部门人员，如工程师和使用者等共同来决定所需项目的总特征，并按照产品的可靠性、耐用性、价格及其他属性的重要程度来加以排列。在此阶段，组织营销者可通过向购买者描述产品特征的方式向他们提供某种帮助，协助他们确定其所属公司的需求。

3. 详述产品规格

采购组织按照确定产品的技术规格，可能要专门组建一个产品价值分析技术组来完成这一工作。价值分析的目的在于降低成本。它主要是通过仔细研究一个部件，看是否需要重新设计，是否可以实行标准化，是否存在更廉价的生产方法，此小组将重点检查既定产品中成本较高的零部件——这通常是指数量占 20% 而成本占 80% 的零部件。该小组还要检查出那些零件寿命比产品本身寿命还长的超标准设计的零部件。最后，该小组要确定最佳产品的特征，并把它写进汽车说明书中，它就成为采购人员拒绝那些不合标准的汽车的根据。同样，供应商也可把产品价值分析作为打入市场的员工。供应商通过尽早地参与产品价值分析，可以影响采购者所确定的产品规格，以获得中选的机会。

4. 寻找供应商

采购者现在要开始寻找最佳供应商。为此，他们会从多处着手，可以咨询商业指导机构；查询电脑信息；打电话给其他公司，要求推荐好的供应商；或者观看商业广告；参加展览会。供应商此时应大做广告，并到各种商业指导或指南宣传机构中登记自己的公司名字，争取在市场上树立起良好的信誉。组织购买者通常会拒绝那些生产能力不足、声誉不好的供应商；而对合格的供应商，则会登门拜访，察看他们的生产设备，了解其人员配置。最后，采购者会归纳出一份合格供应商的名单。

5. 征求供应信息

此时采购会邀请合格的供应商提交申请书。有些供应商只寄送一份价目表或只派一名销售代表。但是，当所需产品复杂而昂贵时，采购者就会要求待选供应商提交内容详尽的申请书。他们会再进行一轮筛选比较，选择其中的最佳者，要求其提交正式的协议书。

因此，组织营销人员必须善于调研和写作，精于申请书的展示内容。它不仅仅是技术文件，而且也是营销文件。在口头表示意见时，要能取信于人，他们必须始终强调公司的生产能力和资源优势，以在竞争中立于不败之地。

6. 选择供应商

采购中心在做出最后选择之前，还可能与选中的供应商就价格或其他条款进行谈判。营销人员可以从好几个方面来抵制对方的压价。例如，当他们所能提供的服务优于竞争对手时，营销人员可以坚持目前的价格；当他们的价格高于竞争对手的价格时，则可以强调使用其产品的生命周期成本比竞争对手的产品生命周期成本低。此外，还可以举出更多的花样来抵制价格竞争。

此外，采购中心还必须确定供应商的数目。许多采购者喜欢多种渠道进货，这样一方面可以避免自己过分地依赖于一个供应商，另一方面也使自己可以对各供应商的价格和业绩进行比较。当然，在一般情况下，采购者会把大部分订单集中在一家供应商身上，而把少量订单安排给其他供应商。这样，主供应商会全力以赴保证自己的地位，而次要供应商会通过多种途径来争得立足之地，再以图自身的发展。

7. 发出正式订单

采购者选定供应商之后，就会发出正式订货单，写明所需产品的规格、数目、预期交货时间、退货政策和保修条件等项目。通常情况下，如果双方都有着良好信誉的话，一份长期有效合同将建立一种长期的关系，而避免重复签约的麻烦。在这种合同关系下，供应商答应在一特定的时间之内根据需要按协议的价格条件继续供应产品给买方。存货由卖方保存。因此，它也被称作"无存货采购计划"。这种长期有效合同是导致买方更多地向一个来源采购，并从该来源购买更多的项目。这就使得供应商和采购者的关系十分紧密，外界的供应商就很难进入其间。

8. 绩效评估

在此阶段，采购者对各供应商的绩效进行评估。他们可以通过三种途径：①直接接触最终用户，征求他们的意见；②应用不同的标准加权计算来评价供应商；③把绩效不理想的开支加总，以修正包括价格在内的采购成本。通过绩效评价，采购者将决定延续、修正或停止向该供应商采购。供应商则应该密切关注采购者使用的相同变量，以便确信为买主提供了预期的满足。

购买阶段指的是一个组织在购买前所进行的、从组织产生需要到对即将购买的汽车进行评估的一系列过程。但并非每次采购都要经过这八个阶段，这要依据采购业务的不同类型而定。表3.1说明了各阶段对各类采购业务是否有必要。

表3.1　不同采购任务采购决策过程的比较

购买阶段 ＼ 购买类型	新购	修订再采购	直接再采购
提出需要	是	可能	否
确定总体需要	是	可能	否
详述产品规格	是	是	是
寻找供应商	是	可能	否
征求供应信息	是	可能	否
选择供应商	是	可能	否
发出正式订单	是	可能	否
绩效评估	是	是	是

从表3.1中可以看出，新购最为复杂，需要经过所有八个阶段；直接再采购最简单，只需经过两个阶段；而在修正再采购或直接再采购的情况下，其中有些阶段可能被简化、浓缩或省略。例如，在直接再采购的情况下，采购者可能会有一个或一批固定的供应商而很少会考虑其他供应商。而在实际购买情况中，也有可能发现这八个阶段以外的其他情况，这要求组织营销者对每一情况分别建立模型，而每一情况都包含一个具体的工作流程。这样的购买流程能为营销人员提供很多线索。

总之，组织市场是一个富有挑战性的领域，其中最关键的问题就是要了解采购者的需要、购买参与者、购买标准以及购买步骤。了解以上各点，组织营销人员就能够因势而动，为不同的顾客设计不同的营销计划。

第 6 节　汽车市场购买行为分析实训指导

一、实训内容和要求

① 每个团队在以下车系中挑选出一种。

1. 上海大众　2. 上海通用　3. 一汽大众　4. 一汽丰田　5. 广州本田　6. 东风本田
7. 自主品牌

② 每个成员到一家能够买到以上汽车的商店（最好选择不同类型的商店），观察并记录商店的零售环境。

③ 在商店中观察人们购买以上汽车时的行为，记下他们的特征（如年龄、种族和性别等），推测并记录他们的气质、性格及所属的社会阶层，记录不同顾客的购买时间和购买行为。同时注意观察商场的营业员接待顾客所采用的方法是否合适？为什么？

④ 每个团队把观察结果和分析报告做成 PPT，在班上进行交流汇报。每个团队选出一名代表发言，描述你所发现的情景变量和消费者个人的差异，并说明它们是如何与产品的购买相联系的，以及营销人员在购买决策过程的每个阶段的主要任务。

二、实训基本操作

研究消费者购买行为，是在市场营销观念指导下的企业营销管理的基本任务之一。消费者购买行为的形成是一个复杂的、受一系列相关因素影响的连续行为。研究消费者购买行为，就是要掌握消费者如何做出决定，把他们可用的资源（金钱、时间和努力）用于有关消费事项上，了解他们购买什么（What）、何时购买（When）、何处购买（Where）、由谁购买（Who）、为何购买（Why）以及如何购买（How）等问题，也就是要掌握消费者购买的规律性，即 5W1H。

（一）观察消费者购买行为

① 根据具体情况，选择不同类型的消费者（如按年龄划分，可分为老年、中年、青少年和儿童四类消费者）进行观察。

② 设计消费者行为调查表。记录所观察消费者的特征（如年龄、种族和性别等），推测并记录他们的气质、性格及所属的社会阶层，记录不同顾客的购买时间、购买行为。同时记录下商场营业员的接待行为。

（二）消费者购买行为分析

① What——购买何物。分析消费者购买客体或购买对象，即分析所观察汽车在质量、性能、包装、价格等方面的特点。

② When——何时购买。分析消费者购买时间。表面上看消费者购买汽车的时间没有什么规律，但从宏观上看，还是有一定规律可循的。一般情况下，日常生活用品，以工作之余

和休息日购买较多；季节性汽车在季节前购买较多；大部分汽车的购买高峰常常出现在重大节日期间。所以要研究和掌握消费者购买汽车的时间和规律，集中力量开展促销工作。

③ Where——何处购买。分析消费者习惯于在何处购买。

④ Who——由谁购买。这是对购买主体的分析。主要分析该汽车消费者的主要特征，同时还要弄清购买行动中的"购买角色"问题。

⑤ Why——为何购买。这是对消费者购买动机的分析。通过观察不容易真实地了解消费者的购买动机，学生可以通过与调查者访谈的方式，以及通过一定程度的主观判断来进行分析。

⑥ How——如何购买。这是对消费者购买方式和付款方式的分析。这里不仅要分析消费者的购买决策过程，还要对营销人员在购买决策过程的每个阶段的主要任务进行分析。

三、考核内容

本项目以项目团队为单位进行实训。考核学生对特定汽车的购买者行为和营销人员的销售策略进行调查后对相关汽车的购买者、购买目的、购买时间、购买地点及购买决策过程的分析。

思考与练习

1. 消费者购买行为包括哪些？有哪些影响因素？
2. 你认为中国的汽车消费市场有哪些特点？
3. 自己通过调研，进行本地区汽车市场的购买行为分析。

第 4 章　汽车市场营销调研与预测

【本章教学要点】

知识要点	掌握程度	相关知识
营销调研的基本内容和基本方法	掌握营销调研的基本内容和基本方法	市场营销调研，市场营销调研的意义
调研方法以及调研报告	掌握调研方法以及撰写简单的调研报告	市场调研的类型，问卷调查，案头调研
常见的数据预测方法	掌握常用的预测方法	时间序列分析法，购买者意向调查法，专家意见法等

 导入案例

市场营销调研的意义

　　市场的情况错综复杂，瞬息万变，一个企业要想长久地立足于市场，在激烈的竞争中顺利发展，需要随时了解并掌握市场需求。企业所面临的市场状况及竞争对手的情况，只有通过大量、系统、准确的调研活动，取得相关的资料，才能及时知晓企业所处的市场状况、产品的市场占有率和产品的供求状况等非常重要的信息。某市一家饮料厂，1990 年的销售额比上年增长 10%，1991 年又增长 15%，原以为成绩喜人，但营销调研的资料却使他们大吃一惊。1990 年该厂的市场占有率为 25%，而 1991 年却降为 18%，即该厂的市场规模增长率低于销售增长率，该厂就是从营销调研中得到市场地位已经削弱的危险信号，因此，调整策略重新夺取市场。根据产品的特点，通过市场营销调研了解市场需求，可以制定适当的产品策略，产品的价格不仅取决于产品的成本，还受供求关系、竞争对手的价格、经济大环境和价格弹性等因素的影响。企业通过市场营销调研，可以及时掌握市场上产品的价格态势，灵活调整价格策略。又如产品打入市场，能否制订出切实有效的促销策略至关重要，销售渠道是否畅通无阻亦重要。这一切都需要通过市场营销调研来提供市场信息，作为企业制订营销调研组织策略的依据。

第 1 节　汽车市场营销调研的概念

没有调查研究就没有发言权，市场营销调研在整个市场营销活动中占有重要地位。一个企业在其自身的营销活动中，需要做出各种不同的决策，如生产什么产品？顾客在购买一种产品时，他们的实际需要是什么？希望得到什么利益？如何满足顾客的需求？某种新产品是否应开发？竞争对手是谁？如何在激烈的市场竞争中立于不败之地？这些问题都需要通过市场营销调研来解决。这是一项十分细致而复杂的工作，它为企业进行市场营销提供有力的依据。

一、市场营销调研概述

（一）市场调研的概念

营销调研，是指系统、客观地收集、整理和分析市场营销活动的各种资料或数据，用以帮助营销管理人员制定有效的市场营销决策。这里所谓"系统"（Systematic），指的是对市场营销调研必须有周密的计划和安排，使调研工作有条理地开展下去。"客观"（objective）指对所有信息资料，调研人员必须以公正和中立的态度进行记录、整理和分析处理，应尽量减少偏见和错误。"帮助"（Help）指调研所得的信息以及根据信息分析后所得出的结论，只能作为市场营销管理人员制定决策的参考，而不能代替他们去做出决策。

美国学者 Philip Kotler 给出的定义：是系统地设计、收集、分析并报告与公司面临的特定市场营销状况有关的数据和调查结果。

美国市场营销协会（American Marketing Association，AMA）对市场营销调研的定义：通过信息，即阐明特定市场机会和问题的信息，把市场营销者同消费者、顾客和社会结合起来。

营销调研在下列情况下往往为企业决策者所重视的：

第一，决策者需要寻找新的市场机会时。在做出把某一产品投入市场的决策之前，要了解哪些是消费者新的需要和偏好，哪些产品已进入其生命周期（Product Life Cycle）的尽头，等等。

第二，市场营销管理人员需要寻找某种问题的产生原因时。例如，发现在某一市场上原来深受用户喜爱的产品现在被用户们冷落了，这时就会由管理者或决策者向调研部门提出调研课题，是产品质量或服务质量下降了，还是消费者或用户的偏好有所变化。

第三，决策者在制定决策后必须在其实施过程中进行监测、评价和调整。许多情况下，市场营销调研就是针对决策是否有效而进行的，分析一项新的决策是否使市场营销活动向更为有利的方向发展。

第四，预测未来。调研为预测提供资料依据，预测的准确性很大程度上取决于市场营销调研的质量。营销调研与预测是密切联系又有区别的两个概念。市场营销调研是一个在市场营销观念指导下，以满足顾客需求为中心，通过调研信息把消费者、客户、大众和市场人员联系起来，营销者借助这些信息可发现和确定营销机会和问题，开展、改善、评估和监控营销活动并加深对市场营销过程的认识的过程。得出的市场营销信息资料为企业营销管理者制定正确的营销决策提供依据。

（二）市场营销调研的作用

企业是如何了解、确定消费者的需求，如何把握自己产品的生产方向，如何知晓新产品的受欢迎程度，等等，企业是从哪里获取迅速、准确的信息呢？

企业经理观察经营环境，收集市场信息的方法一般有四种：①无方向观察，管理者心中无特定目的，只是一般性地接触信息；②有条件观察，企业经理有目的地接触信息，但不准备主动寻找，只是或多或少地接触某一已清楚认定的范围或某种类型的信息；③非正式搜集，为获取某特定信息而进行的一种比较有限的和无组织的努力；④有计划搜集，为获取特定信息或关于某一特定问题的信息而进行的一种经过周密思考的努力，通常按照事先制订的计划、程序或方法进行。这些都要通过企业的营销调研来实现。比如，母亲知道儿子往每杯水里放多少冰块吗？可口可乐公司知道。可口可乐公司通过调查得知：人们在每杯水中平均放 3.2 块冰，并且每人每年平均看到 69 个该公司的广告。有些营销人员还调查出：每人每年吃 156 个汉堡包、95 个热狗。

市场调查作为营销手段对于发达国家的企业来说已成为一种武器，在他们看来，企业不做市场调查就进行市场营销决策是不可思议的。知己知彼、百战不殆。企业对国内外市场的行情及其走势、对顾客的消费需求及消费心理、对竞争对手的种种情况都应了如指掌，有比较准确地把握，自然胜券在握。相反，企业不重视市场调研，盲目生产，受到市场规律无情惩罚的也不乏其例。令人遗憾的是，我们许多企业管理者对市场调研的意识淡薄，认为市场调研的费用是一项支出，而不是一项必要的投入。不少企业重视新产品开发，对市场调研却不重视，或调查不够细致，仅凭个人经验，对市场做直观、感性的判断，即项目上马，结果成功率较低。

有效的营销调研会使企业获益匪浅，其作用可综述为：市场营销调研是为企业营销决策提供依据，即市场营销调研在企业制定营销计划、确定企业发展方向以及制定企业的市场营销组合策略等方面有着极其重要的作用。在营销决策执行过程中，为调整营销计划、改进和评估各种营销策略提供依据，有着检验与矫正的作用。具体有以下内容。

1. 有利于企业发现市场机会，开拓新市场

激烈的市场竞争给企业进入市场带来困难，同时也为企业创造出许多的机遇。通过市场调研，可以确定产品的潜在市场需求和销售量大小，了解顾客的意见、态度、消费倾向和购买行为等，据此进行市场细分，进而确定其目标市场，分析市场的销售形势和竞争态势，作为发现市场机会、确定企业发展方向的依据。瑞士雀巢公司为了把产品打入中国市场，进行了大量的市场调查，经过全面仔细地调查，雀巢公司认识到中国是一个重感情的礼仪之邦，于是广告宣传重在表达家庭的温馨、朋友的情谊"滴滴香浓，意犹未尽，味道好极了！"。如今，雀巢产品已为人们所熟悉。

2. 有利于企业开发新产品

科学技术的日新月异，顾客需求的千变万化，致使市场竞争日趋激烈，新产品层出不

穷，产品更新换代的速度越来越快。日本汽车成功打入美国市场，美国宝洁公司成功占领中国洗发护发市场，都与市场营销调研的成功进行密不可分。宝洁公司不断地推出适合中国各类消费群体的洗发水，突出产品特色。"海飞丝"侧重于去头屑，"潘婷"用于修护头发，"沙宣"则着眼于高收入的白领阶层。通过市场调研，进行市场细分，根据掌握的信息，有针对性开发新产品或进行产品的更新换代，宝洁公司做得非常成功。可见，市场营销调研，可以发现市场新的需求，可以发现产品目前所处于产品生命周期的哪个阶段，以便适时进行调整，对是否进行新产品的开发研制和产品的更新换代做出决策。

3. 为制定市场营销组合策略提供依据

市场的情况错综复杂，瞬息万变，一个企业要想长久地立足于市场，在激烈的竞争中顺利发展，需要随时了解并掌握市场需求、企业所面临的市场状况及竞争对手的情况，只有通过大量、系统、准确的调研活动，取得相关的资料，才能及时知晓企业所处的市场状况、产品的市场占有率和产品的供求状况等非常重要的信息。

我们来看看益达公司是如何站住脚跟，并取得霸主地位的。他们的访问员就在成都人流量很大的地方，就找平时喜欢吃口香糖的人，访问员会把他们带到茶楼去品尝，帮助做个口味测试，叫他们亲自尝，再给产品提意见。主要是问他们品尝口香糖的味道合适程度和清凉程度，以及水果味和薄荷搭配合适程度，还有口香糖的软硬程度。品尝后问他们购买的兴趣程度怎么样。通过几天的口味测试，大部分人都比较喜欢这些口味，只有青柠檬口味不受消费者喜欢。益达公司收集市场调查的结果，可以看出消费者还是喜欢这些口味的。公司于 2007 年下半年推出木糖醇无糖蜜桃薄荷味、木糖醇无糖红莓薄荷味、木糖醇无糖猕猴桃薄荷味。这让我们知道不懂得进取、不改进产品、不开发新产品的企业，就只能被市场竞争击溃。所以市场调查对企业的发展起到了很大的推动作用，甚至关系到企业的成败命运。这一切都需要通过市场营销调研来提供市场信息，作为企业制定营销调研组织策略的依据。

4. 有利于企业提高经济效益

曾以自筹资金 30 万元、三口旧锅起家的某制药厂，改革的春风使他们走上新路。该厂重视市场信息，积极捕捉信息，厂内设有商情科和情报研究室，专门收集国内外商品信息和先进科技信息，并通过厂外的几百个销售点不断了解市场，市场需要什么就生产什么，产量大幅度上升，经济效益明显提高。通过大量的市场营销调研，企业可以及时了解产品的发展变化趋势，掌握相关产品的供求情况和顾客的需求等。据此制订适当的营销计划，组织生产适销对路的产品，企业的竞争力得到不断增强，企业的经济效益不断提高。

（三）市场营销调研的类型

市场营销调研经常遇到不同性质的问题，需要以不同的方法取得不同的资料。按其研究的问题、目的、性质和形式的不同，一般分为以下四种类型。

1. 探测性调研

探测性调研用于探询企业所要研究的问题的一般性质。如果研究者对所需要研究的问题或范围不甚明确时，可采用探测性调研，以便发现问题，确定研究的重点。例如，某公司近几个月来产品销售量一直在大幅度下降，是什么原因造成的？是竞争者抢走了自己的生意？或是经济衰退的影响？或是顾客的爱好发生了变化？或是广告支出的减少？显然，影响的因素很多，公司无法一一查知。企业只好先用探测性研究法来寻求一些最可能的原因，从一些用户或中间商那里去搜集多方面的信息资料，从分析中发现问题，以便进一步调查。

探测性调研的目的是明确的，但研究的问题和范围较大。在方法上比较灵活，事先不需要进行周密的策划，在研究过程中可根据情况随时进行调整。探测性调研的资料主要来源于二手资料或请教一些内行、专家，让他们发表意见，谈自己的想法，或参照过去类似的实例来进行，多以定性研究为主。

2. 描述性调研

描述性调研主要进行事实资料的收集、整理，着重回答消费者买什么，何时买，如何买等问题，是通过详细的调查和分析，对市场营销活动的某一方面进行客观的描述，是对已经找出的问题做如实的反映和具体回答。多数的市场营销调研都为描述性调研。例如，对市场潜力和市场占有率以及竞争对手的状况描述等；在调查中，搜集与市场有关的各种资料，并对这些资料进行分析研究，揭示市场发展变化的趋势，为企业的市场营销决策提供科学的依据。这类调研的目的在于对某一专门问题提出答案，所以比探测性调研更为深入细致，研究的问题更加具体。在研究之初，通常根据决策的内容，把研究的问题进一步分解。描述性调研需要事先拟订周密的调研方案，并做详细的调研计划和提纲，包括各项准备工作，以确保调研工作的顺利进行。

3. 因果性调研

描述性调研可以说明某些现象或变量之间的相互关系，但要说明某个变量是否影响或决定着其他变量的变化，就要用到因果性调研。

因果性调研的目的就是要找出关联现象或变量之间的因果关系，一般是为回答调研中"为什么"的问题提供资料。例如，要了解企业可控制的变量、产品产量、产品价格和各项销售促进费用等与企业无法控制的变量、产品销售量和市场的供求关系等之间的变化关系和影响程度，需通过因果性调研得知。因果性调研是在描述性调研的基础上进一步分析问题发生的因果关系，弄清原因和结果之间的数量关系，揭示和鉴别某种变量的变化究竟受哪些因素的影响及影响程度如何。

因果性调研，同样要有详细的计划和做好各项准备工作。实验法是调研中一种主要的研究方法。

4. 预测性调研

对未来市场的需求进行估计，即预测性调研，是企业制定有效的营销计划和进行市场营销决策的前提。它是在前述调研的基础上进行的组织处理信息，估计市场未来需求，对于企业今后发展有着一定的意义。预测性调研涉及的范围比较大，可采用的研究方法比较多，研究方式较为灵活。

（四）营销调研的内容

1. 市场需求容量（The Market Needs）调研

市场需求容量调研主要包括：市场最大和最小需求容量；现有和潜在的需求容量；不同商品的需求特点和需求规模；不同市场空间的营销机会以及企业的和竞争对手的现有市场占有率等情况的调查分析。

2. 可控因素（The Controllable Factor）调研

可控因素调研主要包括对产品、价格、销售渠道和促销方式等因素的调研。

① 产品调研：包括有关产品性能、特征和顾客对产品的意见和要求的调研；产品寿命周期调研，以了解产品所处的寿命期的阶段；产品的包装、名牌和外观等给顾客的印象的调研，以了解这些形式是否与消费者或用户的习俗相适应。

② 价格调研：它包括产品价格的需求弹性调研；新产品价格制定或老产品价格调整所产生的效果调研；竞争对手价格变化情况调研；选样实施价格优惠策略的时机和实施这一策略的效果调研。

③ 销售渠道调研：它包括企业现有产品分销渠道状况，中间商在分销渠道中的作用及各自实力，用户对中间商尤其是代理商和零售商的印象等项内容的调研。

④ 促销方式调研：主要是对人员推销、广告宣传、公共关系等促销方式的实施效果进行分析、对比。

3. 不可控制因素（The Uncontrollable Factor）调研

① 政治环境调研：它包括对企业产品的主要用户所在国家或地区的政府现行政策、法令及政治形势的稳定程度等方面的调研。

② 经济发展状况调研：它主要是调查企业所面对的市场在宏观经济发展中将产生何种变化。调研的内容有各种综合经济指标所达水平和变动程度。

③ 社会文化因素调研：调查一些对市场需求变动产生影响的社会文化因素，诸如文化程度、职业、民族构成、宗教信仰及民风、社会道德与审美意识等方面的调研。

④ 技术发展状况与趋势调研：主要是为了解与本企业生产有关的技术水平状况及趋势，同时还应把握社会相同产品生产企业的技术水平的提高情况。

⑤ 竞争对手调研：在竞争中要保持企业的优势，就必须随时掌握竞争对手的各种动向，在这方面主要是关于竞争对手数量、竞争对手的市场占有率及变动趋势、竞争对手已经并将要采用的营销策略和潜在竞争对手情况等方面的调研。

（五）市场营销调研的方法

市场营销的方法，从大的方面可分为三种，分别是资料分析法、市场调查法和市场实验法。

1. 资料分析法

为了降低工作分析的成本，应当尽量利用原有资料，例如，责任制文本等人事文件，以对每一项工作的任务、责任、权力、工作负荷和任职资格等有一个大致的了解，为进一步调查、分析奠定基础。资料分析法的特点是：

① 分析成本较低，工作效率较高；

② 能够为进一步开展工作分析提供基础资料、信息；

③ 一般收集到的信息不够全面，尤其是小企业或管理落后的企业往往无法收集到有效、及时的信息；

④ 一般不能单独使用，要与其他工作分析法结合起来使用。

2. 市场调查法

一般指市场实际调查，即通过抽取实际的市场和顾客对象作为样本并对该样本进行调查访问或观察研究其行为，据此取得有关数据和调查结果的方法。

（1）询问法

指通过直接访问、电话调查和邮寄问卷等方式从被访问者获得数据资料的调查方法。

① 个别访问法：用直接提问的方式访问被调查者；

② 电话调查法：用电话访问；

③ 邮寄问卷调查法：邮寄问卷调查；

④ 集合调查法：针对一个集团或一个消费者群体采取召开座谈会、参观样品、听取意见等形式进行调查；

⑤ 深层询问法：通过深层次心理调查来挖掘顾客动机的方法。

（2）观察法

即亲临现场观察或通过机器设备观察消费者行为的方法。包括：人员观察法和机器观察法。

3. 市场实验法

市场实验法，是通过先观察条件相同的实验群体和对象群体的反应，再在一定时期内对实验群体开展市场营销活动，然后对两群体进行事后调查的方法。

市场实验，也称为试销，是新产品导入市场时常采用的一种检验产品和了解市场反应的重要方法。如企业自行设立试销店。

（六）市场调研的步骤

市场营销调研一般可分为调研准备、调研实施和总结三个阶段，具体内容如下：

（1）初步分析情况

营销调研的第一步工作就是分析初步情况，明确调研目标，确定指导思想，限定调查的问题范围。企业市场营销涉及的范围很广，每次调研活动不可能面面俱到，而只能就企业经营活动的部分内容展开调研。

（2）成立工作小组

为了使调研工作有计划、有组织地进行，成立调研工作小组（或课题研究小组）是非常有必要的。如果调研活动规模较大，所需工作人员较多，涉及跨部门，甚至跨企业、跨行业的合作，为保证调研活动取得有关方面的支持，还必须成立调研领导小组。调研工作小组的职能就是具体完成调研工作，其组成人员可能包括企业的市场营销、规划（或计划）、技术研究、经营管理和财务或投资等多方面的人才，这些人员的来源既可能是企业内部，也可能是企业以外的单位或组织（诸如相应的研究机构等）。而领导小组成员一般包括工作小组组长（课题负责人）以及主要参加部门的相应负责人。

（3）制定调研方案和调研程序

这是着手调研的第一步。调研小组应根据调研的总体目标进行目标分解，做好系统设计，制定调研方案，确立调研方法与形式，并制定工作计划与阶段目标。

（4）拟定调研题目，制定调查表格

调研目标是通过一个个问题展开的，表格是调查的形式和工具。可以说调查题目选得好与坏，直接关系到调研目标能否达到。拟定问题的水平反映了调查小组的工作水平以及调查结果的水平，拟定好调研题目是非常重要的。

（5）进行实际调查

这是营销调研的正式实施步骤。为了保证调查工作按计划顺利进行，如属必要应事先对有关工作人员进行培训，而且要充分估计出调研过程中可能出现的问题，并要建立报告制度。课题组应对调查进展情况了如指掌，做好控制工作，并对调查中出现的问题及时采取解决或补救措施，以免拖延调查进度。以上方面对于采取派调查人员外出调查方式更为重要。在这一步骤内，调查者还必须具体确立收集调查信息的途径，因为有些问题可以利用二手资料。当需要进行调查获取第一手资料时，应具体确定被调查对象或专家名单，对典型调查应具体确立调查地点或其他组织名单。

（6）整理分析资料

工作小组应对调查得到的资料及被调查者的回函，分门别类地整理和统计分析，应审查资料之间的偏差以及是否存在矛盾。因为被调查者的知识和专业存在差别，对同一问题的回答往往不一致，甚至截然相反，此时就应分析矛盾的原因，判断他们回答的根据是否充分，等等。此外，课题组还应从调查资料中优选信息，总结出几种典型的观点或意见。

（7）提出调研报告

调研报告是营销调研的最终结果。调研报告编写的程序应包括主题的确立、材料的取舍、提纲的拟定和报告的形式。

第2节　市场营销预测的概念与方法

所谓市场预测，就是在市场调研的基础上，利用科学的方法和手段，对未来一定时期内的市场需求、需求趋势和营销影响因素的变化做出判断，为营销决策服务。

迄今为止，预测理论产生了很多预测方法，有人统计有几百种，但人们常用的方法并不多。归纳起来，预测方法大体可分为两大类：一类是定性预测方法，另一类是定量预测方法。人们在实际预测活动中，往往结合运用两种方法，即定量预测必须接受定性分析的指导。只有如此，才能更好地把握汽车市场的变动趋势。

（1）定性预测方法

定性预测主要依靠营销调研，采用少量数据和直观材料，预测人员再利用自己的知识和经验，从而对预测对象未来状况做出判断。这类方法有时也用来推算预测对象在未来的数量表现，但主要用来对预测对象未来的性质、发展趋势和发展转折点进行预测，适合于数据缺乏的预测场合，如技术发展预测、处于萌芽阶段的产业预测和长期预测等。定性预测的方法易学易用，便于普及推广，但它有赖于预测人员本身的经验、知识和技能素质。不同的预测人员对同一问题预测结论的价值，往往有着巨大的差别。

定性预测方法具有很多种，其中最常用的是德尔菲法。该种方法是在 20 世纪 40 年代末期，由美国兰德公司首创并使用的。至今，这种方法已经成为国内外广为应用的预测方法，它可以用于技术预测和经济预测、短期预测和长期预测，尤其是对于缺乏统计数据的领域，需要对很多相关因素的影响做出判断的领域，以及事物的发展在很大程度上受政策影响的领域，都是非常适合的。

（2）定量预测方法

定量预测方法是依据必要的统计资料，借用数学方法特别是数理统计方法，通过建立数学模型，对预测对象的未来在数量上的表现进行预测等方法的总称。汽车市场定量预测方法有如下五种：

① 时间序列预测法。

时间序列预测模型有多种，这里只选择指数平滑法和"成长曲线"两种模型进行介绍。

指数平滑法的原理就是认为，最新的观察值包含了最多的未来信息，因而应赋予较大的权重，越远离现在的观察值则应赋予越小的权重。通过这种加权的方式，平滑掉观察值序列中的随机信息，找出发展的主要趋势。指数平滑法的数学模型为：

$$S_t^{(1)} = \alpha y_t + (1 + \alpha) S_{t-1}^{(1)} \tag{4-1}$$

式中，$S_t^{(1)}$ 为第 t 期的平滑值；y_t 为第 t 期的观察值；α 为加权系数。

"成长曲线"预测模型认为，绝大多数产品都要经历出现、发展、成熟和衰亡的过程。

$$Y = \frac{1}{k + ab^t} \tag{4-2}$$

$$Y = e^{(k + zb^t)} \tag{4-3}$$

（4-2）式呈现出"S-曲线"特点。（4-3）式为戈伯兹曲线。其中，上面两式中的参数 k 为饱和线，亦即"极限值"。

"成长曲线"模型包括三个参数 k，a 和 b，因而其建模过程也就是这三个参数的求解过程。它的求解过程如下：

将原始观察值序列平均分成三段（如观察值数目不是 3 的整数倍，则可通过增加或减少观察值数目的方法，划为 3 的整数倍），对各段分别求和，从而得到：$\sum_1 y_{ti}$，$\sum_2 y_{ti}$ 和 $\sum_3 y_{ti}$，其中 $\sum_j y_{ti}$ 中的 y_{ti} 是经过公式（4-4）或公式（4-5）变换后的 y_{ti} 值。

逻辑斯蒂曲线：

$$y_{ti} = 1/y_{ti} \tag{4-4}$$

戈伯兹曲线：

$$y_{ti} = \ln y_{ti} \tag{4-5}$$

式中，y_{ti} 是原始观察值序列。并且 $k = \frac{1}{n} \left[\frac{\sum_1 y_{ti} \cdot \sum_3 y_{ti} - (\sum_2 y_{ti})^2}{\sum_1 y_{ti} + \sum_3 y_{ti} - 2\sum_2 y_{ti}} \right]^2$，将 $\sum_j y_{ti}$ 代入下列一组等式，即可求出 k，a 和 b。

$$a = \frac{b-1}{(b^n - 1)^b} (\sum_2 y_{ti} - \sum_1 y_{ti})$$

$$b = \sqrt[n]{\frac{\sum_3 y_{ti} - \sum_2 y_{ti}}{\sum_2 y_{ti} - \sum_1 y_{ti}}}$$

式中，n 为每段观察值中包含的观察值数目。

运用"成长"曲线模型进行预测时，模型的 k 值是否真正代表了发展的"极限"，应当根据实际情况予以判断。由于科技进步的作用和市场潜力的进一步挖掘，"极限"常常是可以改变的。

② 回归预测模型。

回归预测模型是基于惯性和相关理论的统计学模型，是最常用的预测模型之一。通常情况下，只选用（准）一元线性回归预测模型。

A. 回归预测模型的建立与检验。

一元线性回归预测模型的标准形式为：

$$Y = A + BX \tag{4-6}$$

对标准形式，系数由下列方程组确定：

$$B = \frac{\frac{1}{n}\sum_{i=1}^{n}(X_i Y_i) - \bar{X}\bar{Y}}{\frac{1}{n}\sum_{i=1}^{n}X_i^2 - (\bar{X})^2}$$

$$A = \bar{Y} - B\bar{X}$$

$$\bar{X} = \frac{1}{n}\sum_{i=1}^{n}X_i$$

$$\bar{Y} = \frac{1}{n}\sum_{i=1}^{n}Y_i$$

其中，X_i、Y_i 为自变量和因变量的原始观察值，n 为观察值的组数。

模型的检验通常包括：相关系数检验、模型的 T 检验与 F 检验和回归系数检验。对一元线性回归模型而言，这些检验是等价的。这里我们选择相关系数检验。相关系数的公式是：

$$R^2 = \frac{\frac{1}{n}\sum_{i=1}^{n}X_i Y_i - \overline{XY}}{\sqrt{\left(\frac{1}{n}\sum_{i=1}^{n}X_i^2 - \bar{X}^2\right)\left(\frac{1}{n}\sum_{i=1}^{n}Y_i^2 - \bar{Y}^2\right)}}$$

其中，R 值越大，表明回归方程的线性程度越显著。

B. 预测结果的点估计与区间估计。

运用公式（4-6）得到的预测值，属于点估计。只有点估计一般是不够的，还要确定一定置信度下的区间估计。估计区间由下式确定：

$$\hat{Y}_t \pm t_{\alpha/2}(n-2)S_0 \qquad (n < 30)$$

$$\hat{Y}_t \pm Z_{\alpha/2}S_0 \qquad (n \geq 30)$$

式中，Y_0 即点估计值；$t_{\alpha/2}(n-2)$，$Z_{\alpha/2}$ 分别是 T 分布和正态分布查表值；α 是置信度，即可信水平是 $100(1-\alpha)\%$；S_0 可由下式确定：

$$S_0 = \sqrt{\frac{1}{n-2} \sum_{i=1}^{n} (Y_i - \overline{Y}_i)^2} \cdot \sqrt{1 + \frac{1}{n} + \frac{(x_t - \overline{x})^2}{\sum_{i=1}^{n} (x_i - \overline{x})^2}}$$

在同一置信度下，区间估计随着观察点 X_0 距离 X 越远，则区间范围越宽。在 X 处，区间范围最窄。对于可划为一元线性回归的各种模型，在对原始观察值进行处理后，也可采用一元线性回归方法进行当量预测。

③ 市场细分集成法。

这种方法的基本原理是对某商品的使用对象按其特征进行细划分类，确定出若干细分市场——子目标，然后对各子目标分别采用适当的方法进行测算，最后汇总集成。其模型为：

$$Y_t = \sum_{i=1}^{n} Y_{ti}$$

式中　Y_t——第 t 年的预测值；

　　　Y_{ti}——第 t 年的第 i 个分量的预测值，$i = 1，2 \cdots$；

　　　n——子目标个数。

以轿车为例，我国轿车市场需求可以划分为县级以上企事业单位县级以下企事业单位等五个主要细分市场。其预测过程如表4.1所示。市场细分集成预测法也叫谱系结构预测法。

表 4.1　轿车市场预测表

市场划分	主要影响因素	需求预测模型
县级以上企事业单位	单位配车比	（单位数）×（配车比）
县级以下企事业单位	单位配车比	（单位数）×（配车比）
乡镇企业	经济发展速度	需求量 $=f$（乡镇企业产值）
出租旅游业	城市规模及旅游业发展	$\sum$（各类城市人口）×（各类城市人口配车比）
家庭私人	人均国民收入	需求弹性分析

④ 类比预测模型。

该方法是以某个国家或地区为类比对象，研究预测目标与某个指标之间的数量关系，然后根据本国或本地区该指标的发展变化，测算预测目标值，从而达到预测目的。例如，某汽车公司与研究机构曾经以部分国家为类比对象，通过人均国民收入和人口数量两个指标与轿车保有量之间的关系，预测我国未来第 t 年的轿车保有量。其类比预测模型为：

$$Y_t = P_t Q_0 R_t$$
$$R_t = C_{lt}/I_0 (1+i)^n$$
$$C_{lt} = C_{l0} (1+q)^t$$

式中　Y_t——第 t 年轿车保有量（辆）；

　　　R_t——第 t 年人口预测数（千人）；

　　　Q_0——类比国人均轿车保有量（辆/千人）；

　　　R_t——轿车保有量修正系数；

　　　I_0——类比国人均国民收入（美元）；

　　　C_{lt}——第 t 年人均国民收入（美元）；

　　　i——类比国平均每年的通货膨胀率；

    q——人均国民收入增长率；

    n——类比年份与基准年份时差。

    如已知类比国基准年份的人均国民收入 I_0 与人均轿车保有量 Q_0，我国目前的人均国民收入 C_{10}（美元），以及未来的增长速度 q，即可以计算出未来第 t 年我国的国民收入 C_h，将此 C_h 算到基准年份后除以类比国人均国民收入 I_0，即可得到 R_t，然后乘以我国第 t 年的人口预测数以及类比国的人均保有量，即可求出我国未来第 t 年的轿车保有量。

    ⑤需求弹性法。

    此方法的数学模型为：

$$y_t = y_0 (1 + i)^t$$
$$i = E_s q = qi'/q'$$

式中 y_t——第 t 年预测对象预设值；

        y_0——预测对象目前的观察值；

        i'、i——分别为预测对象在过去和未来的平均增长率；

        t——预测年份与目前的时差；

        E_s——弹性系数，如过去年份汽车保有量的增长率与工农业增长速度（增长率）之比；

        q'、q——分别表示对比指标过去和未来的数值，如工农业增长速度。

    如过去几年某地区的汽车保有量年均增长率为15%，工农业增长速度为10%，两者之间的弹性系数为1.5，若未来 t 年内工农业增长速度为8%，则汽车保有量的增长率即为12%，代入上式，即可预测第 t 年的汽车保有量。

    以上讨论的只是几种常用的定量预测方法，一般比较简单。现实生活中，尚有许多人探讨过其他复杂的定量预测方法。实践表明，通过复杂数学模型得到的预测值，不一定比简单方法更准确。营销人员可以根据自己的预测知识和经验灵活选用各种方法。在此，对预测方法的讨论就不一一进行了。

    （3）组合预测与组合处理

    当采用定量预测方法时，对同一预测对象的预测，人们既可以采用多种预测模型，也可以对同一模型采用不同的自变量（如工农业产值、投资额或财政支出等）。像这样对同一预测对象采用多种途径进行预测的方法，叫作组合预测方法。它是现代预测科学理论的重要组成部分，其思想就是认为任何一种预测方法都只能部分地反映预测对象未来发展的变化规律，只有采用多种途径进行预测，才能更全面地反映事物发展的未来变化。实践证明，组合预测方法比采用单一预测方法，对于改善预测结果的可信度，具有显著效果。因此，现代预测实践大多都采用组合预测方法。但采用组合预测方法，随之而来的问题是如何处理组合预测带来的多个预测结果。对这多个预测结果，到底该选用哪个结果作为预测的最终结论呢？组合预测在理论上针对这一实际问题提出了解决方法，这一方法即组合处理。

    所谓的组合处理，就是通过一定的方法，对多个预测结果进行综合，使最终预测结论收敛于一个较窄的区间内，即得到一个较窄的预测值取值范围，并将其作为最终的预测结论。组合处理的具体方法有：

    ①权重合成法。

    该方法即是对各种预测结果（称为中间预测结果）分别赋予一定的权重，最终预测结果即为各中间预测结果与相应权重系数乘积的累计，可用下式表述：

$$y = \sum_{i=1}^{n} y_i a_i$$

式中　y——综合预测值，即最终预测结果；

α_i——第 i 个中间预测值被赋予的权重系数，$\sum_{i=1}^{n} a_i = 1$；

y_i——第 i 个中间预测值；

n——中间预测值的数目。

至于上述各权重系数 α_i 的确定，即可以由预测人员根据自己的知识与经验直接分配，也可通过下述方法求解：

A. 平均值法：即将几个中间值给予同样的权重 $\dfrac{1}{n}$。

B. 标准差法：即第 i 个中间值被赋予的权重为 $\alpha_i = \dfrac{S - S_i}{S} \cdot \dfrac{1}{n-1}$。

其中，$S = \sum S_i$；

S_i——第 i 个模型的标准差。

这种分配权重的思想体现了以模型的拟合度作为取舍依据的思想，即拟合度好的模型所预测的结果被赋予更大的权重。

C. 二项式系数法：即将多个预测值从小到大，按增序排列起来，各个中间预测值的权重按下式计算：

$$a_i = C_n^i / Z^n$$
$$Z^n = \sum C_n^i$$

式中　C_n^i——二项式展开式系数；$i = 1, 2 \cdots n$。

这种分配权重的思想认为最终预测结果应靠近处于中位的中间预测值。

② 区域合成法。

此法取各个预测模型预测值的置信区间之交集为最终结果。可用下式表示：

$$y = \sum_{i=1}^{n} (y_i \pm \Delta y_i)$$

式中　Δy_i——第 i 个模型的预测值在 α_i 处的置信区间。

总之，组合处理可以去除一部分随机因素对预测结果的影响。实践表明，它对改善预测结果具有显著效果。

（4）市场营销信息系统的组成与信息来源

市场营销信息系统是由内部信息系统、营销环境监测系统和营销研究系统三个子系统组成，各系统的功能与作用如下：

① 内部信息系统。对于我国的汽车企业来说，内部信息系统一般是较为完备的，亦即对企业内部的信息，如销售成本、利润、库存和资金盈利率等财务信息，以及人员状况和企业物资使用情况等管理信息的收集、整理和归类等工作，一般较为完善。内部信息是营销人员运用的基本信息，它提供企业内部实际材料。

② 营销环境监测系统。该系统的任务是收集外部信息，主要包括政府相关经济政策、法律法规、本行业的科技情报、本企业的社会影响、竞争对手情况，以及本行业的一些动态和

用户的情况等，进而进行基本研究，得出一些如本行业发展周期的规律性认识和整个市场环境变动的预测等。该系统最重要的是建立情报（信息）搜集网。国外一些大公司的情报网几乎遍及全球，随时向企业经营管理部门报告重要情报，如丰田汽车公司就是如此，据说丰田汽车在美国无论何地出现了问题，公司总部当天就能得到情报并做出反应，并能及时得到各种有用的营销信息。

③ 营销研究系统。也叫作信息分析系统，其主要功能是运用各种统计技术去发现资料中的重要关系，帮助制定更好的营销决策。对我国汽车企业来讲，市场营销信息系统还很不完善，这主要表现在营销环境监测系统和营销研究系统不完善。有的企业尽管建立了营销研究子系统，不过只是做做收集和整理资料等工作，缺乏研究职能。环境监测系统是企业的薄弱环节，难以系统性地发挥作用。

市场营销信息的来源有以下三种：

① 咨询员工法。企业的员工可以说人人都聚集着一定的信息，尤其是采购人员和销售人员，他们的活动范围大，接触面广，掌握的各种有用信息也多。对于员工的信息可以采用填表方式、会议方式和提问方式加以收集，甚至可以委托采集信息。信息采集人员可把所需信息分类制成表格，定期分发下去，在规定时间内收集起来，这种收集信息的方法既经济、又容易得到信息。

② 专门收集法。这也是一种相对易得的信息收集法。这种收集方法既可以由信息采集人员（或企业营销研究的软科学工作者）通过营销调研，也可以通过收集二手资料的方式，捕捉有用信息。营销调研一般得到的是原始信息，虽然这种信息获取的成本较高，但很准确、实用。二手信息是指不是企业亲自调研得到的信息，一般是有关统计部门或其他部门及民间团体调研得到的信息，例如，从各种统计年鉴、广播电视、报纸杂志、图书以及同行那里得到的信息。

③ 购买信息法。企业自己不一定要事事都亲自去调研或搜集信息，有些信息已有专门机构收集，企业购买这些信息既可以提高效率，又可以节约信息收集成本。对于有的中小企业而言，有时在无力收集信息时，也可以通过委托有关机构有偿收集和购买方式得到信息。在市场经济条件下，我们的企业要学会和善于购买信息，不要宁可花钱请客吃饭也舍不得花钱购买信息。据悉，我国已有专门的营销策划公司上市服务，各类咨询公司更是不胜枚举，随着市场经济的发展，中国也有自己的"兰德公司"和"野村研究所"，为企业提供软科学产品。

第 3 节　汽车营销市场调研实训指导

1. 基本概念回顾

汽车营销市场的调研是指汽车企业对用户及其购买力、购买对象、购买习惯、未来购买动向和同行业的情况等方面进行全部或局部了解。

2. 调研内容

市场需求：消费者对车型的需求量及时间。

市场经营条件：资源状况、市场环境、技术发展状况和竞争对手。

市场产品：汽车产品状况、汽车销售情况、流通渠道和竞争程度。

3．汽车市场调研的程序（见图 4.1）

图 4.1　汽车市场调研的程度

4．市场调研的方式方法

（1）方式

全面调研——调研区域内所有对象；

重点调研——选择对整体影响较大的；

典型调研——选择具有代表性的个体；

抽样调研——抽一部分个体，推测群体。

（2）方法

观察——在调研现场对对象实地观察；

采访——当面采访或书面调研；

实践调研——直接进入市场。

5．作用

掌握市场供需，有利于顺利进入市场，提高竞争力，提高经济效益，提高科技和管理水平。

6．调查问卷设计参考（见表 4.2）

表 4.2　调查问卷

×××××汽车市场调查问卷

感谢您在百忙之中参与我们的调查，谢谢！

一、您的职业（　　）

A．教师　B．公务员　C．农民　D．卫生工作者　E．工人　F．学生　G．其他

二、您的年龄（　　）

A．20～30　B．31～40　C．41～50　D．51～60　E．60 以上

三、

四、

·

·

·

·

祝您万事如意，身体健康！

思考与练习

1. 汽车市场调研的概念和意义是什么？
2. 汽车市场调研的步骤和方法有哪些？
3. 市场预测的方法有哪些？

第 5 章　汽车产品策略

【本章教学要点】

知识要点	掌握程度	相关知识
汽车产品及产品组合的概念	掌握汽车产品及相关概念	核心产品层，实体产品层，产品组合的深度及广度等概念
汽车产品生命周期及其营销策略	掌握汽车产品生命周期以及各时期的营销策略	引入层，成长层，成熟层，衰退层等
汽车新产品开发的策略及品牌、商标、包装策略	了解汽车新产品开发的策略及品牌、商标、包装策略	新产品开发的阶段与方法；品牌、商标以及包装的含义及策略

导入案例

丰田公司的产品延伸策略——双向延伸的成功案例

丰田公司对其产品线也采取了双向延伸的策略。在其中档产品卡罗纳牌的基础上，为高档市场增加了佳美牌，为低档市场增加了小明星牌。该公司还为豪华汽车市场推出了凌志牌。凌志的目标是吸引高层管理者；佳美的目标是吸引中层经理；卡罗纳的目标是吸引基层经理；而小明星牌的目标是手里钱不多的首次购买者。此种策略的主要风险是有些买主认为在两种型号之间（如佳美和凌志之间）差别不大，因而会选择较低档的品种。但对于丰田公司来说，顾客选择了低档品种总比走向竞争者好。另外，为了减少与丰田的联系，减低自相残杀的风险，凌志并没有在丰田的名下推出，它也有与其他型号不同的分销方式。

第1节　汽车产品与产品组合的概念

一、汽车产品的概念

企业的一切生产经营活动都是围绕着产品进行的，即通过及时、有效地提供消费者所需要的产品而实现企业的发展目标。企业生产什么产品？为谁生产产品？生产多少产品？这些似乎是经济学命题的问题，其实是企业产品策略必须回答的问题。企业如何开发满足消费者需求的产品，并将产品迅速、有效地传送到消费者手中，构成了企业营销活动的主体。

产品是什么？这是一个不是问题的问题，因为企业时时刻刻都在开发、生产和销售产品，消费者时时刻刻都在使用、消费和享受产品。但随着科学技术的快速发展，社会的不断进步，消费者需求特征日趋个性化，市场竞争程度不断加深加广，导致了产品的内涵和外延也在不断扩大。以现代观念对产品进行界定，产品是指为留意、获取、使用或消费以满足某种欲望和需要而提供给市场的一切东西（菲利普·科特勒）。电视机、化妆品和家具等有形物品已不能涵盖现代观念的产品，产品的内涵已从有形物品扩大到服务、人员、地点、组织和观念等；产品的外延也从其核心产品（基本功能）向一般产品（产品的基本形式）、期望产品（期望的产品属性和条件）、附加产品（附加利益和服务）和潜在产品（产品的未来发展）拓展。即从核心产品发展到产品五层次。

汽车产品作为产品的特殊形式，在我国加入 WTO 后的几年已进入快速成长期。依据国际经验，当人均 GDP 达到 1000 美元时，一个国家的汽车消费时代将会到来。我国的人均GDP 早在 2003 年便已经达到这个水平，这说明我国的汽车消费的高峰时代已经到来。

汽车产品是指能够提供给市场，被人们使用和消费，并能满足人们某种需求的任何东西，包括有形的物品、无形的服务、组织、观念或它们的组合。汽车产品与普通商品类似，可以分为三个层次，即核心产品、形式产品和延伸产品。汽车核心产品是指汽车整体产品提供给购买者的直接利益和效用；汽车形式产品是指产品在市场上出现的物质实体外形，包括汽车产品的品质、特征、造型、商标和包装等；汽车延伸产品是指汽车整体产品提供给顾客的一系列附加利益，包括运送、安装、维修和保证等在消费领域给予消费者的好处。

汽车产品的狭义概念是指被生产出的汽车物品；汽车产品的广义概念是指可以满足人们对汽车各方面需求的载体。有人把汽车产品理解为汽车商品，其实是不确切的。汽车产品和汽车商品的区别在于：汽车商品是用来交换的产品，汽车商品的生产是为了交换，而当一种汽车产品经过交换后进入使用过程后，就不能再称之为汽车商品了；当然，如果汽车产品又产生了二次交换，那么在这段时间内，它又能被称之为汽车商品了。

汽车产品包括汽车实物、汽车服务、汽车保险和汽车品牌等。汽车市场营销学关于汽车产品的概念具有两方面的特点：

①并不是具有物质实体的才是汽车产品，能满足汽车消费者某种欲望和需要的服务也是产品。

② 对汽车企业而言，其汽车产品不仅是具有物质实体的实物本身，而且也包括随同汽车实物出售时所提供的汽车服务等。简言之，汽车企业提供的汽车产品等于汽车企业生产的实物加汽车企业提供的汽车服务。

汽车产品的"整体概念"是指人们向汽车市场提供的能满足消费者或用户某种需求的任何有形物品和无形服务。社会需要是不断变化的，因此，汽车产品的品种、规格和款式也会相应地改变。汽车新产品的不断出现，汽车产品质量的不断提高，汽车产品数量的不断增加，是现代社会经济发展的显著特点。这种汽车产品整体概念把汽车产品理解为由五个层次所组成的一个整体，包括汽车核心产品层、形式产品层、期望产品层、延伸产品层以及潜在产品层。

1. 核心利益层

即向消费者提供的产品基本效用和利益，也是消费者真正要购买的利益和服务。消费者购买某种产品并非是为了拥有该产品实体，而是为了获得能满足自身某种需要的效用和利益。如洗衣机的核心利益体现在它能让消费者方便、省力、省时地清洗衣物。

2. 实体产品层

也可称为一般产品层。产品核心功能需依附一定的实体来实现，即产品的基本形式，主要包括产品的构造外形等。

3. 期望产品层

是消费者购买产品时期望的一整套属性和条件，如对于购买洗衣机的人来说，期望该机器能省事省力地清洗衣物，同时不损坏衣物，洗衣时噪音小，方便进排水，外形美观，使用安全可靠，等等。

4. 附加产品层

附加产品层包含的附加服务和利益，主要包括运送、安装、调试、维修、产品保证、零配件供应和技术人员培训等。附加产品来源于对消费者需求的综合性和多层次性的深入研究，要求营销人员必须正视消费者的整体消费体系，但同时必须注意因附加产品的增加而增加的成本消费者是否愿意承担的问题。

5. 潜在产品层

潜在产品预示着该产品最终可能的所有增加或改变。

现代企业产品外延的不断拓展缘于消费者需求的复杂化和竞争的白热化。在产品的核心功能趋同的情况下，谁能更快、更多、更好地满足消费者的复杂利益整合的需要，谁就能拥有消费者，占有市场，取得竞争优势。不断地拓展产品的外延部分已成为现代企业产品竞争的焦点，消费者对产品的期望价值越来越多地包含了其所能提供的服务、企业人员的素质及企业整体形象的"综合价值"。目前发达国家企业的产品竞争多集中在附加产品层次，而发展中国家企业的产品竞争则主要集中在期望产品层次。若产品在核心利益上相同，但附加产品所提供的服务不同，则可能被消费者看成是两种不同的产品，因此也会造成两种截然不同的销售状况。美国著名管理学家李维特曾说过："新的竞争不在于工厂里制造出来的产品，而在于工厂外能够给产品加上包装、服务、广告、咨询、融资、送货或顾客认为有价值的其他东西。"

二、汽车产品组合概述

1. 产品组合的概念

产品组合是某销售者售与购买者的一组产品，它包括所有产品线和产品项目。产品项目，即产品大类中各种不同品种、规格和质量的特定产品，企业产品目录中列出的每一个具体的品种就是一个产品项目。产品线，即许多产品项目的集合，这些产品项目之所以组成一条产品线，是因为这些产品项目具有功能相似、用户相同、分销渠道同一和消费上相连带等特点。产品组合具体来说便是企业生产经营的全部产品线、产品项目的组合方式，即产品组合的宽度、深度、长度和关联度，也称产品组合的四个维度。

（1）产品组合的宽度

指企业生产经营的产品线的多少。如宝洁公司生产清洁剂、牙膏、肥皂、纸尿裤及纸巾，有五条产品线，表明产品组合的宽度为5。

（2）产品组合的长度

是指企业所有产品线中产品项目的总和。

（3）产品组合的深度

是指产品线中每一产品有多少品种。如宝洁公司的牙膏产品线下的产品项目有三种，佳洁士牙膏是其中一种，而佳洁士牙膏有三种规格和两种配方，所以佳洁士牙膏的深度是6。

（4）产品组合的关联度

产品组合的关联度是指各条产品线在最终用途、生产条件、分销渠道或其他方面相互关联的程度。上述产品组合的四个维度，为企业选择产品组合决策提供了依据，企业可以根据维度采取四种方法发展其业务组合：加大产品组合的宽度，可扩展企业的经营领域，实行多样化经营，分散企业投资风险；增加产品组合的长度，使产品线丰满充裕，可以成为更全面的产品线公司；加强产品组合的深度，可以占领同类产品的更多细分市场，满足更广泛的市场需求，同时，可增强行业竞争力；加强产品组合的关联度，可以使企业在某一特定的日常领域内加强竞争和赢得良好的声誉。因此，对产品组合的决策，就是企业根据日常需求、竞争形式和企业自身能力对产品组合的宽度、长度、深度和关联度方面做出的决策。

汽车产品组合是指一个汽车企业生产和销售的所有汽车产品线和汽车产品品种的组合方式，也即是全部汽车产品的结构。它一般由若干汽车产品线（汽车产品系列）组成。所谓汽车产品线（汽车产品系列），是指在某种特征上互相关联或相似的一组产品，即所谓的车型系列，通常属于产品大类的范畴。这种类别可以按产品结构、生产技术条件、产品功能、顾客结构或者分销渠道等变数进行划分，譬如汽车产品的某一车型系列就是按产品结构划分的一条产品线。产品项目是指产品线中各种不同品种、规格、质量和价格的特定产品。汽车产品线又由若干汽车产品品种组成。汽车产品品种指汽车企业生产和销售汽车产品目录上的具体汽车品名和汽车型号。

2. 汽车产品组合的类型

汽车产品组合具有广度性组合和深度性组合两种类型。汽车超市和汽车专营店就分别体现了这两种组合类型（见表5.1）。

表5.1 汽车产品组合类型

	组合广度	组合深度	组合长度	组合相容度
汽车超市	宽	浅	长	差
汽车专营店	窄	深	短	好

例如：奔驰公司：迈巴赫，奔驰，Smart（精灵）；

宝马公司：宝马，劳斯莱斯，迷你；

大众公司：大众，奥迪，布加迪，兰博基尼，西亚特，斯柯达，宾利；

通用公司：别克，凯迪拉克，雪佛兰，GMC，大宇，霍顿，悍马，欧宝，庞蒂克，萨博，土星，莲花，五十铃；

福特公司：福特，林肯，水星，马自达，沃尔沃，阿斯顿·马丁，路虎，美洲虎。

汽车产品组合的广度，指汽车企业生产经营的汽车产品线的个数。汽车产品组合的深度是指每一汽车产品线所包含的汽车产品项目。汽车产品组合的长度是指汽车产品组合中的汽车产品品种总数。汽车产品组合的相容度是指各条产品线在生产条件、最终用途、细分市场、分销渠道、维修服务或者其他方面相互关联的程度。

3. 产品组合的优化和调整

产品组合状况直接关系到企业销售额和利润水平，企业必须进行产品大类销售额和利润的分析和评价，并决定是否加强和剔除某些产品线或产品项目。产品大类销售额和利润水平分析主要是指分析、评价现行产品大类中不同产品项目所提供的销售额和利润水平。

企业在调整和优化产品组合时，依据不同的情况，可选择如下策略：

（1）扩大产品组合

扩大产品组合包括拓展产品组合的宽度和增强产品组合的深度。前者是在原产品组合中增加一个或几个产品大类，扩大产品范围；后者是在原有产品大类内增加新的产品项目。

（2）缩减产品组合

当市场繁荣时，较长、较宽的产品组合会为许多企业带来较多的赢利机会，但当市场不景气或原料、能源供应紧张时，缩减产品反而可能使总利润上升。

（3）产品延伸

每一企业的产品都有其特定的市场定位。产品延伸策略指全部或部分的改变公司原有产品的市场定位，具体做法有以下三种：

① 向下延伸。是指企业原来生产高档产品，后来决定增加低档产品。

② 向上延伸。是指企业原来生产低档产品，后来决定增加高档产品。

③ 双向延伸。是指原定位于中档产品市场的企业掌握了市场优势以后，决定向产品大类的上下两个方向延伸，一方面增加高档产品，另一方面增加低档产品，扩大市场阵地。

一般来说，产品延伸有下列四个好处：

① 满足更多的消费者需求；

② 迎合顾客求异求变的心理；

③ 减少开发新产品的风险；

④ 适应不同价格层次的需求。

但是产品延伸也存在弊端：正是因为产品延伸具有上述优越性，许多企业对此很感兴趣。产品延伸也会带来如下副作用：

① 品牌忠诚度降低；

② 产品项目的角色难以区分；

③ 产品延伸引起成本增加。

综上所述，产品延伸有利于利弊，所以把握延伸的度至关重要。管理人员应当审核利润的情况，并集中生产利润较高的品种，削减那些利润率低或者亏损的产品。当需求紧缩时，缩短产品大类；当需求旺盛时，延伸产品大类。

（4）产品大类现代化

在某些情况下，虽然产品组合的宽度、长度都很恰当，但产品大类的生产形式却可能已经过时，这就必须对产品大类实施现代化改造。

如果企业决定对现有产品大类进行改造，产品大类现代化策略首先面临这样的问题：是逐步实现技术改造，还是以最快的速度用全新设备更换原有产品大类。逐步现代化可以节省资金消耗，但缺点是竞争者很快就会察觉，并有充分的时间重新设计他们的产品大类；而快速现代化策略虽然在短时期内耗费资金较多，却可以出其不意，击败竞争对手。

案例

在中国提起日本车最为人所称道的是丰田和本田，但是日产长期霸占着日本第二大汽车生产商的位置，更曾经在 20 世纪 80 年代风靡全世界，以其突出的科研实力在车坛独树一帜。在 90 年代中国卖得最火的进口车有 3 款，有今天赫赫大名已经国产的丰田佳美（凯美瑞）、本田雅，还有就是今天不那么知名、没有国产的日产风度（CEFIRO）。

在 90 年代日产陷入低潮，直到和雷诺合资开始了传奇性质的复兴，在中国也是走出了这样一个 U 型轨迹，在本田、丰田都已经赚得钵满盆满的时候，日产姗姗来迟，但是迅速发力，全面整合于东风有限，迅速推出一系列新车，在 2005 年成为增长最快的汽车公司之一。日产投放于中国的产品特点：外形新颖时尚、内部空间宽大、强调乘坐的舒适感。目前在中国国产的产品有三厢颐达、两厢骐达、阳光、蓝鸟、天籁和轩逸，整个产品体系体现了日产在中国统一的产品理念，所有产品的外形都体现了车身宽度较大、外形稳重而不乏时尚感觉。

在和雷诺合资后，日产的新产品都不同程度地带有了雷诺式的法国风情，这点在三厢颐达、两厢骐达身上体现得很明显，它们给喜爱的人一种新潮、美丽而张扬的恰到好处。而天籁和轩逸则更多地表现了稳重、舒适和气派感。至于阳光和蓝鸟的新款都或多或少地贯彻了这种外形设计风格，但是作为日产在中国的头两款产品，在中国也应该到了完成历史使命的时候了。日产车系的内饰富有家具色彩，突出温馨特点，动力性、安全性都有着与其价格相适应的表现。

第 2 节　汽车产品生命周期及其营销策略

一、汽车产品生命周期概念

产品生命周期理论是美国哈佛大学教授雷蒙德·弗农（Raymond Vernon）1966 年在其《产品周期中的国际投资与国际贸易》一文中首次提出的。产品生命周期（product life cycle，PLC）是产品的市场寿命，即一种新产品从开始进入市场到被市场淘汰的整个过程。费农认为：产品生命是指市上的营销生命，产品和人的生命一样，要经历介绍、成长、成熟、衰退这样的周期。就产品而言，也就是要经历一个开发、引进、成长、成熟和衰退的阶段。

对于汽车产品而言，其生命周期是指从汽车产品试制成功投入市场开始到被市场淘汰为止所经历的全部时间过程。它不同于汽车产品的使用寿命，其长短受汽车消费者需求变化和汽车产品更新换代速度等多种市场因素所影响，是汽车产品的市场寿命。汽车产品的使用寿命是指汽车产品投入使用到损坏报废所经历的时间，受汽车产品的自然属性和使用频率等因素所影响。汽车产品从进入市场到被淘汰出市场，便经历了一个使用寿命，一般来说分为四个阶段，即导入期、成长期、成熟期和衰退期。判断汽车产品处于生命周期的某一阶段，常用的方法有：类比判断法和销售增长率比值法。

二、汽车产品生命周期各阶段的特点

汽车产品生命周期的各个阶段在市场营销中所处的地位不同，具有不同的特点。

1. 导入期

也称引入期、介绍期，是指汽车产品投入市场的初期阶段。在此阶段，汽车消费者对汽车新产品不够了解，所以销售量低，费用及成本高，利润低，有时甚至亏损。这一阶段的主要特征有：

产品刚刚投放市场，未定型，市场反应正在测试，生产方法和技术还不够成熟，不具备大规模生产的条件，因而产量小；顾客对产品尚待认识，消费需求的差异性不明显，购买者较少。在销量小、成本高的情况下，企业通常不能获利，甚至亏损。由于一个或少数几个企业生产这种新产品，竞争者甚少或无竞争者，市场竞争尚未兴起。

可见，引入期是企业营销活动成败的关键期。无利或亏损，对企业极为不利。企业的营销活动应抓住一个"快"字，实现一个"短"字，即企业应采用各种手段缩短引入期，以期尽快进入成长期。企业可采用无差异性目标市场营销策略以探求市场需求及潜在顾客。

2. 成长期

是指汽车产品经过试销，汽车消费者对汽车新产品有所了解，汽车产品销路打开，销售量迅速增长的阶段。在此阶段汽车产品已定型，开始大批量生产。分销途径已经疏通，成本降低，利润增长，同时，竞争者也开始加入。这一阶段的主要特征有：

产品设计和制造方法已经确定，补充或配套设施已购置，工人的操作技术已熟练，产品生产能力大大提高，具备了规模生产的条件，产品的供给量大幅度增长。产品逐渐被消费者接受，重购和新购不断增加，产品销量迅速增长。为支持市场增长，需要保持或稍微增加促销费用，但因生产成本的下降，企业利润逐渐上升，并将持续到产品生命周期的最高点。产品在市场上小有成长，引来了第一批竞争者，开始仿制该产品，市场竞争开始并日趋激烈。竞争加剧，产品供给增大，消费需求出现差异性，市场上的产品开始出现新的特质，销售网络迅速扩大。

3. 成熟期

是指汽车产品的市场销售量已达饱和状态的阶段。在这个阶段，销售量虽有增长，但增长速度减慢，开始呈下降趋势，竞争激烈，利润相对下降。这一阶段的主要特征有：

市场需求趋于饱和，新购行为已经稀少，需求量增长缓慢，趋于停滞。顾客对产品已熟知；产品逐渐失去特色，过去未发现的产品缺点也开始暴露，消费兴趣开始发生转移，需求的差异性十分明显。企业大批量生产能力已形成，产品的供给能力达到最高点，成本降至最低点，利润量达到最大。随着需求逐渐转向，存货增加，尽管生产技艺娴熟，产品成本仍会有所回升；降价求售更使企业利润增幅下降。竞争者纷纷涌入市场，竞争加剧。在引入期，竞争者常处于等待观望状态，待市场先行者的产品开发和市场开拓一旦成功，便蜂拥而至。经过了一段时间的混战，到了成熟期，同类产品数量日益增多，销量增长艰难，市场开拓难度增大，竞争达到白热化程度。

正是基于以上特点，成熟期是企业获取利润的"黄金时节"。企业面临着供给能力增长与消费需求相对饱和的矛盾，企业在市场营销活动中应着重抓住一个"占"字，实现一个"长"字，即千方百计地维持现有市场占有率，并力求扩大，以缓解供需矛盾，尽可能延长成熟期，为本企业带来更多利润。

4. 衰退期

是指汽车产品已经陈旧老化被市场淘汰的阶段。在这个阶段，销售量开始下降很快，新产品已经出来，老产品淘汰，逐渐退出市场。

各种档次、各种类型的汽车产品寿命周期不同，每种汽车产品经历寿命周期各阶段的时间也不尽相同。

有些汽车产品经过短暂市场导入期，很快就达到成长、成熟阶段；而有些汽车产品的导入期经历了许多年，才逐渐为广大汽车消费者所接受。同时并不是所有的汽车产品都要经过四个阶段，有的汽车产品一进入市场，尚属于导入期即被淘汰；也有些处于成长期的汽车产品，由于营销失策而未老先衰；还有些汽车产品一进入市场就达到了成长阶段等。例如，亨利·福特设计的 T 型车，从投入市场到停产一共经历了 20 年的时间；而福特公司 1957 年 9 月推出埃泽尔车，1959 年 11 月就被迫停产，其寿命周期只有短短两年时间。这一时期的主要特征有：

产品的样式陈旧、功能老化，不能适应市场需求的变化；消费兴趣已发生转移，对老产品的品牌忠诚度下降，需求逐渐减退；竞争者已推出新产品。由于供给能力加大和需求能力的迅速缩小，产品库存增大，成本上升；经过成熟期的激烈竞争，产品价格已压低到极点，企业处于微利、保本甚至亏损的状态。竞争者纷纷退出市场，竞争趋于缓和。

因此，在衰退期，企业营销活动应抓住一个"退"字，实现一个"转"字。即企业要敏锐地把握市场变化，积极、主动并有计划地实施"市场撤退"，实行集中性目标市场营销策略，将主要生产经营能力转移到新产品上去，顺应消费需求的变化。企业应建立起一整套完善的管理机制和淘汰机制，定期检查成熟期产品的销售额、市场占有率、成本和利润的变化趋势，推陈出新，使新、老产品适度圆满地衔接。

三、汽车产品寿命周期各阶段的判断

在汽车产品寿命周期的变化过程中，正确判断出各阶段的临界点，确定汽车产品处在寿命周期的什么阶段，是进行正确决策的基础。问题的关键是：置身于企业所处的具体环境之中，才可能判断本企业具体产品处于生命周期的哪一阶段以及它的发展演变规律。

1. 根据行业生命周期判断产品生命周期

许多人将行业生命周期与产品生命周期混为一谈，其实不然。行业生命周期展示的是本行业所有产品共有的发展规律，带有普遍性；产品生命周期是指本企业产品的发展规律，带有特殊性。我们可以从以下几个角度来研判行业生命周期和产品生命周期：人口与购买力；消费习惯与偏好；移动壁垒；顾客群的渗透；替代品威胁；互补品的力量。另外，还有政府政策、业内竞争、信息技术、行业产品、管理、营销创新，等等，也从不同角度影响着行业演变。

2. 从行业内竞争环境看产品生命周期

经济学者根据竞争的激烈程度不同，将行业分为自由（完全）竞争、垄断竞争、寡头垄断和完全垄断行业。最常见、最典型的是垄断竞争行业。

在垄断竞争行业内，根据产品市场份额的不同，企业可分为领导者、挑战者和跟随者三大类。一般而言，领导者至少具备两大条件才可能做出旨在扩大行业规模、明显有利于行业发展的营销举措：市场份额一枝独秀以及存在显著产品差异。当挑战者发起挑战时一般都有相应的对策，无论两者博弈结果如何，必然导致行业理论率下滑，则产品生命周期的成熟期与衰退期将提前到来。

3. 从企业本身看产品生命周期

行业的发展演变及业内的市场竞争，是企业本身不可控的，这两者影响企业产品生命周期，非一般企业所能改变的。在某些时候，产品生命周期发展又取决于企业本身。

如果企业本身综合能力强大，产品市场份额高，是市场领导者，那么企业行为足以影响整个行业，产品生命周期与行业生命周期同步，企业决策者应重点研究行业生命周期的演变动因。

企业产品生命周期，一方面取决于行业生命周期，另一方面更取决于产品的市场份额。市场份额与企业财务等各项资源的投入成正相关，当企业重点资源投向转移时，也几乎意味着原产品发展前景黯淡。

4. 常用的两种具体方法

（1）类比法

这种方法一般用于判断汽车新产品的寿命周期。对于正在销售的汽车新产品，由于销售资料不全，很难分析判断。就可以运用类似汽车产品的历史资料，进行比照分析。例如，铃木公司在为铃木武士定位时就是参照了铃木 SJ410 在美国西海岸的销售情况进行分析的。

销售增长率法，这种方法以各个时期实际汽车销售增长率的数据 $\Delta Y/\Delta X$，制定量的标准来划分寿命周期的各个阶段。其中 ΔY 表示纵坐标上汽车销售量的增长率，ΔX 表示横坐标上时间的增加量。销售增长率的经验数据如下：

$\Delta Y/\Delta X$ 之值大于 10% 时，属于成长期；

$\Delta Y/\Delta X$ 之值在 0.1% ~ 10%，属于成熟期；

$\Delta Y/\Delta X$ 之值在接近 0 甚至小于 0 时，则已进入衰退期。

汽车产品寿命周期理论说明，不会有一种汽车产品经久不衰，永远受消费者的欢迎。因此，必须经常对汽车企业各类汽车产品的市场状况进行分析，适时淘汰老产品，开发新产品，使汽车企业的汽车产品组合处于最优状态。

（2）增长率法

该方法就是以某一时期的销售增长率与时间的增长率的比值（K）来判断产品所处市场生命周期阶段的方法。K 小于 0.1 时为引入期，K 大于 0.1 时为成长期，在正负 0.1 之间时为成熟期，小于 -0.1 时为衰退期。

四、汽车产品生命周期各阶段的营销策略

不同汽车产品在产品寿命周期的不同阶段各具有不同的特点，汽车企业营销策略也应有所不同。运用汽车产品寿命周期理论主要有三个目的：一是汽车产品尽快为汽车消费者所接受，缩短汽车产品的导入期；二是尽可能保持和延长汽车产品的成长阶段；三是尽可能使汽车产品以较慢的速度被淘汰。

1. 导入期的市场策略

如前所述，这个时期的主要特点是：汽车产品刚上市，消费者对汽车产品不了解，汽车销售量缓慢增长，市场上同类汽车产品竞争少，汽车产品的广告宣传花费大，汽车企业生产该种产品的能力未全部形成，生产批量小，成本大，利润小甚至无利。这个阶段风险最大，所以应尽快地结束这个阶段，让汽车消费者尽早地接受该种汽车产品。导入期的市场策略，单就价格与促销费用两个因素考虑，可分为以下四种策略。

① 高价快速促销策略。采用高价格，以大量广告宣传费用迅速扩大汽车销售量来加速对市场的渗透，以图在竞争者尚未反应时，先声夺人，捞回本钱。这种策略的前提是：消费者愿意支付高价，大部分潜在消费者还不了解此种汽车产品；同时这种汽车产品应具有老产品所没有的特色，适应汽车消费者的某种需求。

② 高价低费用策略。此种策略采用高价格、少量的广告宣传促销费用，能带给企业较多利润。这种策略的前提是：汽车产品必须具有独创的特点，填补了市场的某项空白。它对汽车消费者来说主要是有无的问题，选择性小，且竞争威胁不大。

③ 低价快速促销策略。采用低价格、大量广告宣传费用，以求迅速占领或挤入市场。这种策略适用于：市场容量相当大，汽车消费者对这种汽车新产品不了解，但对低价格敏感；潜在竞争激烈；同时要求企业尽力降低成本，以维持较大的推销费用。

④ 逐步打入市场策略。采取低价和低促销费用推出汽车新产品，占领新市场。低价的目的在于促使市场尽快接受汽车产品，并有效地阻止竞争对手对市场的渗入；低促销费用的目的在于降低售价，增强竞争力。此策略的前提是：市场容量大，汽车消费者对价格敏感，有相当的潜在竞争者。

2. 成长期的市场策略

汽车产品进入成长期的主要特征是：销售量剧增，汽车产品基本定型，大批量生产能力形成，分销渠道已疏通，剧烈的竞争尚未出现，生产与促销费用相应降低，有较大的销售盈利机会，但同时竞争者也在逐步加入。成长期的主要策略有：

① 保证提高产品质量。

② 改进产品。

③ 拓宽市场。

3. 成熟期的市场策略

汽车产品进入成熟阶段的特点是：生产量大，销售量大，且持续时间较长，由于竞争加剧，销售量虽在增加，增长率却呈下降趋势。成熟期是汽车企业获得利润的黄金时期，此时期的策略围绕着如何延长汽车产品寿命和防止过早跌入衰退期而展开，具体有以下三种：

① 市场改革策略。努力开拓新的目标市场，向市场需求的深度和广度发展。通常有三种形式：A. 寻找新的目标市场；B. 刺激汽车消费者增加使用频率；C. 重新树立汽车产品形象，寻找新的买主。

② 产品改革策略。提高汽车产品质量，改变汽车产品的特色和款式，向汽车消费者提供新的利益，从而争取新的汽车消费者。

③ 市场营销组合改革策略。改革某些市场组合因素，以刺激销售量。例如，上汽销售总公司为推进桑塔纳的销售，在 1999 年改变传统的分销渠道，设立地区分销中心，引进了特许经营的营销模式，以改进销售组合。

4. 衰退期的市场策略

汽车产品进入衰退期的特点是：产品销售量由缓慢下降变为急剧下降；汽车消费者期待汽车新产品的出现。在此阶段，很多企业容易产生两种倾向：一种是仓促收兵，贸然舍弃；另一种是不肯割爱，犹豫观望，每每造成时间、经济、效率和声誉等诸多方面的损失。因此，此阶段策略的指导思想应是弃旧图新，进行转产，具体有：

① 收割策略。利用剩余的生产能力，在保证获得边际利润的条件下，有限地生产一定数量的汽车产品，适应市场上一般老汽车消费者的需要，或者只生产某些零部件满足用户维修的需要。

② 榨取策略。大力降低销售费用，精简促销人员，增加眼前利润。

③ 集中策略。汽车企业把人力、物力集中到最有利的细分市场和销售渠道。

④ 撤退策略。撤退老产品，组织汽车新产品上马。撤退时，可以把生产该种汽车产品的工艺以及设备转移给并非处在衰退期的其他地区的汽车企业。

第 3 节　汽车新产品开发策略

人类社会发展的车轮已把我们推向了一个高速创新的时代，科学技术的飞速发展，经济全球化步伐的加快，市场竞争日益激烈，世界市场机会在不断转移，导致产品生命周期越来越短。在 20 世纪中期，一代产品通常意味着 20 年左右的时间，而到 90 年代，一代产品的概念不超过 7 年。80 ~ 90 年代美国的产品生命周期平均为 3 年，1995 年已经缩短为不到 2 年。生命周期最短的是计算机行业产品，根据莫尔定理，计算机芯片的处理速度每 18 个月就要提高一倍，而芯片的价格却以每年 25% 的速度下降。这一切迫使企业不是为了利润，至少是为了生存，就必须不断开发新产品以迎合市场需求的快速变化。产品创新已成为企业经营的常态。

一、新产品的界定

市场营销意义上的新产品含义很广，除包含因科学技术在某一领域的重大发现所产生的新产品外，还包括：在生产销售方面，只要产品在功能或形态上发生改变，与原来的产品产生差异，甚至只是产品从原有市场进入新的市场，都可视为新产品；在消费者方面，则是指能进入市场给消费者提供新的利益或新的效用而被消费者认可的产品。按产品研究开发过程，新产品可分为全新产品、改进型新产品、模仿型新产品、形成系列型新产品、降低成本型新产品和重新定位型新产品。

① 全新产品。全新产品是指应用新原理、新技术、新材料，具有新结构、新功能的产品。该新产品在全世界首先开发，能开创全新的市场。它占新产品的比例为 10% 左右。

② 改进型新产品。改进型新产品是指在原有老产品的基础上进行改进，使产品在结构、功能、品质、花色、款式及包装上具有新的特点和新的突破，改进后的新产品，其结构更加合理，功能更加齐全，品质更加优质，能更多地满足消费者不断变化的需要。它占新产品的26% 左右。

③ 模仿型新产品。模仿型新产品是企业对国内外市场上已有的产品进行模仿生产，称为本企业的新产品。模仿型新产品约占新产品的 20% 左右。

④ 形成系列型新产品。形成系列型新产品是指在原有的产品大类中开发出新的品种、花色、规格等，从而与企业原有产品形成系列，扩大产品的目标市场。该类型新产品占新产品的 26% 左右。

⑤ 降低成本型新产品。降低成本型新产品是以较低的成本提供同样性能的新产品，主要是指企业利用新科技，改进生产工艺或提高生产效率，削减原产品的成本，但保持原有功能不变的新产品。这种新产品的比重为 11% 左右。

⑥ 重新定位型新产品。重新定位型新产品指企业的老产品进入新的市场而被称为该市场的新产品。这类新产品约占全部新产品的 7% 左右。

二、新产品开发战略

新产品开发战略的类型是根据新产品战略的维度组合而成，产品的竞争领域、新产品开发的目标及实现目标的措施三维构成了新产品战略。对各维度及维度的诸要素组合便形成各种新产品的开发战略。四种典型的新产品开发战略如下：

1. 冒险或创业战略

冒险战略，是具有高风险性的新产品战略，通常是在企业面临巨大的市场压力时为之，企业常常会孤注一掷地调动其所有资源投入新产品开发，期望风险越大，回报越大。该战略的产品竞争领域是产品最终用途和技术的结合，企业希望在技术上有较大的发展甚至是一种技术突破；新产品开发的目标是迅速提高市场占有率，成为该新产品市场的领先者；创新度希望是首创，甚至是首创中的艺术性突破；以率先进入市场为投放契机；创新的技术来源采用自主开发、联合开发或技术引进的方式。实施该新产品战略的企业必须具备领先的技术、巨大的资金实力、强有力的营销运作能力。中小企业显然不适合运用此新产品开发战略。

2. 进取战略

进取新产品战略，是由以下要素组合而成：竞争领域在于产品的最终用途和技术方面，新产品开发的目标是通过新产品市场占有率的提高使企业获得较快的发展；创新程度较高，频率较快；大多数新产品选择率先进入市场；开发方式通常是自主开发；以一定的企业资源进行新产品开发，不会因此而影响企业现有的生产状况。新产品创意可来源于对现有产品用途、功能、工艺、营销策略等的改进，改进型新产品、降低成本型新产品、形成系列型新产品、重新定位型新产品都可成为其选择。也不排除具有较大技术创新的新产品开发。该新产品战略的风险相对要小。

3. 紧跟战略

紧跟战略，是指企业紧跟本行业实力强大的竞争者，迅速仿制竞争者已成功上市的新产品，来维持企业的生存和发展。许多中小企业在发展之初常采用该新产品开发战略。该战略的特点是：产品的战略竞争领域是由竞争对手所选定的产品或产品的最终用途，本企业无法也无须选定；企业新产品开发的目标是维持或提高市场占有率；仿制新产品的创新程度不高；产品进入市场的时机选择具有灵活性；开发方式多为自主开发或委托开发；紧跟战略的研究开发费用小，但市场营销风险相对要大。实施该新产品战略的关键是紧跟要及时，全面、快速和准确地获得竞争者有关新产品开发的信息是仿制新产品开发战略成功的前提；其次，对竞争者的新产品进行模仿式改进会使其新产品更具竞争力；强有力的市场营销运作是该战略的保障。

4. 保持地位或防御战略

保持或维持企业现有的市场地位，有这种战略目标的企业会选择新产品开发的防御战略。该战略的特点是：该战略的产品竞争领域是市场上的新产品；新产品开发的目标是维持或适当扩大市场占有率，以维持企业的生存；多采用模仿型新产品开发模式；以自主开发为主，也可采用技术引进方式；产品进入市场的时机通常要滞后；新产品开发的频率不高；成熟产业或夕阳产业中的中小企业常采用此战略。

三、新产品开发的组织

创新需要激情，避免纯理性；需要分权，否定集中；需要更多的激励和容忍，抛弃限制和惩罚；需要竞争，避免按章行事。创新的特点决定了新产品开发组织与一般管理组织相比具有其突出的特点，新产品开发组织具有高度的灵活性，新产品开发组织要具备简单的人际关系，高效、快速的信息传递系统，较高的管理权力，充分的决策自主权等。总的原则是使新产品开发能快速、高效地进行。

新产品开发组织的特征使新产品开发组织的形式多种多样。一般常见的新产品开发组织有新产品委员会、新产品部、产品经理、新产品经理、项目团队和项目小组这六种形式。

1. 新产品委员会

新产品开发委员会是一种专门的新产品开发组织形式之一，该委员会通常由企业最高管理层加上各主要职能部门的代表组成，是一种高层次的新产品开发的参谋和管理组织。其优点是可以汇集各部门的想法和意见，强化信息沟通，使决策更加民主化和科学化。缺点是委员会成员之间的权责不清，容易发生互相推诿责任的现象，且当各职能部门的目标与企业总体目标不一致时，较难统一意见。新产品开发委员会属于矩阵式组织结构，可分为决策型、协调型和特别型三类。决策型新产品委员会的主要职能是制定新产品开发战略、配置新产品开发所需的企业内外部资源和新产品开发项目的评价及选择等。通常是企业最高领导者牵头。协调型新产品委员的主要职能是负责新产品开发活动中各职能部门的协调。特别委员会是新产品开发的智囊团，对新产品开发过程中出现的问题和困难提出建议和对策。例如，对于技术障碍、构思筛选的评价问题、设计问题、工艺问题和商品化过程中出现的问题等，由各种专家和职能部门的关键人物等组成委员会。

2. 新产品部

大公司常设新产品部，也称产品规划部、技术中心或研究所等。从若干职能部门抽调专人组成一个固定的独立性的开发组织，集中处理新产品开发过程中的种种问题，如提出开发的目标、制定市场调研计划、筛选新产品构思、组织实施控制和协调，等等。该部门的主管拥有实权并与高层管理者密切联系。它是新产品委员会最恰当的补充管理组织，其优点是权力集中，建议集中，见解独立，有助于企业进行决策，并保持新产品开发工作的稳定性和管理的规划化。缺点是不易协调各职能部门之间的矛盾。

3. 产品经理

许多公司把新产品开发作为产品经理的一项重要职能。但产品经理的工作重心往往是对他管理的产品或产品线投入更多的时间和精力，对新产品开发无法尽全力。

4. 新产品经理

在这种组织形式下，企业根据所实施的新产品项目的多少在产品经理下面设置若干新产品经理，一个新产品经理对一个或一组新产品项目负责。从新产品策划一直到新产品投入市场，都由新产品经理负责进行。这种组织形式主要适用于规模较大、资源丰富、新产品项目多以及主要依靠新产品参与竞争的企业。

5. 项目团队

项目团队正日趋成为一种最强的横向联系机制。团队是一种长期的任务组，经常和项目小组一起使用。当在一段较长的时间内需要部门的协调活动时，设立跨部门团队，是明智的选择。例如，波音公司在设计和生产其新的 777 型飞机时大约使用了 250 个团队。一些团队围绕飞机的部件而设立，比如机翼、驾驶室和发动机，为特殊的顾客服务也可组成相应的团队。

6. 项目小组

有些企业会为不定期的新产品开发设立临时项目小组，这是由来自各个不同职能部门的人员组成的一种组织，是一种矩阵式的组织形式，它通常向企业的最高管理层直接报告工作，并具有为新产品制定政策的权力。它的工作期限不定，到完成任务为止。不同的开发项目，其成员不同，但成员往往具有较强的革新和开拓精神。项目经理对整个新产品开发负责，但对项目组成员并不拥有加薪、升职、雇佣和解雇的正式权力，正式权力取决于职能部门管理者。项目经理需要出色的人际关系能力，他们得通过专业知识和游说来实现协作。他们横跨于部门之间，必须有能力把人们组织起来。

四、新产品开发程序

一个完整的新产品开发过程要经历八个阶段：构思产生、构思筛选、概念发展和测试、营销规划、商业分析、产品实体开发、试销以及商品化。

1. 新产品构思的产生

进行新产品构思是新产品开发的首要阶段。构思是创造性思维，即对新产品进行设想或创意的过程。缺乏好的新产品构思已成为许多行业新产品开发的瓶颈。一个好的新产品构思是新产品开发成功的关键。企业通常可从企业内部和企业外部寻找新产品构思的来源。公司内部人员包括：研究开发人员、市场营销人员、高层管理者及其他部门人员。这些人员与产品的直接接触程度各不相同，但他们总的共同点便是都熟悉公司业务的某一个或某几个方面。对公司提供的产品较外人有更多的了解与关注，因而往往能针对产品的优缺点提出改进或创新产品的构思。企业可寻找的外部构思来源有：顾客、中间商、竞争对手、企业外的研究和发明人员、咨询公司和营销调研公司等。

2. 构思筛选

新产品构思筛选是采用适当的评价系统及科学的评价方法对各种构思进行分析比较，从中把最有希望的设想挑选出来的一个过滤过程。在这个过程中，力争做到除去亏损最大和必定亏损的新产品构思，选出潜在盈利大的新产品构思。构思筛选的主要方法是建立一系列评价模型。评价模型一般包括：评价因素、评价等级、权重和评价人员。其中确定合理的评价因素和给每个因素确定适当的权重是评价模型是否科学的关键。

3. 新产品概念的发展和测试

新产品构思是企业创新者希望提供给市场的一些可能新产品的设想，新产品设想只是为新产品开发指明了方向，必须把新产品构思转化为新产品概念才能真正指导新产品的开发。新产品概念是企业从消费者的角度对产品构思进行的详尽描述，即将新产品构思进行具体化，描述出产品的性能、具体用途、形状、优点、外形、价格、名称以及提供给消费者的利益等，让消费者能一目了然地识别出新产品的特征。因为消费者不是购买新产品构思，而是购买新产品概念。新产品概念形成的过程亦即把粗略的产品构思转化为详细的产品概念。任何一种产品构思都可转化为几种产品概念。新产品概念的形成来源于针对新产品构思提出问题的回答，一般通过对以下三个问题的回答，可形成不同的新产品概念。即：谁使用该产品？该产品提供的主要利益是什么？该产品适用于什么场合？

4. 制定营销战略计划

对已经形成的新产品概念制定营销战略计划是新产品开发过程的一个重要阶段。该计划将在以后的开发阶段中不断完善。营销战略计划包括三个部分：第一部分是描述目标市场的规模、结构和消费者行为，新产品在目标市场上的定位，市场占有率及前几年的销售额和利润目标等。第二部分是对新产品的价格策略、分销策略和第一年的营销预算进行规划。第三部分则描述预期的长期销售量和利润目标以及不同时期的营销组合。

5. 商业分析

商业分析的主要内容是对新产品概念进行财务方面的分析，即估计销售量、成本和利润，判断它是否满足企业开发新产品的目标。

6. 产品实体开发

新产品实体开发主要解决产品构思能否转化为在技术上和商业上可行的产品这一问题。它是通过对新产品实体的设计、试制、测试和鉴定来完成的。根据美国科学基金会调查，新产品开发过程中的产品实体开发阶段所需的投资和时间分别占开发总费用的30%、总时间的40%，且技术要求很高，是最具挑战性的一个阶段。

7. 新产品试销

新产品市场试销的目的是对新产品正式上市前所做的最后一次测试，且该次测试的评价者是消费者的货币选票。通过市场试销将新产品投放到有代表性地区的小范围的目标市场进行测试，企业才能真正了解该新产品的市场前景。市场试销是对新产品的全面检验，可为新产品是否全面上市提供全面、系统的决策依据，也为新产品的改进和市场营销策略的完善提供启示，有许多新产品是通过试销改进后才取得成功的。新产品市场试销的首要问题是决定是否试销，并非所有的新产品都要经过试销，可根据新产品的特点及试销对新产品的利弊分析来决定。如果决定试销，接下来是对试销市场的选择，所选择的试销市场在广告、分销、竞争和产品使用等方面要尽可能地接近新产品最终要进入的目标市场。其次是对试销技术的选择，常用的消费品试销技术有：销售波测试、模拟测试、控制性试销及试验市场试销。工业品常用的试销方法是产品使用测试，或通过商业展览会介绍新产品。然后是对新产品试销过程进行控制，对促销宣传效果、试销成本、试销计划的目标和试销时间的控制是试销人员必须把握的重点。最后是对试销信息资料的收集和分析。如消费者的试用率与重购率，竞争者对新产品的反应，消费者对新产品性能、包装、价格、分销渠道和促销发生等的反应。

8. 商业化

新产品的商业化阶段的营销运作，企业应在以下几方面慎重决策：何时推出新产品？针对竞争者的产品而言，有三种时机选择，即首先进入、平行进入和后期进入。何地推出新产品？如何推出新产品？企业必须制定详细的新产品上市的营销计划，包括营销组合策略、营销预算、营销活动的组织和控制等。

五、新产品的采用与推广

新产品的采用过程是潜在消费者任何认识、试用和采用或拒绝新产品的过程。从潜在消费者发展到采用者要经历五个阶段：知晓、兴趣、评价、试用和正式采用。营销人员应仔细研究各个阶段的不同特点，采取相应的营销策略，引导消费者尽快完成采用过程的中间阶段。新产品的采用者分为五种类型：创新者、早期采用者、早期多数、晚期多数和落伍者。新产品推广速度快慢的主要原因取决于目标市场消费者和新产品特征。五种类型采用者价值导向的不同，导致他们对新产品采用不同的态度，对新产品的采用和推广速度快慢起作重要作用。新产品的相对优势、相容性、复杂性、可试用性及可传播性将会在很大程度上影响新产品的采用和推广。

六、新产品扩散过程

所谓新产品扩散，是指新产品上市后随着时间的推移不断地被越来越多的消费者所采用的过程。也就是说，新产品上市后逐渐地扩张到其潜在市场的各个部分。扩散与采用的区别，仅仅在于看问题的角度不同。采用过程是从微观角度考察消费者个人由接受创新产品成为重复购买者的各个心理阶段，而扩散过程则是从宏观角度分析创新产品如何在市场上传播并被市场所采用的更为广泛的问题。

1. 新产品采用者的类型

在新产品的市场扩散过程中，由于个人性格、文化背景、受教育程度和社会地位等因素的影响，不同的消费者对新产品接受程度的快慢不同。罗杰斯根据这种接受程度快慢的差异，把采用者划分为五种类型，即创新采用者、早期采用者、早期大众、晚期大众和落后采用者。

（1）创新采用者

该类采用这处于距离平均采用时间两个标准差以左的区域内，占全部潜在采用者的2.5%。任何新产品都是少数创新者首先使用。

因此，它们具有以下特征：①极富冒险精神；②收入水平、社会地位和受教育程度较高；③一般是年轻人，交际广泛且信息灵通。

营销人员在向市场推出新产品时，应把促销手段和传播工具集中于创新者身上。如果它们采用效果较好，就会大肆宣传，影响到后面的使用者。不过，找出创新采用者并非易事，因为很多创新者在某些方面倾向于创新，而在其他方面可能是落后采用者。

（2）早期采用者

早期采用者是第二类采用创新的群体，占全部潜在采用者的13.5%。他们大多是某个群体具有很高威信的人，受到周围朋友的拥护和爱戴。正因为如此，他们常常关注有关新产品的各种信息资料，成为某些领域的意见领袖。这类采用者影响较大，所以，他们对创新扩散有着决定性影响。

（3）早期大众

这类采用者的采用时间比平均采用时间要早，占全部潜在采用者的34%。其特征是：①深思熟虑，态度谨慎；②决策时间长；③受过一定教育；④有较好的工作环境和固定收入；⑤对意见领袖的消费行为有较强的模仿心理。

由于该类采用者和晚期采用者占全部潜在采用者的68%，因而，研究其消费心理和消费习惯对于加速创新产品扩散有着重要意义。

（4）晚期大众

这类采用者的采用时间比平均采用时间稍晚，占全部潜在采用者的34%，其基本特征是多疑。他们的信息多来自周围的朋友，很少借助宣传媒体收集所需要的信息，其受教育程度和收入状况相对较差，所以，他们从不主动采用或接受新产品，直到大多数人都采用且反映良好时才行动。显然，营销人员对这类采用者进行市场扩散是极为困难的。

（5）落后采用者

这类采用者是采用创新的落伍者，占全部潜在采用者的18%。这种比较为新产品扩散提供了重要依据，对企业营销沟通具有指导意义。

2. 新产品扩散过程管理

新产品扩散过程管理是指企业通过采取措施使新产品扩散过程符合既定营销目标的一系列活动。企业之所以能对扩散过程进行管理，是因为扩散过程除受到外部不可控制因素的影响外，还要受到企业活动的制约。企业扩散管理的目标主要有：

①导入期销售额迅速增长。

②成长期销售额快速增长。

③成熟期产品渗透最大化。

④尽可能维持一定水平的销售额。

然而，新产品扩散的实际过程却不是这样。根据产品生命周期曲线，典型的产品扩散模式通常是导入期销售额增长缓慢，成长期的增长率也较低，而且，产品进入成熟期一段不长的时间后，销售额就开始下降。为了使产品扩散过程达到其管理目标，就要求企业营销管理部门采取如下的一些措施和策略。

① 实现迅速起飞，需要：A. 派出销售队伍，主动加强推销；B. 开展广告攻势，使目标市场很快熟悉新产品；C. 开产促销活动，鼓励消费者试用新产品。

② 实现快速增长，需要：A. 保证产品质量，促进口头沟通；B. 继续加强广告攻势，影响后期采用者；C. 推销人员向中间商提供各种支持；D. 创造性地运用促销手段使消费者重复购买。

③ 实现渗透最大化，需要 A. 继续采用快速增长的各种策略；B. 更新产品设计和广告策略，以适应后期采用者的需要。

④ 要想长时间维持一定水平的销售额，需要：A. 使处于衰退期的产品继续满足市场需要；B. 扩散分销渠道；C. 加强广告推销。

3. 意见领袖和口头传播的影响

我们在前面提出，扩散过程就是创新产品不断地被更多消费者采用的过程。对于企业而言，它总是希望产品扩散越快越好，消费者接受得越快越好，因此，缩短消费者由不熟悉新产品到采用新产品所花费的时间就成为企业营销的目标之一。前面对采用和扩散过程的分析程度不同程度地解决了这个问题，这里再从信息沟通的角度进行研究。

（1）信息沟通与新产品扩散

新产品常常是从宣传媒体传递到意见领袖，然后再从意见领袖流向追随者，追随者受意见领袖的影响力远远超过宣传媒体的影响，这叫作两级流动模型。在这里，宣传媒体是主要的信息源，追随者是受众，而意见领袖则对信息受众接受信息有重要作用，他们依靠自身的威信和所处的位置加速了信息的流动。

（2）意见领袖的作用

在新产品扩散过程中，意见领袖具有以下作用：①告知他人有关新产品的信息；②提供建议意见以减轻别人的购买风险；③向购买者提供积极的反馈或证实其决策。所以，意见领袖是一个告知者、说服者和证实者。不过，意见领袖只是一个或几个消费领域的领袖，他们仅仅在这一个或几个领域施加自身的影响，离开这些领域，他们就不再是领袖，也就没有影响了。

（3）意见领袖与其追随者

每一个社会阶层都有意见领袖。大多数情况下，信息是在每一个阶层内水平流动而不是在阶层之间垂直流动。意见领袖同其追随者有着显著不同的特征：①意见领袖交际广泛，同宣传媒体和各种交易中间商联系紧密；②意见领袖容易被接触，并有机会、有能力影响他人；③具有略高于其追随者的社会经济地位，但不能高出太多，否则，就难以沟通；④乐于创新，尤其是在整个社会倡导革新的时候。

4. 扩散理论及其在营销领域的应用

（1）创新扩散

扩散过程由四个要素组成：创新、传播渠道、时间和社会系统。作为传播理论的一个分支，扩散理论的焦点在于传播渠道，即有关创新的信息在社会系统内进行多次传播的途径。传播渠道有两种，即大众传播媒体和人际传播。

（2）巴斯模型

20 世纪 60 年代扩散模型被引入营销领域以来，从事消费者行为研究的学者开始将来自一般领域的各种切合实际的假设引入消费者行为研究；从事管理学研究的学者注意把各种假设应用于旨在发掘更多创新采用者的新产品开发策略。学者的努力，又都是以 1969 年弗兰克·巴斯（FrankM. Bass）提出的新产品成长模型为基础的巴斯模型及其修正形式来预测零售服务业中的创新扩散以及工业技术、农业、教育、医药和耐用消费品等市场的创新扩散。

第 4 节　汽车品牌、商标与包装策略

一、品牌与商标的含义

1. 品牌

所谓品牌，也就是产品的牌子。它是销售者给自己的产品规定的商业名称，通常由文字、标记、符号、图案和颜色等要素或这些要素的组合构成，用作一个销售者或销售集团的标志，以便同竞争者的产品相区别。品牌是一个集合概念，包括品牌名称、品牌标志、商标。品牌名称是指品牌中可以用语言称呼的部分。品牌标志是指品牌中可以被认出，但不能用言语称呼的部分。

（1）品牌的整体含义

品牌实质上代表着卖者对交付给买者的产品特征、利益和服务的一贯性的承诺。最佳品牌不仅是质量的保证，而且品牌还是一个更复杂的象征。品牌的整体含义可分为六个层次：

① 属性。品牌首先使人们想到某种属性，因此，"奔驰"意味着昂贵、做工精湛、马力强大、高贵、转卖价值高、速度快等。公司可以采用一种或几种属性为汽车做广告。多年来，"奔驰"的广告一直强调奔驰是"世界上工艺最佳的汽车"。

② 利益。品牌不只意味着一整套属性。顾客不是在买属性，他们买的是利益。属性需要转化成功能性或情感性的利益。耐久的属性可以转化为功能性的利益："多年内我不需要买一辆新车。"昂贵的属性可以转化为情感性的利益："这辆车让我感觉到自己很重要并受人尊重。"制作精良的属性可以转化为功能性和情感性利益："一旦出事时我很安全。"

③ 价值。品牌表明生产者的某些价值。因此"奔驰"代表着高绩效、安全、声望及其他的东西。品牌的销售人员必须分辨出对这些价值感兴趣的买者群体。

④ 文化。品牌可能代表着一种文化。"奔驰"汽车代表着德国文化：组织严密、高效率和高质量。

⑤ 个性。品牌反映着一定的个性，如果品牌是一个人、动物或物体的名字，会使人们想到什么呢？"奔驰"可能会让人想到一位严谨的老板或一只猛狮。

⑥ 用户。品牌暗示了购买或使用产品的消费者类型。如果我们看到一位 20 来岁的秘书开着一辆"奔驰"时会感到很吃惊。我们更愿意看到开车的是一位 55 岁的高级经理。

所有这些都说明品牌是一个复杂的符号。如果公司只把品牌当成一个名字，那就忽视了品牌化的要点。品牌化的挑战在于制订一整套品牌含义。当人们可以识别品牌的六个方面时，我们称之为深度品牌；否则，它只是一个肤浅品牌。"奔驰"是一个深度品牌，因为我

们能从六个方面理解它。

了解了六个层次的品牌含义，营销人员必须决定品牌特性的深度层次。人们常犯的错误是只注重品牌属性，但购买者更重视品牌利益而不是属性，而且竞争者很容易模仿这些属性。另外，现有属性在未来会变得没有价值，品牌与特定属性联系得太紧密反而会伤害品牌。

但是，只强调品牌的一项或几项利益也是有风险的。假如"奔驰"汽车只强调其"性能优良"，其他竞争者可能推出性能更优良的汽车，或者顾客可能认为性能优良的重要性比其他利益要差一些，此时"奔驰"需要调整到一种新的利益定位。

品牌最持久的含义是其价值、文化和个性，它们构成了品牌的实质。"奔驰"代表着"高技术、杰出表现和成功"等，奔驰公司必须在其品牌策略中反映出这些东西。如果奔驰公司以"奔驰"的名称推出一种新的廉价小汽车，那将是一个错误，因为这将会严重削弱奔驰公司多年来苦心经营的品牌价值和个性。

（2）品牌资产

品牌是一种资产，企业应重视品牌资产的思想可以追溯到 20 世纪 60 年代。例如，迪安（J. Dean）早在 1966 年就曾提出广告是一种品牌投资，应该纳入长期资本预算。但是，直到 20 世纪 80 年代，品牌资产问题才开始引起西方学术界和企业界的重视。1988 年，美国营销科学学会（MSI）将品牌资产问题列为其研究重点，进一步推动了营销学界在该领域的研究活动。目前，在西方，品牌资产问题的研究方兴未艾，成为营销领域的热门课题之一。

按照美国加利福尼亚大学营销学教授戴维．艾克（David A. Aaker）所做的权威定义，品牌资产是指与品牌的名字与象征相联系的资产（或负债）的集合，它能够使通过产品或服务所提供给顾客（用户）的价值增大（或减少）。品牌资产从消费者的角度来分析是指品牌随着产品的出售而带给购买者的附加利益的大小。从企业的角度来看，品牌资产即是品牌的竞争力。

构筑品牌资产的五大元素是：品牌忠诚（Brand Loyalty）、品牌知名度（Brand Awareness）、感知品质（Perceived Brand Quality）、品牌联想（Brand Association）和其他独有资产。

在中国汽车市场发育和发展的过程中，品牌的概念正在受到越来越多的关注。但是，对许多汽车经营者来说，品牌概念又是十分模糊的，他们往往十分重视企业形象的塑造，重视产品的促销，而忽视了品牌的价值和作用。就一个企业而言，企业形象处于第一层次，品牌形象处于第二层次，产品形象处于第三层次。一个品牌必须存在于企业中，必须依托在有形的产品（服务）上，但是，这个品牌又可以独立于它所代表的企业之外，独立于它所依托的产品之外。因为企业可以被兼并、联合或重组，也可能破产倒闭，产品可以换型或更新，但品牌的价值却是永恒的，是不断增值的。同一个产品，换一块牌子就可以身价百倍，这充分说明了品牌的重要价值。"兰博基尼"跑车无论在被德国大众公司收购前还是收购后，品牌形象的核心价值并没有因为企业间的购并而发生改变。因此，开发、塑造和管理品牌，是企业形象的根本，是产品价值人格化的体现。

对汽车中具有强烈个性的轿车而言，品牌意味着市场定位，意味着产品质量、性能、技术、装备和服务等的价值，它最终体现了企业的经营理念。品牌形象来源于消费者对它的认同，是"正加正"的价值链而不是"正加负"的扁值链。这种价值链受人们"口碑传播"

和"使用效果"的双重驱动。如果不建立起消费者沟通的渠道，就不能取得消费者的信任，品牌价值就等于零。

品牌是有灵魂、有个性的，是有环境特征的，是活生生的。品牌形象的核心和归宿是用户满意度。用户满意度最大的直接驱动力来源于对产品使用效果满意的程度，来源于产品的价值定位和由此生成的物超所值的感受，正是这些因素促使企业不断开发新的产品，不断提高技术装备的科技含量，不断降低成本，换句话说就是不断地技术进步。轿车不同于一般的商品，它具有高价格、重复使用和多次投入的特点。因此，用户满意度的另一个更重要的驱动因素是营销体系的服务水平和功能多样化，也就是说，经销商是品牌塑造的具体体现者，不能仅仅具备产品售卖并取得利益这样的单一功能，还应该具备市场开发、备件供应、维修保养、车辆美容、保险上牌、融资租赁、分期付款、旧车整备再交易和信息反馈等许多功能。营销渠道是构筑品牌直接同用户沟通的桥梁，是提高用户满意度的重要领域。

传统的营销体系不可能提高用户的满意度和塑造品牌形象，因为它们是横向的、多元的、非整合的。就经销商而言，无品牌或多品牌销售的结果必然是向横向发展，功能单一化，延伸到其他经营领域经营，这样一来，风险大，难管理，无形象。

汽车品牌营销的重要性是由品牌的价值链决定的，它引导经销商必须向纵深发展，通过多功能一体化和整合的服务来创造更多的价值和利益。对整车企业来说，品牌营销，有利于集中人力和精力研究市场、开拓市场，有利于规划、发展和管理营销网络，有利于增加经销商的服务功能，有利于市场同产品开发和生产的衔接和配合，有利于对市场进行前瞻性的规划，有利于制订灵活的营销政策，等等。它可以稳定市场、开发市场，可以划分区域、控制价格，可以使经销商成为市场竞争的有力帮手。

目前，别克、本田、奥迪的营销网络正在向纵深发展。它们的基本特征是经销商经营上具有排他性，也就是专营特定品牌的产品，经销商具有独立或相对独立的法人地位，具备独立财务核算功能，多功能一体化，统一形象，整个网络体系呈现扁平结构，直接面向终级用户销售等。

中国汽车流通体制大致经历了四个发展阶段：

第一阶段是计划经济时期（1953—1979年），这一时期的基本特征是汽车市场管理的高度集权。国家对汽车资源进行集中统一分配。

第二阶段是双轨制时期（1979—1985年），汽车的产销管理权转入指导性计划和市场调节相结合的运行体制，资源配置实行"国家调节市场、市场指导企业"的模式。

第三阶段是市场化时期（1985—1997年），企业逐步成为市场化的生产经营者，市场需求呈现区域性，买方市场开始出现。这一阶段又分为两个时期，前期是轿车卖方市场，后期是买方市场。

以上三个阶段的最本质特征都是无品牌经营，特别是市场化时期，经销商多，机构不独立，账目不清，功能单一，市场混乱，层层批发，市场坚挺时一哄而起，争夺资源，市场疲软时，压价竞争。

第四个阶段是向品牌经营过渡时期（1997年至今），中国轿车市场开始进入品牌经营的起步阶段，特别是1999年以上海通用别克、广州本田雅阁和一汽大众奥迪等品牌入市后营销体制的建设为标志，中国轿车市场加快了品牌营销的发展步伐。它们对经销商网络实施了从外观形象到内部布局、从硬件投入到软件管理、售前售中售后等一系列服务程序，都有统一的规范、统一的标志、统一的形象、统一的管理并实施严格的培训。品牌经营不仅可以规范市场秩序，强化市场管理，避免过度或恶性竞争，更重要的是树立了品牌形象。

一汽集团公司是我国最大的汽车生产企业之一。1997 年，将捷达轿车作为试点，开始了品牌营销的尝试。尝到甜头之后，红旗、解放和奥迪也相继开始品牌营销，取得了很好的成效。以捷达轿车为例，在实施品牌经营以前的 5 年间，年均销售量始终在 1 万辆到 2 万辆之间徘徊，1997 年成立一汽大众销售公司以后，当年就超过 4 万辆，之后，每年以 2 万辆的速度增加，1999 年 1 月~10 月，已经销售捷达轿车 62 896 辆，市场占有率达到 13.51%，而 1997 年品牌经营前的市场占有率只有 5% 左右。尤其是这几年，正是轿车市场彻底转入买方市场、竞争日益激烈的时候，取得这样的成绩更加不易，可见品牌营销的巨大作用。

当然，一汽集团公司的品牌经营还处于起步阶段，在发展过程中还存在各种历史的包袱以及诸多矛盾和问题，这是今后必须克服的困难。对捷达轿车来说，经营商网络的品牌营销才刚刚开始，今后要走的路还很长。

我国汽车工业面临跨世纪的挑战，轿车市场在不断地分化与嬗变之中。构造一个以品牌营销为核心的汽车流通框架体系，是跨世纪中国汽车市场营销的基本模式和必然选择。品牌经营的基础是建立起新型的工贸关系，使工贸之间形成一个适度分工的定位，演变成在整车企业领导下金融机构参与的以品牌营销为核心的流通体制。工贸之间应该是一对咬合十分紧密的齿轮，整车企业是主动轮，而经销商是从动轮，它应该在主动轮的带动下稳定和谐地运转。

2. 商标

企业在政府有关主管部门注册登记以后，就享有使用某个品牌名称和品牌标志的专用权，这个品牌名称和品牌标志受到法律保护，其他任何企业都不得仿效使用。因此，商标实质上是一种法律名词，是指已获得专用权并受法律保护的一个品牌或一个品牌的一部分。商标是企业的无形资产，驰名标志更是企业的巨大财富。

（1）注册商标与非注册商标

我国习惯上对一切品牌无论其注册与否，统称商标，实际上另有"注册商标"与"非注册商标"之分。《中华人民共和国商标法》规定，注册商标是指受法律保护、所有者享受专用权的商标。非注册商标是指未办理注册手续、不受法律保护的商标。国家规定必须使用注册商标的商品，必须申请商标注册，未经核准注册的，不得在市场上销售。商标使用人应对其使用商标的商品质量负责，制止欺骗消费者的行为。

（2）产品命名的基本要求

一般来说，一个好的名称，从形式上应具有如下特性：

① 独特性。独特性是指容易辨识并能够与其他企业或商品的名称相区别。

② 简洁性。简洁性是指简洁明快的名称可降低商品标记的成本，并便于写成醒目的文字做广告宣传。

③ 便利性。便利性是指名称应易拼、易读、易记。

从内容上说，产品命名不但要符合销售地点的法律法规的要求，还要符合当地的风俗习惯，以赢得目标市场中消费群体的喜爱，所以，产品命名之前，还得学点民俗学。例如，日本人忌讳用荷花作为商标图案，意大利人最忌用菊花作为商品的商标，英国人忌讳用人像作为商品商标装潢，北非一些国家忌讳用狗作为商标，国际上都把三角形作为警告性标志，捷克人认为红三角是有毒的标志，仙鹤在法国人眼里是蠢汉的象征，核桃则被认为是不祥之物。

二、品牌与商标策略

企业经常采取的品牌与商标策略有如下七种：

1. 品牌有无策略

一般来讲，现代企业都建立有自己的品牌和商标。虽然这会使企业增加成本费用，但也可以使卖主得到以下好处：

① 便于管理订货。

② 有助于企业细分市场。

③ 有助于树立良好的企业形象。

④ 有利于吸引更多的品牌忠诚者。

⑤ 注册商标可使企业的产品特色得到法律保护，防止别人模仿、抄袭。

许多企业对其产品不规定品牌名称和品牌标志，也不向政府注册登记，实行非品牌化。这种产品叫无牌产品。所谓无牌产品，是指在超级市场上出售的无品牌、包装简易且价格便宜的普通产品。企业推出无牌产品的主要目的是节省包装、广告等费用，降低价格，扩大销售。一般来讲，无牌产品使用质量较差的原料，而且其包装、广告、标贴的费用都较低。

2. 品牌使用者策略

企业有三种可供选择的策略，即：企业可以决定使用自己的品牌，这种品牌叫作企业品牌、生产者品牌、全国性品牌；企业也可以决定将其产品大批量地卖给中间商，中间商再用自己的品牌将物品转卖出去，这种品牌叫作中间商品牌、自有品牌；企业还可以决定有些产品用自己的品牌，有些产品用中间商的品牌。

（1）使用中间商品牌的利弊

目前，中间商品牌已经变成品牌竞争的一个重要因素。中间商使用自己的自有品牌，会带来一些问题。例如：①中间商必须花很多钱做广告，大肆宣传其品牌；②中间商必须大批量订货，因而必须将大量资金占压在商品库存上，并且需要承担一些风险。但是，中间商使用自己的品牌又可带来种种利益。例如：①可以更好地控制价格，并且可以在某种程度上控制供应商（因为中间商可以用更换供应商来威胁企业）；②进货成本较低，因而销售价格较低，竞争力较强，可以得到较高利润。因此，越来越多的中间商特别是大批发商、大零售商都使用自己的品牌。

（2）品牌战

在现代市场经济条件下，企业品牌和中间商品牌之间经常展开激烈竞争，这就是所谓的品牌战。在这种对抗中，中间商有许多优势。例如：①零售商业的营业面积有限，因此，许多企业特别是新企业和小企业难以用其品牌打入零售市场；②虽然消费者都知道，以自有品牌出售的商品通常都是大企业的产品，但是，由于中间商特别注意保持其自有品牌的质量，仍能赢得消费者的信任；③中间商品牌的价格通常定得比企业品牌低，因此，能迎合许多计较价格高低的顾客，特别是在通货膨胀时期；④大零售商把自己的品牌陈列在商店醒目的地方，而且妥善储备，由于这些原因，企业品牌昔日的那种优势正在削弱。

（3）品牌阶梯与品牌均势

十几年来，在消费者心中，一直存在着品牌阶梯的观念，即自己最偏好的品牌位于阶梯的最上层，随着偏好程度的递减，各个品牌的阶层依次降低。现在，人们的集体观念越来越趋于淡化，取而代之的是品牌均势观念，即在消费者看来，所有品牌都是一样的，他们愿意购买本周正在出售的任何可接受的品牌。消费者可能看不出飘柔香波与花王诗芬香波等有什么差异。消费者越来越受到明智消费的压力，对产品质量、价格和价值等非常敏感。无休止的品牌扩展和产品线扩展，混淆了不同品牌的差异。降价券和特价造就了一代关注价格的新型消费者。商店品牌不断改进质量，并通过其连锁店系统增强了消费者的信任度，从而对制造商品牌构成了一大挑战。

3．品牌统分策略

如果企业决定其大部分或全部产品都使用自己的品牌，那么还要进一步决定其产品是分别使用不同的品牌，还是统一使用一个或几个品牌。这就是说，在这个问题上有四种可供选择的策略：

（1）个性品牌

个性品牌是指企业各种不同的产品分别使用不同的品牌。其好处主要是：①企业的整个声誉不至于受其某种商品的声誉的影响。例如，如果墨鸦企业的某种产品失败了，不致给这家企业的脸上抹黑（因为这种产品用自己的品牌名称）；②某企业原来一向生产某种高档产品，后来推出较低档的产品，如果这种新产品使用自己的品牌，也不会影响这家企业的名牌产品的声誉。

（2）统一品牌

统一品牌是指企业所有的产品都统一使用一个品牌名称。例如，美国通用电气公司的所有产品都统一使用"CE"这个品牌名称。企业采取统一品牌名称的主要好处是：①企业宣传介绍新产品的费用开支较低；②如果企业的名声好，其产品必然畅销。

（3）分类品牌

分类品牌是指企业的各类产品分别命名，一类产品使用一个牌子。西尔斯·罗巴克公司就曾采取这种策略，它所经营的器具类产品、妇女服装类产品、主要家庭设备类产品分别使用不同的品牌名称。这主要是因为：①企业生产或销售许多不同类型的产品，如果都统一使用一个品牌，这些不同类型的产品就容易互相混淆。例如，美国斯维夫特公司同时生产火腿和化肥，这是两种截然不同的产品，需要使用不同的品牌名称，以免互相混淆。②有些企业虽然生活或销售同一类型的产品，但是，为了区别不同质量水平的产品，往往也分别使用不同的品牌名称。例如，我国最大的现代化皮鞋生产企业森大集团将高档男鞋的品牌定为"法雷诺"，高档女鞋为"梵诗蒂娜"，都市前卫男鞋为"百思图"，都市前卫女鞋为"亚布迪"，工薪族男女鞋为"好人缘"。2002 年，森达皮鞋的日常占有率达 31%，其中，"百思图"进入全国皮鞋品牌前 10 名，"好人缘"销售 100 万双，"梵诗蒂娜"占据了国内 95% 的高档主流商场。

（4）企业名称加个别品牌

这种策略是指企业对其不同的产品分别使用不同的品牌，而且各种产品的品牌前面还冠以企业名称。例如，美国凯洛格公司就采取这种策略，推出"凯洛格米饼""凯洛格葡萄干"。企业采取这种策略的好处主要是：在各种不同新产品的品牌名称前冠以企业名称，可以使新产品合法化，能够享受奇特的信誉，而各种不同的新产品分别使用不同的品牌名称，又可以使各种不同的新产品有不同的特色。

4. 品牌扩展策略

品牌扩展策略是指企业利用其成功品牌名称的声誉来推出改良产品或新产品，包括推出新的包装规格、香味和式样等。例如，美国桂格麦片公司成功地推出桂格超脆麦片后，又利用这个品牌及其图样特征，推出雪糕和运动衫等新产品。显然，如果不利用桂格超脆麦片这个成功的品牌名称，这些新产品就不能很快地打入市场。企业采取这种策略，可以节省宣传介绍新产品的费用，使新产品能迅速、顺利地打入市场。

此外，还有一种品牌扩展，即企业在其耐用品类的低档产品中增加一种式样非常简单的产品，以宣传其品牌中各种产品的基价很低。

5. 多品牌策略

多品牌策略是指企业同时经营两种以上互相竞争的品牌。这种策略由宝洁公司首创。传统的营销理论认为，第一品牌延伸能使企业降低成本，易于被顾客接受，便于企业形象的统一。宝洁公司认为，单一品牌并非万全之策。因为一种品牌树立之后，容易在消费者当中形成固定的印象，不利于产品的延伸，尤其像宝洁公司这样横跨多种行业、拥有多种产品的企业更是如此。假设宝洁公司的洗发水只用"海飞丝"一个品牌，就会在消费者心中造成"海飞丝"一个品牌，如果再用"海飞丝"一个品牌就会在消费者心中造成"海飞丝"就是洗发水印象，如果再用"海飞丝"去开辟其他种类的产品，就不易被顾客接受。

一般来说，企业采取多种品牌策略的主要原因是：

① 多种不同的品牌只要被零售商店接受，就可占用更大的货架面积，而竞争者所占用的货架面积当然会相应减小。上海家化的"美加净""百爱神""六神""明星"等品牌的洗发水，在抢占货架面积方面就取得了理想的效果。

② 多种不同的品牌可吸引更多顾客，提高市场占有率。这是因为：一贯忠诚于某一品牌而不考虑其他品牌的消费者是很少的，大多数消费者都是品牌转换者。发展多种不同的品牌，才能赢得这些品牌转换者。

③ 发展多种不同的品牌有助于在企业内部各个产品部门、产品经理之间开展竞争，提高效率。

④ 发展多种不同的品牌可使企业深入到各个不同的市场部分，占领更大的市场。

6. 品牌重新定位策略

某一个品牌在市场上的最初定位即使很好，随着时间的推移也必须重新定位。这主要是因为以下情况发生变化：

① 竞争者推出一个品牌，把它定位于本企业的品牌旁边，侵占了本企业的品牌的一部分

市场定位，使本企业的品牌的市场占有率下降，这种情况要求企业进行品牌重新定位。

② 有些消费者的偏好发生了变化，他们原来喜欢本企业的品牌，现在喜欢其他企业的品牌，因而市场对本企业的品牌的需求减少了，这种市场情况的变化也要求企业进行品牌重新定位。

企业在制定品牌重新定位策略时，要全面考虑两方面的因素：一方面，要全面考虑自己的品牌从一个市场部分转移到另一个市场部分的成本费用。一般来讲，重新定位距离越远，其成本费用就越高；另一方面，还要考虑把自己的品牌定在新的位置上能获得多少收入。

7. 企业形象识别系统策略

企业形象识别系统将企业经营理念与精神文化，运用整体传播系统（特别是视觉传播设计），传播给企业周围的关系或团体（包括企业内部与社会大众），并使其对企业产生一致的认同与价值观。换言之，也就是结合现代设计观念与企业管理理论的整体性运作，以展现企业个性，突出企业精神，使消费者产生深刻的认同感，从而达到促销目的的一种设计。它由以下三个方面的因素构成：经营理念识别、经营活动识别和整体视觉识别。企业形象识别系统对于树立企业形象、创立品牌和做好品牌定位具有重要意义。

三、包装策略

1. 包装的含义

大多数物质产品在从生产领域流转到消费领域的过程中，都需要有适当的包装。包装工作是整个商品生产的一个重要组成部分。所谓包装工作，就是企业的某些人员对某种产品的容器或包装物的设计和制造活动。

营销学认为，产品包装一般包括以下三个部分：

① 首要包装。即产品的直接的包装，如牙膏皮、啤酒瓶都是这种包装。

② 次要包装。即保护首要包装的包装物，如包装一定数量的牙膏的纸盒或纸板箱。

③ 装运包装。即为了便于储运、识别某些产品的外包装。

此外，在产品包装上还有标签，这是为了说明产品而贴在产品上的招贴或印在产品包装上的文字、图案等。在标签上一般都印有包装内容和产品所包含的主要成分、品牌标志、产品质量等级、生产厂家、生产日期和有效期、使用方法等，有些标签上还印有彩色图案或实物照片，以促进销售。

2. 产品包装的作用

做好产品包装，对企业营销可起到如下作用：

① 保护产品。良好的包装可以使产品在营销管理过程中，在消费者保存期间，不致损坏、变质、散落，保护产品的使用价值。

② 促进销售。特别是在实行顾客自我服务的情况下，更需要利用产品包装来向广大顾客宣传介绍产品，吸引顾客的注意力。商品包装装潢已成为提高营销绩效的一个重要手段。

③ 提高价值。由于收入水平和生活水平的提高，消费者一般愿意为良好包装带来的方便、美感、可靠性和声望多付些钱。所以，良好的包装不仅可以促进销售，而且还可以提高

产品的附加价值。

3. 包装策略

良好的包装只有同包装策略结合起来才能发挥应有的作用。可供企业选择的包装策略有以下七种：

① 相似包装策略。相似包装策略是指企业生产的各种产品，在包装上采用相似的图案、颜色，体现共同的特征。

② 差异包装策略。差异包装策略是指企业的各种产品都有自己独特的包装，在设计上采用不同的风格、色调和材料。

③ 相关包装策略。相关包装策略是指将多种相关的产品配套放在同一包装物内出售。

④ 复用包装策略或多用途包装策略。复用包装策略或多用途包装策略是指包装内产品用过之后，包装物本身还可做其他用途使用，如奶粉包装铁盒。

⑤ 分等级包装策略。分等级包装策略是指对同一种商品采用不同等级的包装，以适应不同的购买力水平，如送礼商品和自用商品采用不同档次的包装。

⑥ 附赠品包装策略。附赠品包装策略是指在包装上或包装内附赠奖券或实物，以吸引消费者购买。

⑦ 改变包装策略。改变包装策略是指当某种产品销路不畅或长期使用一种包装时，企业可以改变包装设计和包装材料，使用新的包装。

思考与练习

1. 汽车产品策略有哪些内容？你怎么理解？
2. 从产品策略角度，试分析丰田汽车和大众汽车的成功之处。

第6章 汽车定价策略

【本章教学要点】

知识要点	掌握程度	相关知识
汽车价格基本知识	掌握汽车价格基本知识	汽车价格，影响汽车价格的因素
汽车定价的目标与程序	掌握汽车定价的目标与程序	利润导向、市场导向、质量导向、竞争导向、生存导向
汽车定价的方法	掌握汽车定价的方法	成本导向定价法、需求导向定价法、竞争导向定价法
汽车定价的策略	了解汽车定价的策略	新产品定价策略，折扣、折让定价策略等

导入案例

雅阁汽车的价格策略

广州本田汽车有限公司是在原广州标致废墟上建立起来的，成立于1998年7月1日。1999年3月26日，第六代新雅阁下线，当年就销售了1万辆。雅阁推出的当年，市场炒车成风，最高时加价达6万元以上，成为当年最畅销的中高档车。2002年3月1日，第10万辆广州本田雅阁下线，标志着广州本田完全跻身国内中高档汽车名牌企业行列。2004年初广州本田已经达到了年产汽车24万辆的产能规模。目前，广州本田生产和销售的车型有4款：雅阁、奥德赛、三厢飞度和两厢飞度。对于中国市场来说，广州本田雅阁的价格策略也显得高人一筹，在产品长期供不应求的情况下施放"价格炸弹"反映了厂家的长远眼光。雅阁刚上市时国产化率是40%，经过几年经营国产化率上升到60%，2003北美版新雅阁上市时提升到了70%，降低了进口件成本；建厂时广州本田的生产规模是3万量，2001年达到5万辆生产规模。到了2002年，提升为11万辆，规模带来了平均成本的降低，同年完成12万辆产能改造。2003年，北美版新雅阁（第七代雅阁）的上市终结了中国中档轿车市场相安无事高价惜售的默契，它的定价几乎给当年所有国产新车的定价建立了新标准，使我国车市的价格也呈现出整体下挫的趋势。随之而来的是持续至今的价格不断向下碾压与市场持续井喷。

第 1 节　汽车价格概述

　　汽车价格是汽车市场营销中的一个极其重要的因素，它在很大程度上决定了市场营销组合的其他因素。汽车价格的变动直接、间接地影响着汽车市场对其接受程度，影响消费者的购买行为，同时也影响着汽车生产企业盈利目标的实现。因此，汽车定价策略是汽车市场竞争的主要手段之一。汽车的定价策略既要有利于促进销售、获取利润以及补偿成本，同时又要考虑汽车消费者对价格的接受能力，从而使汽车定价具有了买卖双方双向决策的特征。

　　从经济学观点看，价格是严肃的，价格是商品价值的货币表现，不能随意变动。但从汽车市场营销的角度看，汽车价格是活跃的，汽车价格要对汽车市场变化做出灵活的反应，要以汽车消费者是否愿意接受为出发点。

一、汽车价格的构成

　　汽车价值决定汽车价格，汽车价格是汽车价值的货币表现。但在现实汽车市场营销中，由于受汽车市场供应等因素的影响，汽车价格表现得异常活泼，价格时常同价值的运动表现不一致：有时价格高于价值，有时价格低于价值。在价格形态上的汽车价值转化为汽车价格构成的四个要素：汽车生产成本、汽车流通费用、国家税金和汽车企业利润。

1. 汽车生产成本
它是汽车价值的重要组成部分，也是制定汽车价格的重要依据。

2. 汽车流通费用
它是发生在汽车从汽车生产企业向最终消费者移动过程各个环节之中的，并与汽车移动的时间和距离相关，因此它是正确制定同种汽车差价的基础。

3. 国家税金
它是汽车价格的构成因素。国家通过法令规定汽车的税率，并进行征收。税率的高低直接影响汽车的价格。

4. 汽车企业利润
它是汽车生产者和汽车经销者为社会创造和占有的价值的表现形态，是汽车价格的构成因素，是企业扩大再生产的重要资金来源。

　　从汽车市场营销角度来看，汽车价格的具体构成为：

　　汽车生产成本＋税金＋汽车生产企业利润（汽车出厂价格）＋汽车批发流通费用＋汽车批发企业的利税（汽车批发价格）＋汽车零售部门费用＋汽车零售部门利税（汽车零售价格）。

二、影响汽车价格的因素

汽车价格的高低，主要是由汽车中包含的价值量的大小决定的。但是，从市场营销角度来看，汽车的价格除了受价值量的影响之外，还要受以下八种因素的影响和制约。

1. 汽车成本

汽车在生产与流通过程中要耗费一定数量的物化劳动和活劳动，并构成汽车的成本。成本是影响汽车价格的实体因素。汽车成本包括汽车生产成本、汽车销售成本和汽车储运成本。汽车企业为了保证再生产的实现，通过市场销售，既要收回汽车成本，同时也要形成一定的盈利。

2. 汽车消费者需求

汽车消费者的需求对汽车定价的影响，主要通过汽车消费者的需求能力、需求强度和需求层次反映出来。汽车定价要考虑汽车价格是否适应汽车消费者的需求能力；需求强度是指消费者想获取某品牌汽车的程度，如果消费者对某品牌汽车的需求比较迫切，则对价格不敏感，企业在定价时，可定得高一些，反之，则应低一些；不同需求层次对汽车定价也有影响，对于能满足较高层次的汽车，其价格可定得高一些，反之，则应低一些。

3. 汽车特征

它是汽车自身构造所形成的特色，一般指汽车造型、质量、性能、服务、商标和装饰等，它能反映汽车对消费者的吸引力。汽车特征好，该汽车就有可能成为名牌汽车、时尚汽车、高档汽车，就会对消费者产生较强的吸引力，这种汽车往往供不应求，因而在定价上占有有利的地位，其价格要比同类汽车高。

4. 竞争者行为

汽车定价是一种挑战性行为，任何一次汽车价格的制定与调整都会引起竞争者的关注，并导致竞争者采取相应的对策。在这种对抗中，竞争力量强的汽车企业有较大的定价自由，竞争力量弱的汽车企业定价的自主性就小，通常它是追随市场领先者而进行定价的。

5. 汽车市场结构

根据汽车市场的竞争程度，汽车市场结构可分为四种不同的汽车市场类型。

① 完全竞争市场，又称自由竞争市场。在这种市场里，汽车价格只受供求关系影响，不受其他因素影响。这样的市场在现实生活中是不存在的。

② 完全垄断市场，又称独占市场。这是指汽车市场完全被某个品牌或某几个品牌所垄断和控制，在现实生活中也很少见。

③ 垄断竞争市场，指既有独占倾向又有竞争成分的汽车市场。这种汽车市场比较符合现实情况，其主要特点是：同类汽车在市场上有较多的生产者，市场竞争激烈；新加入者进入汽车市场比较容易；不同企业生产的同类汽车存在着差异性，消费者对某种品牌汽车产生了偏好，垄断企业由于某种优势而产生了一定的垄断因素。

④ 寡头垄断市场。这是指某类汽车的绝大部分由少数几家汽车企业垄断的市场，它是介

于完全垄断和垄断竞争之间的一种汽车市场形式。在现实生活中，这种形式比较普遍。在这种汽车市场中，汽车的市场价格不是通过市场供求关系决定的，而是由几家大汽车企业通过协议或默契规定的。

6. 货币价值

价格是价值的货币表现。汽车价格不仅取决于汽车自身价值量的大小，而且取决于货币价值量的大小。汽车价格是汽车与货币交换的比例关系。

7. 政府干预

为了维护国家与消费者的利益，维护正常的汽车市场秩序，国家制定有关法规来约束汽车企业的定价行为。

8. 社会经济状况

一个国家或地区经济发展水平及发展速度高，人们收入水平增长快，购买力强，价格敏感性弱，有利于汽车企业较自由地为汽车定价。反之，一个国家或地区经济发展水平及发展速度低，人们收入水平增长慢，购买力弱，价格敏感性强，企业就不能自由地为汽车定价。

三、汽车价格体系

汽车价格体系，是指在国家整个汽车市场中，各种汽车价格之间相互关系的总和。从价格学的角度来看，价格体系一般分为三个分体系，即比价体系、差价体系和体现我国价格管理体制的各种价格形式体系。从汽车市场营销学的角度来看，汽车市场营销中的汽车价格体系主要指差价体系。汽车差价是指同种汽车因为购销环节、购销地区、购销季节以及汽车质量不同而形成的价格差异。

按差价形成的原因，汽车价格（差价）体系的构成为：

① 购销差价，即汽车的购进价格与销售价格之间的差额。
② 批零差价，即同一汽车产品在同一时间、同一市场上的批发与零售的价格差额。
③ 地区差价，即因购销地区不同而形成的汽车价格差额。
④ 季节差价，即因季节不同而形成的汽车价格差额。
⑤ 质量差价，即同一汽车产品因质量不同而形成的汽车价格差额。
⑥ 批量差价，即同一汽车产品在同一时间、同一市场因购买批量不同而形成的汽车价格差额。

第 2 节　汽车定价目标与程序

一、汽车定价目标

汽车企业在定价以前，首先要考虑一个与汽车企业总目标、汽车市场营销目标相一致的汽车定价目标，作为确定汽车价格策略和汽车定价方法的依据。

一般来讲，汽车企业可供选择的汽车定价目标有以下六大类：

1. 利润导向的汽车定价目标

汽车企业一般都把利润作为重要的汽车定价目标，这样的目标主要有三种：

（1）利润最大化目标

以最大利润作为汽车定价目标，指的是汽车企业期望获取最大限度的销售利润。通常已成功打开销路的中小汽车企业，最常用这种目标。追求最大利润并不等于追求最高汽车价格。最大利润既有长期和短期之分，又有汽车企业全部汽车产品和单个汽车产品之别。

（2）目标利润

以预期的利润作为汽车定价目标，就是汽车企业把某项汽车产品或投资的预期利润水平，规定为汽车销售额或投资额的一定百分比，即汽车销售利润率或汽车投资利润率。

汽车定价是在汽车成本的基础上加上目标利润。根据实现目标利润的要求，汽车企业要估算汽车按什么价格销售、销售多少才能达到目标利润。一般来说，预期汽车销售利润率或汽车投资利润率要高于银行存款利率。

以目标利润作为汽车定价目标的汽车企业，应具备以下两个条件：①该汽车企业具有较强的实力，竞争力比较强，在汽车行业中处于领导地位；②采用这种汽车定价目标的多为汽车新产品、汽车独家产品以及低价高质量的汽车产品。

（3）适当利润目标

有些汽车企业为了保全自己，减少市场风险，或者限于实力不足，以满足适当利润作为汽车定价目标。这种情况多见于处于市场追随者地位的中小汽车企业。

2. 销量导向的汽车定价目标

这种汽车定价目标是指汽车企业希望获得某种水平的汽车销售量或汽车市场占有率而确定的目标。

（1）保持或扩大汽车市场占有率

汽车市场占有率是汽车企业经营状况和汽车产品在汽车市场上的竞争能力的直接反映，对于汽车企业的生存和发展具有重要意义。因为汽车市场占有率一般比最大利润容易测定，也更能体现汽车企业的努力方向。因此，有时汽车企业把保持或扩大汽车市场占有率看得非常重要。

许多资金雄厚的大汽车企业，喜欢以低价渗透的方式来保持一定的汽车市场占有率；一些中小企业为了在某一细分汽车市场获得一定优势，也十分注重扩大汽车市场占有率。

一般来讲，只有当汽车企业处于以下几种情况下，才适合采用该种汽车定价目标：

① 该汽车的价格需求弹性较大，低价会促使汽车市场份额的扩大；

② 汽车成本随着销量增加呈现逐渐下降的趋势，而利润有逐渐上升的可能；

③ 低价能阻止现有和可能出现的竞争者；

④ 汽车企业有雄厚的实力能承受低价所造成的经济损失；

⑤ 采用进攻型经营策略的汽车企业。

（2）增加汽车销售量

这是指以增加或扩大现有汽车销售量为汽车定价目标。这种方法一般适用汽车的价格需求弹性较大，汽车企业开工不足，生产能力过剩，只要降低汽车价格，就能扩大销售，使单位固定成本降低，汽车企业总利润增加的情况。

我国鼓励和保护公平竞争，保护汽车经营者和汽车消费者的合法权益，制止不正当竞争行为，国家制订了《反不正当竞争法》。在汽车定价时，不得以低于变动成本的价格销售汽车来排挤竞争对手；有奖销售的最高奖的金额不得超过 5 000 元。

3. 以竞争为导向的汽车定价目标

这是指汽车企业主要着眼于竞争激烈的汽车市场上以应付或避免竞争为导向的汽车定价目标。在汽车市场竞争中，大多数竞争对手对汽车价格都很敏感，在汽车定价以前，一般要广泛收集市场信息，把自己生产的汽车的性能、质量和成本与竞争者的汽车进行比较，然后制定本企业的汽车价格。通常采用的方法有：①与竞争者同价；②高于竞争者的价格；③低于竞争者的价格。

汽车企业在遇到同行价格竞争时，常常会被迫采取相应对策。例如：竞相削价，压倒对方；及时调价，价位对等；提高价格，树立威望。在现代市场竞争中，价格战容易使双方两败俱伤，风险较大。所以，很多企业往往会开展非价格竞争，如在汽车质量、促销、分销和服务等方面下苦工夫，以巩固和扩大自己的汽车市场份额。

4. 汽车质量导向目标

这是指汽车企业要在市场上树立汽车质量领先地位的目标，而在汽车价格上做出反应。优质优价是一般的市场供求准则，研究和开发优质汽车必然要支付较高的成本，自然要求以高的汽车价格得到回报。

从完善的汽车市场体系来看，高价格的汽车自然代表或反映着汽车的高性能、高质量及其优质服务。采取这一目标的汽车企业必须具备以下两个条件：一是高性能、高质量的汽车；二是提供优质的服务。

5. 汽车企业生存导向目标

当汽车企业遇到生产能力过剩或激烈的市场竞争要改变消费者的需求时，它要把维持生存作为自己的主要目标——生存比利润更重要。对于这类汽车企业来讲，只要他们的汽车价格能够弥补变动成本和一部分固定成本，即汽车单价大于汽车企业变动成本，他们就能够维持住汽车企业。

6. 汽车销售渠道导向目标

对于那些需经中间商销售汽车的汽车企业来说，保持汽车销售渠道畅通无阻，是保证汽车企业获得良好经营效果的重要条件之一。

为了使得销售渠道畅通，汽车企业必须研究汽车价格对中间商的影响，充分考虑中间商的利益，保证对中间商有合理的利润，促使中间商有充分的积极性去销售汽车。

在现代汽车市场经济中，中间商是现代汽车企业营销活动的延伸，对宣传汽车、提高汽车企业知名度有十分重要的作用。汽车企业在激烈的汽车市场竞争中，有时为了保住完整的汽车销售渠道，促进汽车销售，不得不让利于中间商。

二、汽车定价程序

汽车企业在汽车新产品投放市场，或者在市场环境发生变化时需要制定或调整汽车价格，以利于汽车企业营销目标的实现。由于汽车价格涉及汽车企业、竞争者和汽车消费者三者之间的利益，因而为汽车定价既重要又困难。掌握汽车定价的一般程序，对于制定合理的汽车价格是十分重要的。

1. 明确汽车目标市场

在汽车定价时，首先要明确汽车目标市场。汽车目标市场是汽车企业生产的汽车所要进入的市场——具体来讲，就是谁是本企业汽车的消费者。汽车目标市场不同，汽车定价的水平就不同。分析汽车目标市场一般要分析：该汽车市场消费者的基本特征、需求目标、需求强度、需求潜量、购买力水平和风俗习惯等情况。

2. 分析影响汽车定价的因素

（1）汽车产品特征

汽车产品是汽车企业整个营销活动的基础，在汽车定价前，必须对汽车进行具体分析，主要分析汽车产品的寿命周期、汽车性能、汽车的质量、汽车对购买者的吸引力、汽车成本水平和汽车需求弹性等。

（2）市场竞争状况

在竞争的汽车市场中，任何汽车企业为汽车定价或调价时，必然会引起竞争者的关注，为使汽车价格具有竞争力和盈利能力，汽车定价或调价前，对竞争者主要分析：同类汽车市场中主要竞争者是谁？其汽车产品特征与汽车价格水平如何？各类竞争者的竞争实力如何？等等。

（3）货币价值

汽车价格是汽车价值的货币表现，汽车价格不仅取决于汽车价值量的大小，而且还取决于货币价值量的大小。汽车价格与货币价值量成反比例关系。在分析货币价值量对汽车定价的影响时，主要分析通货膨胀的情况，一般是根据社会通货膨胀率的大小对汽车价格进行调整。通货膨胀率高，汽车价格也应随之调高。

（4）政府的政策和法规

国家的经济政策和法规对汽车企业定价有约束作用，因此，汽车企业在定价前一定要了解政府对汽车定价方面的有关政策和法规。为汽车定价不仅要了解一般的影响因素，更重要的是要善于分析不同经营环境下，影响汽车定价的最主要因素的变化状况。

3. 确定汽车定价目标

汽车定价目标是在对汽车目标市场和影响汽车定价因素综合分析的基础上确定的。汽车定价目标是合理定价的关键。不同的汽车企业、不同的汽车经营环境和不同的汽车经营时期，其汽车定价目标是不同的。在某个时期，对汽车企业生存与发展影响最大的因素，通常会被作为汽车定价目标。

4. 选择汽车定价方法

汽车定价方法是在特定的汽车定价目标指导下，根据对成本、供求等一系列基本因素的研究，运用价格决策理论，对汽车产品价格进行计算的具体方法。汽车定价方法一般有三种，即：以成本为中心的汽车定价方法、以需求为中心的汽车定价方法和以竞争为中心的汽车定价方法。这三种方法能适应不同的汽车定价目标，汽车企业应根据实际情况择优使用。

5. 最后确定汽车价格

确定汽车价格要以汽车定价目标为指导，选择合理的汽车定价方法，同时也要考虑其他因素，如汽车消费者心理因素和汽车产品新老程度等。最后经分析、判断以及计算活动，为汽车产品确定合理的价格。

第 3 节　汽车定价方法

汽车定价方法是指汽车企业为了在目标市场上实现定价目标，而给汽车产品制定一个基本价格或浮动范围的方法。影响汽车价格的因素比较多，但在制定汽车价格时主要考虑的因素是汽车产品的成本、汽车市场的需求和竞争对手的价格。汽车产品的成本规定了汽车价格的最低基数，汽车市场的需求决定了汽车需求的价格弹性，竞争对手的价格提供了制订汽车价格时的参照点。在实际操作中，往往侧重于影响因素中的一个或几个来选定汽车定价方法，以解决汽车定价问题。由此产生了汽车成本导向定价法、汽车需求导向定价法和汽车竞争导向定价法这三种汽车定价方法。

一、汽车成本导向定价法

顾名思义，汽车成本导向定价法就是以汽车成本为基础，加上一定的利润和应纳税金来制定汽车价格的方法。这是一种按汽车卖方意图定价的方法。以汽车成本为基础的定价方法主要有以下三种：

1. 汽车成本加成定价法

汽车成本加成定价法是一种最简单的汽车定价方法，即在单台汽车成本的基础上，加上一定比例的预期利润作为汽车产品的售价。售价与成本之间的差额，就是利润。由于利润的多少是按一定比例反映的，这种比例习惯上称为"几成"，所以这种方法被称为汽车成本加成定价法。计算公式如下：

$$\text{汽车加成价格} = \frac{\text{单台汽车成本} \times (1 + \text{汽车成本利润率})}{1 - \text{税率}} \tag{6-1}$$

其中，
$$\text{汽车成本利润率} = \frac{\text{要求达到的总利润}}{\text{总成本}} \times 100\% \tag{6-2}$$

汽车成本加成定价法的优点是：第一，能使汽车企业的全部成本得到补偿，并有一定的盈利，使汽车企业的再生产能继续进行；第二，这种计算方法简便易行；第三，有利于国家和有关部门通过规定成本利润率，对汽车企业的汽车价格进行监督；第四，如果汽车行业都采用此法，就可缓解汽车价格竞争，保持汽车市场价格的稳定。

但在实践运用过程中，也存在着一些问题：首先，由于汽车成本加成定价法忽视了汽车市场的需求和竞争对手的价格，只反映生产经营中的劳动耗费。因此，根据这种方法制订的汽车价格必然缺乏对汽车市场供求关系变化的适应能力，不利于增强汽车企业的市场竞争力。其次，汽车企业成本纯属是企业的个别成本，而不是正常生产合理经营下的社会成本，因此，有可能包含不正常、不合理的费用开支。可见，此定价法主要适用于汽车生产经营处于合理状态下的企业和供求大致平衡、成本较稳定的汽车产品。

2. 汽车加工成本定价法

汽车加工成本定价法，是将汽车企业成本分为外购成本与新增成本后分别进行处理，并根据汽车企业新增成本来加成定价的方法。对于外购成本，企业只垫付资金，只有企业内部生产过程中的新增成本才是企业自身的劳动耗费。因此，按汽车企业内部新增成本的一定比例计算自身劳动耗费和利润，按汽车企业新增价值部分缴纳增值税，使汽车价格中的盈利同企业自身的劳动耗费成正比，是汽车加工成本法的要求，其计算公式如下所示：

$$汽车价格 = 外购成本 + \frac{汽车加工新增成本 \times (1 + 汽车加工成本利润率)}{1 - 加工增值税率} \quad (6-3)$$

其中，

$$汽车加工成本利润率 = \frac{要求达到的总利润}{加工新增成本总额} \times 100\% \quad (6-4)$$

$$加工增值税率 = \frac{应纳增值税金总额}{销售总额 - 外购成本总额} \times 100\% \quad (6-5)$$

3. 汽车目标成本定价法

目标成本定价法，是指以期望达到的成本目标为依据，确定企业产品出厂价的一种特殊定价方法。目标成本定价法的实质，是企业对销售的产品先定出一个可销的目标出厂价，扣除应缴纳的税金和目标利润后，计算出目标成本，然后通过增加产量、降低实际成本来实现这个目标成本。所以，目标成本是企业为实现定价目标，谋求长远和整体利益而测定的计划成本，而不是产品的实际成本。其计算公式为：

$$目标成本 = 目标价格 \times (1 - 目标利润率 - 税率) \quad (6-6)$$

$$汽车价格 = 目标成本 \times (1 + 目标利润率) / (1 - 税率) \quad (6-7)$$

上述表明，汽车目标成本的确定要同时受到价格、税率和利润要求的多重制约。即汽车价格应确保市场能容纳目标产销量，扣税后销售总收入在补偿目标产销量计算的全部成本后能为汽车企业提供预期的利润。此外，汽车目标成本还要充分考虑原材料和工资等成本价格变化的因素。

汽车目标成本虽非定价时的实际成本，但也不是主观臆造出来的，而要建立在对"量、本、利"关系进行科学测算的基础上。通常，企业成本可划分为固定成本和变动成本这两大类。小批量生产成本高的主要原因是固定总成本按产量分摊后单位固定成本高，如果在设备能力范围内将目标产量增大，就能使固定总成本分摊额减少，平均变动成本一般变化不大，并还可能由于工艺技术更熟悉而降低一些，于是就使单台汽车成本大大降低。预期的成本降低便可将汽车价格定到能吸引消费者的水平，从而为汽车打开销路。但是，并非汽车目标成本定得越低越好，因为要降低目标成本就必须增大目标产销量，而汽车目标产销量如果太接近一个汽车企业的生产能力极限，单台汽车成本水平反而又会升高，因为在人员和设备满负荷运转后，非熟练工人也得上第一线，机器设备故障率会上升，停机检修的时间和费用以及废次品损失会增加，资金和原材料周转脱节的现象也会增多。按照许多汽车企业的实践经验，汽车目标成本一般是在保本点往后直到设备利用率达到左右的产量区间内确定的。

汽车目标成本定价法是为谋求长远和总体利益服务的，较适用于经济实力雄厚、生产和经营有较大发展前途的汽车企业，尤其适用于新产品的定价。采用汽车目标成本定价法有助于汽车企业开拓市场，降低成本，提高设备利用率，从而提高汽车企业的经济效益和社会效益。

二、汽车需求导向定价法

汽车需求导向定价法是一种以需求为中心，汽车企业依据汽车消费者对汽车价值的理解和对汽车需求的差别来定价。

1. 对汽车价值的理解定价法

所谓对汽车价值的理解定价法，就是汽车企业按照汽车消费者对汽车价值的理解来制订汽车价格，而不是根据汽车企业生产汽车的实际价值来定价。

对汽车价值的理解定价法同汽车在市场上的定位是相联系的。其方法是：

① 先从汽车的质量、提供的服务等方面为汽车在目标市场上定价；

② 决定汽车所能达到的售价；

③ 估计在此汽车价格下的销量；

④ 由汽车销量算出所需的汽车生产量、投资额及单台汽车成本；

⑤ 计算该汽车是否能达到预期的利润，以此来确定该汽车价格是否合理，并可进一步判明该汽车在市场上的命运如何。

运用对汽车价值的理解定价法的关键是，要把自己的汽车产品与竞争者的汽车产品相比较，正确估计本企业的汽车产品在汽车消费者心目中的形象，找到比较准确的理解价值。因此，在汽车定价前要做好市场调研。

2. 对汽车需求的差别定价法

这是根据对汽车需求方面的差别来制定汽车的价格。主要有以下三种情况：

（1）按汽车的不同目标消费者采取不同价格

因为同一商品对于不同消费者，其需求弹性不一样。有的消费者对价格敏感，适当给予优惠可诱其购买，有的则不敏感，可照价收款。

（2）按汽车的不同花色、样式确定不同价格

因为对同一品牌、规格汽车的不同花色、样式，消费者的偏好程度不同，需求量也不同。因此，定不同的价，能吸引不同需求的消费者。

（3）按汽车的不同销售时间采用不同价格

同一种汽车因销售时间不同，其需求量也不同，汽车企业可据此制定不同的价格，争取最大销售量。

总之，对汽车需求的差异定价法能反映汽车消费者对汽车需求的差别及变化，有助于提高汽车企业的市场占有率和增强其汽车产品的渗透率。但这种定价法不利于成本控制，且需求的差别不易精确估计。

三、汽车竞争导向定价法

汽车竞争导向定价法是依据竞争者的价格来定价，使本汽车企业的价格与竞争者价格相类似或保持一定的距离。这是一种汽车企业为了应付汽车市场竞争的需要而采取的特殊的定价方法。主要有以下三种方法：

1. 随行就市定价法

随行就市定价法，即以同类汽车产品的平均价格作为汽车企业定价的基础。这种方法适合汽车企业既难于对顾客和竞争者的反应做出准确的估计，自己又难于另行定价时运用。在实践中，有些产品难以计算，采用随行就市定价一般可较准确地体现汽车价值和供求情况，保证能获得合理效益，同时，也有利于协调同行业的步调，融洽与竞争者的关系。

此外，采用随行就市定价法，其汽车产品的成本与利润要受同行业平均成本的制约。因此，企业只有努力降低成本，才能获得更多的利润。

2. 相关商品比价法

相关商品比价法，即以同类汽车产品中消费者认可某品牌汽车的价格作为依据，结合本企业汽车产品与认可汽车的成本差率或质量差率来制定汽车价格。

3. 竞争投标定价法

在汽车易主交易中，采用招标、投标的方式，由一个卖主（或买主）对两个以上并相互竞争的潜在买主（或卖主）出价（或要价）、择优成交的定价方法，称为竞争投标定价法。其显著特点是招标方只有一个，处于相对垄断的地位；而投标方有多个，处于相互竞争的地位。能否成交的关键在于投标者的出价能否战胜所有竞争对手而中标，中标者与卖方（买方）签约成交。

此定价法主要在政府处理走私没收汽车和企业处理多余汽车时采用。如上海市对车牌的竞拍也属于这种形式。

第 4 节 汽车定价策略

汽车价格竞争是一种十分重要的汽车营销手段。在激烈的汽车市场竞争中，汽车企业为了实现自己的营销战略和目标，必须根据产品特点、市场需求及竞争情况，采取各种灵活多变的汽车定价策略，使汽车定价策略与汽车市场营销组合中的其他策略更好地结合，促使和扩大汽车销售，提高汽车企业的整体效益。因此，正确采用汽车定价策略是汽车企业取得汽车市场竞争优势地位的重要手段。

一、汽车新产品定价策略

在激烈的汽车市场竞争中,汽车企业开发的汽车新产品能否及时打开销路、占领市场和获得满意的利润,除了汽车新产品本身的性能、质量及必要的汽车市场营销手段和策略之外,还取决于汽车企业是否能选择正确的定价策略。汽车新产品定价有三种基本策略:

1. 撇油定价策略

这是一种汽车高价保利策略,是指在汽车新产品投放市场的初期,将汽车价格定得较高,以便在较短的时期内获得较高的利润,尽快地收回投资。

这种汽车定价策略的优点是:

汽车新产品刚投放市场,需求弹性小,尚未有竞争者,因此,只要汽车新产品能超群、质量过硬,就可以采取高价,来满足一些汽车消费者求新、求异的消费心理。由于汽车价格较高,因而可以使汽车企业在较短时期内取得较大利润。定价较高,便于在竞争者大量进入市场时主动降价,增强竞争能力,同时,也符合顾客对价格由高到低的心理。

这种汽车定价策略的缺点是:

在汽车新产品尚未建立起声誉时,高价不利于打开市场,一旦销售不利,汽车新产品就有夭折的风险。如果高价投放市场销路旺盛,很容易引来竞争者,从而使汽车新产品的销路受到影响。

这种汽车定价策略一般适应以下三种情况:

①汽车企业研制和开发的技术新、难度大、开发周期长的汽车新产品,用高价也不怕竞争者迅速进入市场。

②汽车新产品有较大市场需求。由于汽车是一次购买,享用多年,因而高价市场也能接受。

③高价可以使汽车新产品一投入市场就树立起性能好、质量优的高档品牌形象。

2. 渗透定价策略

这是一种汽车低价促销策略,是指在汽车新产品投放市场时,将汽车价格定得较低,以便使汽车消费者容易接受,很快打开和占领市场。

这种汽车定价策略的优点是:一方面,可以利用低价迅速打开新产品的市场销路,占领市场,从多销中增加利润;另一方面,低价又可以阻止竞争者进入,有利于控制市场。

这种汽车定价策略的缺点是:投资的回收期较长,见效慢,风险大,一旦渗透失利,企业就会一败涂地。

这种汽车定价策略一般适应于以下三种情况:

①制造这种汽车新产品所采用的技术已经公开,或者易于仿制,竞争者容易进入该市场。利用低价可以排斥竞争者,占领市场。

②投放市场的汽车新产品,在市场上已有同类汽车产品,但是,生产汽车新产品企业比生产同类汽车产品企业拥有较大的生产能力,并且该产品的规模效益显著,大量生产定会降低成本,收益有上升趋势。

③该类汽车产品在市场中供求基本平衡,市场需求对价格比较敏感,低价可以吸引较多

顾客，可以扩大市场份额。

以上两种汽车定价策略各有利弊，选择哪一种策略更为合适，应根据市场需求、竞争情况、市场潜力、生产能力和汽车成本等因素综合考虑。

3. 满意价格策略

又称平价销售策略，是介于撇油定价和渗透定价之间的一种定价策略。由于撇油定价法定价过高，对消费者不利，既容易引起竞争，又可能遇到消费者拒绝，具有一定风险；渗透定价法定价过低，对消费者有利，对企业最初收入不利，资金的回收期也较长，若企业实力不强，将很难承受。而满意价格策略采取适中价格，基本上能够做到供求双方都比较满意。此种策略的特点是：满意价格策略的优点在于能避免高价策略带来的风险，又能防止采取低价策略给生产经营者带来的麻烦，但实行起来困难较多，缺乏可操作性。这主要是因为：

随着生产技术的不断成熟，生产规模不断扩大，在生产规模达到经济规模效益之前，单位产品成本随时间的推移不断降低，价格也在不断变化。因此，中价水平不易保持长期稳定。同时对于新产品，特别是全新产品，市场上首次出现，价格无相关参照物可比较。

例如，通用汽车公司的雪佛莱汽车（Chevrolet Camaro）的定价水平是相当大一部分市场都承受得起的，市场规模远远大于愿意支付高价购买它的"运动型（SPORTY）"外形的细分市场。这种适中的定价策略，甚至当这种汽车的样式十分流行、供不应求时仍数年不变。为什么呢？因为通用汽车跑车生产线上已经有一种采取撇脂策略定价的产品——Corvetee，再增加一种产品是多余的，会影响原来高价产品的销售。将大量购买者吸引到展示厅尝试驾驶 Camaro 的意义远比高价销售 Camaro 能获得的短期利益要大得多。

4. 生命周期定价法

产品就像人一样，一般要经历几个发展阶段。当然也有例外，有些产品很快被淘汰，甚至胎死腹中；有些产品生命力很强，发展迅猛，让人产生错觉，认为它们能永远生存下去。尽管有例外，典型的产品生命周期模式为我们提供了这样一个使我们能够正视现在、预测未来、为尽量利用好每个阶段做好准备的机会。生命周期定价法就是借助产品生命周期而帮助企业制订定价策略的定价方法。

无论产品的品牌、样式风格如何千变万化，市场总是逐渐演变的。一个产品从产生开始，逐渐被顾客接受，然后被所有顾客接受，最后被更能满足顾客的新产品代替而步入死亡。在产品市场生命周期的不同阶段，相关成本、购买者的价格敏感性和竞争者的行为是不断变化的。在汽车产品生命周期的不同阶段，汽车定价的三个要素：成本、消费者和竞争者都会发生变化，因此，汽车定价策略要适合时宜，要保持有效，必须要有所调整。

① 导入期：汽车消费者在起初接触汽车新产品的价格敏感性与他们长期的汽车价格敏感性之间是没有联系的。大多数消费者对新产品的价格敏感性相对较低，因为他们倾向于把汽车价格作为衡量汽车质量的标志，而且，此时没有可做对比的其他品牌汽车。但不同的汽车新产品进入市场，反应是有很大差异的。

② 成长期：在成长期，消费者的注意力不再单纯停留在汽车产品的效用上，开始比较不同汽车品牌的性能和价格，汽车企业可以采取汽车产品差别化和成本领先的策略。一般来说，成长期的汽车价格最好比导入阶段的价格低。因为消费者对产品了解增加，价格敏感性

提高。但对于那些对价格并不敏感的市场，不应使用渗透定价。尽管这一阶段竞争加剧，但行业市场的扩张能有效防止价格战的出现；然而，有时汽车企业为了赶走竞争者，也可能会展开价格战。如美、日、韩三国的汽车企业就是在美国汽车市场走向成长期时才爆发价格战的。

③ 成熟期：成熟期的汽车有效定价着眼点不是努力挣得市场份额，而是尽可能地创造竞争优势。这时候注意不要再使用捆绑式的销售，因为那样只会使组合汽车产品中一个或几个性能更好的汽车产品难以打开市场。这时，市场为基本汽车产品定价的可调范围缩小，但可以通过销售更有利可图的辅助汽车产品或优质服务来调整自己的竞争地位。

④ 衰退期：衰退期中很多汽车企业选择降价，但遗憾的是，这样的降价往往不能刺激起足够的需求，结果反而降低企业的盈利能力。衰退期的汽车定价目标不是赢得什么，而是应在损失最小的情况下退出市场，或者是保护甚至加强自己的竞争地位。一般有三种策略可供选择：紧缩策略、收缩策略和巩固策略。它们的含义分别是：将资金紧缩到自己力量最强、汽车生产能力最强大的汽车生产线上；通过汽车定价，获得最大现金收入，然后退出整个市场；加强自己的竞争优势，通过削价打败弱小的竞争者，占领他们的市场。

二、折扣和折让定价策略

在汽车市场营销中，汽车企业为了竞争和实现经营战略的需要，经常对汽车价格采取折扣和折让策略，直接或间接地降低汽车价格，以争取消费者，扩大汽车销量。灵活运用折扣和折让策略，是提高汽车企业经济效益的重要途径。具体来说，折扣和折让分以下五种：

1. 数量折扣

数量折扣，是根据买方购买的汽车数量多少，分别给以不同的折扣。买方购买的汽车的数量越多，折扣越大。

数量折扣可分为累计数量折扣和非累计数量折扣。前者规定买方在一定时期内，购买汽车达到一定数量或一定金额时，按总量给予一定折扣的优惠，目的在于使买方与汽车企业保持长期的合作，维持汽车企业的市场占有率；后者是只按每次购买汽车的数量多少给予折扣的优惠，这可刺激买方大量购买，减少库存和资金占压。这两种折扣价格都能有效地吸引买主，使汽车企业能从大量的销售中获得较好的利润。

2. 现金折扣

现金折扣，是对按约定日期提前付款或按期付款的买主给予一定的折扣优惠价，目的是鼓励买主尽早付款以利于资金周转。运用现金折扣应考虑三个因素：一是折扣率大小；二是给予折扣的限制时间长短；三是付清货款期限的长短。

3. 交易折扣

交易折扣，是汽车企业根据各个中间商在市场营销活动中所担负的功能不同，而给予不同的折扣，所以也称"功能折扣"。

4. 季节折扣

季节折扣，是指在汽车销售淡季时，给购买者一定的价格优惠，目的在于鼓励中间商和消费者购买汽车，减少库存，节约管理费，加速资金周转。季节折扣率应不低于银行存款利率。

5. 运费让价

运费是构成汽车价值的重要部分，为了调动中间商或消费者的积极性，汽车企业对他们的运输费用给予一定的津贴，支付一部分甚至全部运费。

在这里必须说明的是，汽车一般不宜采用打折的方法，宜采用回扣的方法。因为虽然同样是降价，顾客在支出了很大的一笔费用以后能够收到一些回扣的货款的感受会比仅仅是得到一种降价的产品要好一些。这也就是 20 世纪 90 年代汽车经销商经常采用回扣的方法来刺激汽车的销售，而极少有采用打折的方法的原因。另一方面，企业是否要采取折扣和折让定价的策略，折扣的限度为多少，还要综合考虑市场上各方面的因素。特别是当市场上同行业竞争对手实力很强时，一旦实施了折扣定价，可能会遭到强大竞争对手更大的折扣反击。一旦形成了竞相折价的市场局面，则要么导致市场总价格水平下降，在本企业仍无法扩大市场占有率的情况下将利益转嫁给了消费者，和竞争对手两败俱伤；要么就会因与竞争对手实力的差距而被迫退出竞争市场。

因而，企业在实行折扣和折让定价策略时要考虑竞争者实力、折扣成本、企业流动资金成本和消费者的折扣心理等多方面的因素，并注意避免市场内同种商品折扣标准的混乱，才能有效地实现经销目标。

三、针对汽车消费者心理的定价策略

这是一种根据汽车消费者心理要求所采用的定价策略。每一品牌汽车都能满足汽车消费者某一方面的需求，汽车价值与消费者的心理感受有着很大的关系。这就为汽车心理定价策略的运用提供了基础，使得汽车企业在定价时可以利用汽车消费者心理因素，有意识地将汽车价格定得高些或低些，以满足汽车消费者心理的、物质的和精神的多方面需求，通过汽车消费者对汽车产品的偏爱或忠诚，诱导消费者增加购买，扩大市场销售，获得最大效益。具体的心理定价策略有以下四种情况。

1. 整数定价策略

在高档汽车定价时，往往把汽车价格定成整数，不带尾数。凭借整数价格来给汽车消费者造成汽车属于高档消费品的印象，提高汽车品牌形象，满足汽车消费者的某种心理需求。

整数定价策略适用于汽车档次较高，需求的价格弹性比较小，价格高低不会对需求产生较大影响的汽车产品。由于目前选购高档汽车的消费者都属于高收入阶层，自然会接受较高的整数价格。

2. 尾数定价策略

尾数定价策略是与整数定价策略正好相反的一种定价策略，是指汽车企业利用汽车消费者求廉的心理，在汽车定价时，不取整数、而带尾数的定价策略。这种带尾数的汽车价格给汽车消费者直观上一种便宜的感觉。同时往往还会给消费者一种汽车企业经过了认真的成本核算才定价的感觉，可以提高消费者对该定价的信任度，从而激起消费者的购买欲望，促进汽车销售量的增加。

尾数定价策略一般适用于汽车档次较低的经济型汽车。经济型汽车价格的高低自然会对需求产生较大影响。

3. 声望定价策略

这是根据汽车产品在消费者心目中的声望、信任度和社会地位来确定汽车价格的一种汽车定价策略。声望定价策略可以满足某些汽车消费者的特殊欲望，如地位、身份、财富、名望和自我形象等，还可以通过高价格显示汽车的名贵优质。

声望定价策略一般适用于具有较高知名度、有较大市场影响的著名品牌的汽车。

4. 招徕定价策略

这是指将某种汽车产品的价格定得非常之高，或者非常之低，以引起消费者的好奇心理和观望行为，来带动其他汽车产品的销售的一种汽车定价策略。如某些汽车企业在某一时期推出某一款车型降价出售，过一段时期又换另一种车型，以此来吸引顾客时常关注该企业的汽车，促进降价产品的销售，同时也带动同品牌其他正常价格的汽车产品的销售。

招徕定价策略常为汽车超市和汽车专卖店所采用。

5. 分级定价策略

这是指在定价时，把同类汽车分为几个等级，不同等级的汽车，采用不同价格的一种汽车定价策略。这种定价策略能使消费者产生货真价实、按质论价的感觉，因而容易被消费者所接受。而且，这些不同等级的汽车若同时提价，对消费者的质价观冲击不会太大。分级定价策略，等级的划分要适当，级差不能太大或太小。否则，起不到应有的分级效果。

四、针对汽车产品组合的定价策略

一个汽车企业往往不只生产一种产品，常常会有多个系列的多种产品同时生产和销售，这同一企业的不同种汽车产品之间的需求和成本是相互联系的。但同时它们之间又存在着一定程度的"自相竞争"，因而，这时候的企业定价就不能只针对某一产品独立进行，而要结合相关联的一系列的产品，组合制定出一系列的价格，使整个产品组合的利润最大化。这种定价策略主要有以下两种情况：

1. 同系列汽车产品组合定价策略

这种定价策略即是要把一个企业生产的同一系列的汽车作为一个产品组合来定价。在其中确定某一车型的较低价格，这种低价车可以在该系列汽车产品中充当价格明星，以吸引消费者购买这一系列中的各种汽车产品；同时又确定某一车型的较高价格，这种高价可以在该系列汽车产品中充当品牌价格，以提高该系列汽车的品牌效应。

同系列汽车产品组合定价策略与分级定价策略有部分相似，但前者更注意系列汽车产品作为产品组合的整体化，强调产品组合中各汽车产品的内在关联性。

2. 附带选装配置的汽车产品组合定价策略

这种定价策略即指将一个企业生产的汽车产品与其附带的一些可供选装配置的产品看作一个产品组合来定价。譬如，汽车消费者可以选装该汽车企业的电子开窗控制器、扫雾器和减光器等配置。汽车企业首先要确定产品组合中应包含的可选装配置产品，其次再对汽车及选装配置产品进行统一合理的定价。如汽车价格相对较低，而选装配置的价格相对稍高一些，这样既可吸引汽车消费者，又可通过选装配置来弥补汽车的成本，增加企业利润。

附带选装配置的产品组合定价策略一般适用于有特殊、专用汽车附带选装配置的汽车。

案例

质次价高的阿兰特轿车

任何国际企业，在国际营销过程中，要想长久地占领市场和不断扩展企业影响，在继续维持现有产品的市场占有率的同时，还必须不断开发新产品。新产品上市一旦成功，会给企业带来极大的鼓励和经济效益。但是，并不是所有新产品都能成功，有可能新产品上市不久便夭折了。

新产品能否为市场和消费者所接受，是受诸多因素决定的，如产品自身的情况（性能、质量、外观等）、市场环境（需求、经济是否景气等）、竞争对手的反应、新产品的促销手段，等等。但作为买主，消费者最为关心的是新产品的价格。如果新产品定价不合理，消费者的态度就会冷淡。所以，要刺激顾客的购买欲望，新产品的定价策略就必须十分谨慎。由于定价策略失当造成新产品计划流产的国际营销实例数不胜数，美国通用汽车公司 20 世纪 80 年代中期的新产品——阿兰特轿车的失败，就是一个典型的例子。自 20 世纪 70 年代以后，美国底特律三大汽车公司即通用、福特和克莱斯勒，遇到了来自国外汽车工业的严峻挑战，美国在世界汽车市场的霸主地位受到了动摇。造成美国汽车工业衰退的一个非常重要的原因，就是美国的三大汽车公司满足于它们在第二次世界大战后形成的垄断地位，因循守旧，使得它们的产品市场逐步缩小。在它们的企业组织内部，搞发明创造和试制新产品的部门受到冷遇。相反，欧洲、日本的汽车企业锐意改革，按照市场需求和人们的消费心理积极开发新产品，从产品质量到销售价格，都从市场角度加以权衡和决策。因此，一时间，欧洲和日本的汽车在国际市场的占有率呈上升趋势。

鉴于这种情况，美国的汽车制造商们被迫调整战略。20 世纪 80 年代以后，他们纷纷不惜巨资开发、研制新产品，阿兰特轿车就是在这种背景下推向市场的新产品。本来，通用汽车公司把凯迪拉克分厂生产的这种新车投入市场时，对之抱着极大的希望，希望由此摆脱公司被动的经营境地，为公司带来巨大的利润。因为通用汽车公司为研制阿兰特型新车花费了好几年的时间，耗费了巨额资金，在投入市场以前很早时，通用汽车公司就动用了最大限度的广告宣传手段，所以，公司和卡迪拉克的经理们期待着阿兰特的成功。

1987 年年初，阿兰特轿车正式投放市场。然而，它的主人们所期望的结果并未出现，市场的反应也令人失望。经过调查，失利的原因在于阿兰特轿车的定价上，与其质量和性能相比，其 54 700 美元的售价使得广大顾客无法接受。

对于新用户来说，阿兰特轿车的发动机只有 170 马力，与外国同类比，马力更小。因此，其作为高档车必备条件，如高速、冲刺是不够格的。同时它的车身是在意大利生产的，外形虽美，但并不出色，算不上新潮。

另外，阿兰特轿车的制造工艺也较差，车顶漏水，吱吱作响，开车时车内进风的呼呼声也损害了这种豪华轿车的宁静感。其实，它的主人们事前就已觉察到这些缺陷了，论理应先纠正这些问题再投放市场。但最终公司和凯迪拉克的决策者们还是忽视这些问题，而且由于新车投放市场的时间在广告中就大肆宣传了，使他们不愿做出痛苦的抉择而推迟出厂。它的价格也是在很早就定下来并公之于世的，降低售价可能降低顾客的希望值和购买欲望。因此，所有这一切都是在仓促的气氛下确定下来的。

任何一种新产品必须满足顾客而不是生产者自身或经理的需要。而满足顾客的需要，就必须从顾客角度出发，制定切实有效的经营策略，以合理的产品定价吸引顾客。当然，新产品的失败并不意味着企业的整体国际营销策略的失败，有经验的企业经营者们往往会严肃地回顾自己犯了什么错误，并把所汲取的教训用于下一个产品上。通用汽车公司就是这样，它在总结了阿兰特轿车的教训后，积极开发塞维尔旅行车——这种新车后来在欧美国家备受消费者的欢迎。

第 5 节　汽车价格策略实训指导

在汽车产品策略实训项目基础上，针对你所选定的该公司旗下的汽车品牌，完成以下任务：

任务 1：分析其不同产品项目、产品线及其产品组合的价格（或价格区间），思考其分别采用了哪些定价策略，何时在何种市场状况下采用的。

任务 2：该汽车品牌主要的竞争对手是谁？为什么？竞争对手（或该品牌）的汽车产品的价格是如何变动的？该品牌（或竞争对手）如何调整价格？效果如何？

要求：

1. 请认真搜集资料，精心准备。
2. 项目成果的提交形式可自选（word 或 ppt）。
3. 按时上交。

思考与练习

1. 汽车定价有哪几种目标模式？
2. 影响汽车定价行为的有哪些基本因素？
3. 按"公式化推销"理论，汽车人员促销可分为哪几个不同的阶段？

第7章 汽车渠道策略

【本章教学要点】

知识要点	掌握程度	相关知识
分销渠道的类型和作用	掌握分销渠道的类型和作用	渠道的概念、作用、特征及主要功能
中间商的类型	掌握中间商的类型	零售商、批发商
渠道的设计和基本策略	掌握渠道设计的基本原则和策略	渠道设计步骤、原则、策略

导入案例

丰田公司的销售网

1950年，丰田公司债台高筑，濒临破产，公司接受了日本中央银行建议，将汽车生产公司与销售公司分开。石田退三主管生产公司，神谷正太郎一心一意抓销售公司。由于公司分开，各行其职，销售公司可以自行决定推销方式，表现出了高度的灵活性和强大的活力。销售公司为了促进销售，在1977年建立了"推销责任区域制度"。这种制度就是在全丰田系统成立特约经销点，并根据汽车的类型，把经销店分为"丰田店、小丰田店、奥特牌店、花冠牌店。"共有经销店252个，下属营业所2 850个，共有推销员28 000多名，形成了庞大的销售网络和推销员队伍。在此基础上，明确划分出每一个经销店所属营业所的现有区域和每个推销员所负责的经销地段，使公司的流通网点星罗棋布。为了牢牢控制住现有区域，公司制订了《责任区访问法》。访问法的主要内容是：挨区访问，挨户访问，争取不漏一家一户，按行业一个一个的访问，收集各行业的购买汽车的情报资料；针对购买汽车的大主顾，进行重点访问，此外，还有根据季节、汽车种类而进行的访问。

为了保证责任区最大限度地销售汽车，销售公司给推销员制定了一定的销售定额。公司根据每个推销员的具体情况以及他们所在地段，按月下达销售数额。经销店要求每一个推销员必须完成自己的销售数额。这种科学的分工、严格的管理、合理的网点布局，为丰田公司数以百万计的汽车能源源不断地出售创造了条件。

在市场上，大多数产品都不是由生产者直接供应给最终顾客或用户的。在生产者和最终用户之间有大量执行不同功能和具有不同名称的营销中介机构存在。所谓营销渠道，也就是分销渠道,它是指产品由生产者向最终消费者或用户流动所经过的途径或环节。或者说是指企业将产品传递给最终购买者的过程中所使用的各种中间商的集合。在产品流通过程中,生产者出售产品是渠道的起点,消费者购进产品是渠道的终点。

营销渠道策略是企业面临的最重要的策略之一。这不仅因为企业所选择的渠道将直接影响其他所有营销策略,而且渠道策略还意味着公司对其他公司的比较长期的承诺,一旦确立,在一定时期内较难改变。这是由渠道安排中有一种强大的保持现状的惯性所决定的。

本章中,我们将讨论营销渠道的性质与作用是什么,渠道成员有哪几种类型,渠道的营销策略有哪些,以及如何设计和管理渠道等问题。

第 1 节　分销渠道的作用与类型

一、分销渠道概念

分销渠道也叫"销售渠道"或"通路",指促使某种产品或服务顺利经由市场交换过程,转移给消费者(用户)消费使用的一整套相互依存的组织。包括产品(服务)从生产者向消费者转移过程中,取得这种产品和服务的所有权或帮助所有权转移的所有企业和个人。包括生产者、商人中间商、代理中间商、最终消费者或用户。

分销渠道是连接生产厂商、销售商和消费者之间的桥梁。分销渠道是在市场经济条件生产者、消费者或用户在时间、空间分离的情况下,调节这种矛盾。

一个运作良好的分销渠道不仅要在适宜的地点以适宜的价格、质量、数量提供产品或服务来满足市场需求,而且要通过渠道成员的各种营销努力来刺激市场需求。

而我们常说的分销渠道,则是指某种产品和服务在从生产者向消费者转移过程中,取得这种产品和服务的所有权或帮助所有权转移的所有企业和个人(科特勒定义)。因此,分销渠道成员包括经销商(因为他们取得所有权,包括批发商、零售商、批零兼营商等)和代理商、后勤管理组织(因为他们帮助转移所有权)等,此外,还包括处于渠道起点和终点的生产者和最终消费者或用户,但是,不包括供应商和辅助商。

由于顾客需求随着商品、时间以及地点的不同经常发生变化,所以分销渠道也要随着顾客需求的变化而发生改变。比如:IBM 公司在 20 世纪 80 年代依靠它的推销人员将它的 PC个人电脑卖给商业用户,因为那个时代 PC 机很贵,普通消费者没有购买能力。后来,随着计算机成本的下降,伴随着销售价格的迅速下降,出现了大量的代理商、批发商和零售商以满足普通家庭的需求。

因此,分销渠道就是促使产品或服务顺利地从制造商转移给消费者或工业用户的一系列组织机构。

二、分销渠道的作用

在当今的社会经济生活中,绝大多数生产厂商的绝大多数产品都不是由厂商自己直接将它们送达到最终顾客手中的,而是依靠各种类型的中间商与中介机构。那么,为什么营销企业要将大部分的销售工作委托给各种类型的中间商和中介机构去做，而不是全部由自己来完成？显然，这种委托不仅将部分商业利润转让给了中间商和中介机构，而且还放弃了对产品的市场控制权。简要的答案是这种委托能给营销企业带来更多的利益。这种利益体现了分销渠道的作用。

首先，小的制造商缺乏直接进行市场营销分销的财力资源。因此，制造商会为每个区域市场选择中间商。

其次，为了获取大规模分销的经济性。一家口香糖制造商会发现，在世界各个市场上建立口香糖零售店，或者挨家挨户推销口香糖，都是不现实的。这样做缺乏效率。企业使用中间商分销商品，使中间商通过组合商品，同时实现众多商品的销售却能产生销售效率。这种效率来源于经济学意义上的范围经济。另外从企业投资的角度分析，即使是有能力建立自己的市场分销渠道的制造商通常也是通过增加其主要业务的投资而获得更大的回报。

最后，使用中间商是因为它们能够更有效地推动商品广泛地进入目标市场。市场营销中介机构凭借自己的各种关系、经验、专业知识以及活动规模，将比制造商做得更加出色。

三、分销渠道的特征

① 分销渠道反映某产品（服务）价值实现全过程所经由的整个通道。其起点是制造商，终点是最终消费者或工业用户。

② 分销渠道是一群相互依存的组织和个人。

③ 分销渠道的实体是购销环节。商品在分销渠道中通过一次或多次购销活动转移所有权或使用权，流向消费者或工业用户。购销次数的多少，说明了分销渠道的层次和参与者的多少，表明了分销渠道的长短。值得一提的是，代理商并未与被代理商发生购销关系，没有取得商品的所有权，仅仅是帮助被代理商销售而已。分销渠道的长短决定于比较利益的大小。

④ 分销渠道是一个多功能系统。它不仅要发挥调研、购销、融资和储运等多种职能，在适宜的地点，以适宜的价格、质量、数量提供产品和服务，满足目标市场需求，而且要通过分销渠道各个成员的共同努力，开拓市场，刺激需求，同时还要面对系统之外的竞争，开展自我调节与创新。

四、分销渠道的功能及重要性

1. 分销渠道的功能

① 市场调研：收集、整理有关现实与潜在消费者、竞争者及营销环境的有关信息，并及时向分销渠道其他成员传递。

② 促进销售：通过各种促销手段，以消费者乐于接受的、富有吸引力的形式，把商品和服务的有关信息传播给消费者。

③ 寻求顾客：寻求潜在顾客，针对不同细分市场的特点，针对消费者提供不同的营销业务。

④ 分类编配：按买方要求分类整理供应产品，如按产品相关性分类组合，改变包装大小、分级等。

⑤ 洽谈生意：在分销渠道的成员之间，按照互利互惠的原则，彼此协商，达成有关商品的价格和其他条件的最终协议，实现所有权或持有权的转移。

⑥ 物流运输：从商品离开生产线起，就进入了营销过程，分销渠道自然承担起商品实体的运输和储存功能。

⑦ 财务信用：分销渠道的建设、运转、职工工资支付、渠道成员之间货款划转以及消费信贷实施都需要财务上的支持。

⑧ 承担风险：分销渠道成员通过分工分享利益的同时，还应共同承担商品销售、市场波动带来的风险。

2. 分销渠道的重要性

正是由于分销渠道具备诸多功能，它才显得尤为重要，我们经常在市场营销活动中谈到"渠道为王""得渠道者得天下"就是对其重要性的概括。分销渠道的重要性体现如下：

① 只有通过分销，企业产品（或服务）才能进入消费领域，实现其价值。

② 充分发挥渠道成员，特别是中间商的功能，这是提高企业经济效益的重要手段。

③ 良好的渠道管理可降低市场费用，既为消费者（用户）提供合理价格的产品（服务），也为企业提高经济效益创造了空间。

④ 渠道是企业的无形资产，良好的渠道网络可形成企业的竞争优势。

渠道在营销组合中的地位：产品（Product）是营销的基础；价格（Price）是营销的核心；渠道（Place）是营销的关键；促销（Promotion）是营销的手段。

五、分销渠道的类型

根据有无中间环节以及中间环节的多少，分为零层渠道、一级渠道、二级渠道和三级渠道。

1. 消费者市场

生产者—消费者：这是最短的销售渠道，也是最直接、最简单的销售方式。特点是产销直接见面，环节少，流通费用较低；同时有利于把握市场信息。但不利于以规模化为基础的专业性分工，降低了整体效率。

生产者—零售商—消费者：这是最常见的一种销售渠道。其特点是中间环节少，渠道短，有利于生产者充分利用零售商的力量来扩大产品销路。其缺点是：一是需要对零售商进行有效的控制；二是大规模专业化生产与零散的消费之间的矛盾，因零售的储存不可能太大而不能很好地解决。

生产者—批发商—零售商—消费者：这是一种传统的也是常用的模式。大多数中小型企业生产的产品零星、分散，需要批发商先将产品集中起来供应给零售商；而一些小零售商进货零星，也不便于直接从生产企业进货而需要从批发商处进货。所以许多中小型生产企业和零售商都认为这是一种比较理想的分销渠道。这种渠道适用于一般选购品、消费量较大的杂货、药品、玩具等。

生产者—中转商—批发商—零售商—消费者：这是最长、最复杂、销售环节最多的一种分销渠道，主要用于生产者在不熟悉的市场上分销其产品，如外贸业务等。

2. 生产者市场

生产者—产业用户：这种分销渠道是工业品分销的主要选择，尤其是生产大型机器设备的企业，大都直接将产品销售给产业用户。

生产者—工业品分销商—产业用户：这种渠道模式常为那些生产普通机器设备及附属设备的企业所采用。如建材、机电和石化等行业也常通过工业品分销商将产品出售给用户。这种渠道属于一层渠道，也是比较简单的营销渠道，是短渠道。

生产者—代理商—产业用户：这种渠道模式用代理商代替工业品分销商，有利于销售有特殊技术性能的工业品和新产品。生产企业要开发不够熟悉的新市场，设置销售机构的费用太高或缺乏销售经验，也可采用这种渠道。

生产者—代理商—工业品分销商—产业用户：这是工业品分销渠道中最长、最复杂的一种模式，中间环节多，流通时间长。这种渠道模式与上一种基本相同，只是由于某种原因，不宜由代理商直接卖给用户而需要通过分销商这一环节。特别是某些工业品虽然技术性很强，但是单位销售量太小或市场不够均衡，有的地区用户多，有的地区用户少，就有必要利用分销商分散存货，通过经销商向用户供货就更方便。

第 2 节　中间商

中间商指的是在生产者与消费者之间，专门从事商品流通活动的具有法人资格的组织或者个人。中间商是连接生产厂商和消费者之间的桥梁和纽带，它提高了流通的效率，并且能节约企业的成本，从而扩大商品的销售区域，最大程度地被消费者见到，增加商品的见货率。

一、批发商

批发商主要有三类：商人批发商、经纪人和代理商以及自营批发机构。

① 商人批发商又称独立批发商，自己进货，取得产品所有权后再出售，这是批发商中最主要的部分。

② 经纪人和代理商是从事采购或销售或两者兼备，但不取得商品所有权的商业单位。与商人批发商不同，他们对所经营的商品没有所有权，所提供的服务比有限服务商人批发商还少，其主要职能在于促成产品的交易，借此赚取佣金作为报酬。与商人批发商相似的是，他们通常专注于某些产品种类或某些顾客群。经纪人和代理商主要可分为商品经纪人、制造代理商、销售代理商、采购代理商和佣金商。

③ 自营批发机构，指由制造商和零售商自设机构经营批发业务。主要类型有制造商与零售商的分销部和办事处。分销部有一定的商品储存，其形式如同商人批发商，只不过隶属关系不同；办事处没有存货，是企业驻外的业务代办机构，有些零售商在一些中心市场设立采购办事处，主要办理本公司的采购业务，也兼做批发业务，其功能与经纪人和代理商相似。

二、零售商

从经营形式上看，目前零售商的类型主要分为商店零售、无店铺零售和零售组织三种。商店零售又称为有店铺零售，特点是在店内零售商品与服务。最主要的类型有专用品商店、百货商店、超级市场、便利店、超级商店、折扣店和仓储商店等七种。无店铺零售是指不经过店铺销售商品的零售形式。由于科技发展及竞争关系，越来越多的生产商采用无店铺零售的方式出售商品，其中最普遍的有直销、直复营销和自动售货等。零售组织是以多店铺联盟的组织形式来开展零售活动的。

1. 连锁商店

连锁商店，指在同一个总公司的控制下，统一店名、统一管理、统一经营、实行集中采购和销售，还可能有相似的建筑风格和标志的由两个或两个以上分店组成的商业集团。连锁店可分为直营连锁店、自愿连锁店和零售合作组织几种。其中，直营连锁店为同一所有者，统一店名，统一管理；自愿连锁店是由批发商牵头组成的以统一采购为目的的联合组织；零售合作组织是独立零售商按自愿互利原则成立的统一采购组织。

2. 特许经营

特许经营被誉为当今零售和服务行业最有潜力和效率的经营组织形式，特别适合那些规模小而且分散的零售和服务业。与其他经营方式相比，特许经营有以下特点：

① 特许经营中，受许人对自己的店铺拥有自主权，人事和财务均是独立的，特许人无权干涉。这不同于连锁商店。

② 特许人根据契约规定，在特许期间提供受许人开展经营活动所必需的信息、技术、知识和训练，同时授予受许人在一定区域内独家使用其商号、商标或服务项目等权利。

③ 受许人在特定期间、特定区域享有特许人商号、商标、产品或经营技术的权利，同时又必须按契约的规定从事经营活动。例如，麦当劳要求受许人定期到公司的汉堡包大学接受培训；对所出售的食品有严格的质量标准和操作程序的要求，还有严格的卫生标准和服务要求，如工作人员不准留长发、女士必须带发罩等。

④ 特许关系中明确规定一点就是受许人的代理人或伙伴，没有权力代表特许人行事，受许人要明确自己的身份，以便在同消费者打交道时不致发生混淆。这使得特许经营关系与代理有着本质的不同。

⑤ 特许经营中，契约规定：特许人按照受许人营业额的一定百分比收取特许费，分享受许人的部分利润，同时也要分担部分费用。如麦当劳收取的特许费用约为受许人营业额的12%，同时承担培训员工、管理咨询、广告宣传、公共关系和财务咨询等责任。

3. 代理商

代理商，是受生产者委托，从事商品交易，不拥有商品的所有权的中间商。代理商根据自己的销售业绩，按照和企业约定好的比例提取一定的佣金。代理商对自己代理的产品既可以选择批量销售，也可以采用零售的方式。

4. 经销商

经销商，是在商品销售的过程中，既拥有商品的所有权同时拥有商品的经营权的中间商。经销商销售产品，首先要买断商品，有一定经营风险，但能促进经销商提高管理水平，增加自己的竞争力，从而加速资金的周转，减少自己的风险。

第 3 节　分销渠道的设计

一、分销渠道设计的因素

一般来讲，企业选择哪种分销渠道，归纳起来有六个因素：成本（cost）、资金（capital）、控制（control）、覆盖（coverage）、特性（character）和连续性（continuity）。这 6 个 C 被称为分销渠道中的"6C"。

1. 成本

企业在建立分销渠道时一般有两个步骤：建立渠道和维护渠道。一般企业前期建立渠道的成本主要由宣传成本、业务沟通成本和通讯成本组成。渠道建立后，主要对自己的渠道进行维护，包括支付给中间商的佣金、广告和促销人员工资等各方面的成本。渠道对于企业而言至关重要，支付相应的成本是任何一个企业不可避免的。营销渠道管理者一般必须在成本和效益间做出决策。

2. 资金

一般而言，分销渠道建立和维护的资金是根据企业的实力而言。对于有实力的企业而言，如果资本充足，可以自己建立分销渠道，培养自己的销售和维护队伍。但是如果企业的资金有限，必须借助中间商实力，那么需要对渠道分销商提供如广告、促销等方面的支持。至于选择哪种方式由企业根据自己的情况进行选择。

3. 控制

企业建立自己的分销渠道后，可能是各种渠道同时并存，会增加管理成本。如何对自己的渠道成员进行有效的控制，对企业而言相当重要。一般来说，渠道越长，企业的管理控制成本越高。

4. 覆盖

分销渠道的覆盖面主要指的是企业产品能到达或者能够有自己影响的市场范围。一般来讲，企业的分销渠道覆盖面首先要考虑覆盖的范围，其次要考虑覆盖范围的有效性。市场覆盖范围并不是越广泛越好，但至少要保证消费者能够见到产品。

5. 环境特性

正确选择分销渠道，不仅能使企业的产品顺利销售出去，而且能够节约成本。渠道的选择是一项繁琐的工作，环境因素是一个非常重要的因素，企业在选择时要慎重对待。

（1）产品因素

①产品的单价。

产品的价格和产品的形象、利润等直接相关，而分销渠道的选择又直接影响到产品的档次形象等。通常，产品的单价低，分销渠道就可以长一些；产品单价高，分销渠道就要短些。如我们用的日用百货就要经过一个以上的批发商，主要是为了扩大销量和广阔的市场覆盖，使得企业薄利多销，有利可图。

②产品的体积和重量。

产品的体积过大或者过重，运输起来就比较困难，运输费用也比较高，对于这样的产品，选择分销商时，要尽量考虑短渠道，最好是零渠道，避免中间储存和反复的运输；产品的体积较小或者重量较轻的，运输储存都比较方便，费用就比较低，可以考虑渠道长些。

③产品的款式。

式样多变，时尚程度较高的产品，比如时装，其分销渠道一定要短，这样可以减少因为中间环节过多而影响产品的上市从而过时。对于款式变化较小的产品，分销渠道可以适当长些。

④产品的理化功能。

对于化学物品一般易碎、易爆，尽量减少中间环节，减少因时间延误和重复搬运造成产品的损坏。这类产品主要有玻璃、水产和牛奶等。

⑤产品的通用性和专用性。

对于通用产品，一般都有一定的规格和质量，适合较多用户的需要，所以分销渠道可以长些；对于一些技术比较专业，使用面窄的产品最好由企业自己销售，这样可以减少中间环节的偏差，同时可以为用户提供安装、调试和售后服务等，这样可以提高顾客的满意度，达到顾客忠诚。

⑥产品生命周期。

在产品的引入初期，中间商对产品了解很少，甚至不感兴趣，为了尽快打开销路，企业不惜花费大量的人力、物力和财力组成强有力的销售队伍向消费者或者中间商推销产品，在此阶段，企业的分销渠道一般比较短；在产品的成熟期以后，企业产品已经在市场上站稳了脚跟并大批量投放市场，此时则可以考虑借助中间商的势力，将产品全面铺向市场，以取得规模经济效益。

（2）市场因素

一般情况下，如果市场容量大、顾客购买的量少，可以考虑宽渠道、长渠道，以尽量扩大产品的销量；市场容量大，顾客购买的量也大的则可考虑短渠道，尽量减少中间费用，提高企业效益。

（3）企业因素

如果企业的资金雄厚，有丰富的营销经验，开拓市场能力很强，对渠道有很强的控制欲望，那么企业可以靠自己的实力建立分销网络；但相反，如果企业实力较弱的话，那么则可以借助中间商的实力发展壮大。

（4）环境因素

经济、法律、科技和政治等大环境也对企业的分销渠道模式有不同程度的影响。当经济繁荣，企业需求上升时，企业会利用中间商的力量迅速将产品推向市场，将销售网络布全。相反，企业会更多考虑借势。

二、企业分销渠道设计

（一）分销渠道设计的误区

① 选择好分销渠道的成员，企业已经成功了一半。
② 分销渠道只是权宜之计，建立分销渠道是借船出海。
③ 在分销渠道的长度、宽度和深度之间摇摆。
④ 越过分销做直销。

（二）企业分销渠道设计评估标准

分销渠道方案确定后，生产厂家就要根据各种备选方案，进行评价，找出最优的渠道路线。通常渠道评估的标准有三个：经济性、可控性和适应性，其中最重要的是经济性标准。

1. 经济性的标准评估

主要是比较每个方案可能达到的销售额及费用水平。主要比较由本企业推销人员直接推销与使用销售代理商哪种方式销售额水平更高。同时比较由本企业设立销售网点直接销售所花费用与使用销售代理商所花费用，看哪种方式支出的费用大，企业对上述情况进行权衡，从中选择最佳分销方式。

2. 可控性标准评估

一般来说，采用中间商可控性小些，企业直接销售可控性大，分销渠道长，可控性难度大，渠道短可控性较容易些，企业必须进行全面比较、权衡，选择最优方案。

3. 适应性标准评估

如果生产企业同所选择的中间商的合约时间长，而在此期间，其他销售方法如直接邮购更有效，但生产企业不能随便解除合同，这样企业选择分销渠道便缺乏灵活性。因此，生产企业必须考虑选择策略的灵活性，不签订时间过长的合约，除非在经济或控制方面具有十分优越的条件。

（三）分销渠道的控制设计

企业在选择渠道方案后，必须对中间商加以选择和评估，并根据条件的变化对渠道进行调整。

1. 控制的出发点

不应仅从生产者自己的观点出发，而要站在中间商的立场上纵观全局。通常生产者抱怨中间商：不重视某些特定品牌的销售；缺乏产品知识；不认真使用生产厂商的广告资料；不能准确地保存销售记录。

但从中间商角度，认为自已不是厂商雇佣的分销链环中的一环，而是独立机构，自定政策不受他人干涉；他卖得起劲的产品都是顾客愿意买的，不一定是生产者叫他卖的，也就是说，他的第一项职能是顾客购买代理商，第二项职能才是生产者销售代理商；生产者若不给中间商特别奖励，中间商不会保存销售各种品牌的记录。所以，要求生产者要考虑中间商的利益，通过协调进行有效的控制。

2. 激励渠道成员

激励渠道成员，使其出色地完成销售任务。要激励渠道成员，必须先了解中间商的需要与愿望，同时要处理好与渠道成员的关系，包括三个方面：

① 合作。生产企业应当得到中间商的合作。为此，采用积极的激励手段，如给较高利润、交易中获特殊照顾、给予促销津贴等，偶尔应采用消极的制裁办法，诸如扬言要减少利润、推迟交货和终止关系等。但这种方法的负面影响要加以重视。

② 合伙。生产者与中间商在销售区域、产品供应、市场开发、财务要求、市场信息、技术指导和售后服务方面等彼此合作，按中间商遵守合同程度给予激励。

③ 经销规划。这是最先进的方法。这应由有计划地实行专业化管理的垂直市场营销系统，将生产者与中间商的需要结合起来，在企业营销部门内设一个分销规划部，同分销商共同规划营销目标、存货水平、场地及形象化管理计划、人员推销、广告及促销计划等。

三、分销渠道设计原则

分销渠道管理人员在选择具体的分销渠道模式时，无论出于何种考虑，从何处着手，一般都要遵循以下五个原则：

（1）畅通高效的原则

这是渠道选择的首要原则。任何正确的渠道决策都应符合物畅其流、经济高效的要求。商品的流通时间、流通速度、流通费用是衡量分销效率的重要标志。畅通的分销渠道应以消费者需求为导向，将产品尽快、尽好、尽早地通过最短的路线，以尽可能优惠的价格送达消费者方便购买的地点。畅通高效的分销渠道模式，不仅要让消费者在适当的地点、时间以合理的价格买到满意的商品，而且应努力提高企业的分销效率，争取降低分销费用，以尽可能低的分销成本，获得最大的经济效益，赢得竞争的时间和价格优势。

（2）覆盖适度的原则

企业在选择分销渠道模式时，仅仅考虑加快速度、降低费用是不够的。还应考虑及时准确地送达的商品能不能销售出去，是否有较高的市场占有率足以覆盖目标市场。因此，不能一味强调降低分销成本，这样可能导致销售量下降、市场覆盖率不足的后果。成本的降低应是规模效应和速度效应的结果。在分销渠道模式的选择中，也应避免扩张过度、分布范围过宽过广，以免造成沟通和服务的困难，导致无法控制和管理目标市场。

（3）稳定可控的原则

企业的分销渠道模式一经确定，便需花费相当大的人力、物力、财力去建立和巩固，整个过程往往是复杂而缓慢的。所以，企业一般轻易不会更换渠道成员，更不会随意转换渠道模式。只有保持渠道的相对稳定，才能进一步提高渠道的效益。畅通有序、覆盖适度是分销渠道稳固的基础。

由于影响分销渠道的各个因素总是在不断变化，一些原来固有的分销渠道难免会出现某些不合理的问题，这时，就需要分销渠道具有一定的调整功能，以适应市场的新情况、新变化，保持渠道的适应力和生命力。调整时应综合考虑各个因素的协调，使渠道始终都在可控制的范围内保持基本的稳定状态。

（4）协调平衡的原则

企业在选择、管理分销渠道时，不能只追求自身的效益最大化而忽略其他渠道成员的局部利益，应合理分配各个成员间的利益。渠道成员之间的合作、冲突、竞争的关系，要求渠道的领导者对此有一定的控制能力——统一、协调、有效地引导渠道成员充分合作，鼓励渠道成员之间有益的竞争，减少冲突发生的可能性，解决矛盾，确保总体目标的实现。

（5）发挥优势的原则

企业在选择分销渠道模式时，为了争取在竞争中处于优势地位，要注意发挥自己各个方面的优势，将分销渠道模式的设计与企业的产品策略、价格策略和促销策略结合起来，增强营销组合的整体优势。

第 4 节　分销渠道的基本策略

分销渠道选择前要首先了解渠道有哪些结构形式。分销渠道的结构会随着商品的特点、渠道成员的多少、不同渠道的长短先后等因素的不同而发生变化。分销渠道的结构主要包括渠道的层级结构、宽度结构和系统结构。

1. 层级结构

分销渠道按照商品从制造商转移到消费者的过程中所包含的渠道层级的多少，可以分为零阶渠道，一阶、二阶和三阶渠道，据此也可以分为直接渠道和间接渠道、短渠道和长渠道等几种类型。渠道的层级结构如图 7.1 所示。

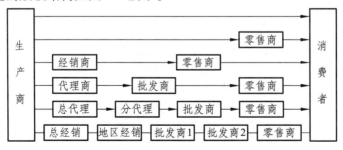

图 7.1　渠道的层级结构

① 零阶渠道（直接销售）是制造商将产品直接销售给最终消费者，中间不经过任何中间商的分销渠道类型。这种直销的主要方式有上门推销、邮销、互联网直销及厂商自设机构销售。直销是工业品销售的主要方式，大型设备、专用工具及需要提供专门服务的工业品，几乎都采用直销渠道。随着科学手段的完善，消费品直销渠道也得到长足发展。

② 一阶渠道包括一级中间商。在消费品市场上，中间商通常是零售商；而在工业品市场

上，它可以是一个代理商或经销商。

③ 二阶渠道包括两级中间商。消费品二阶渠道的典型模式是经由批发和零售两级转手销售。在工业品市场上，两级中间商大多是由工业品批发商和销售代理商组成。

④ 三阶渠道是包含三级中间结构的渠道类型。一些消费面宽的日用品，如肉类食品及包装方便面，需要大量零售机构营销，其中许多小型零售商通常不是大型批发商的服务对象。

⑤ 四阶渠道、五阶渠道等层级更高的分销渠道也有，但极罕见。一般来说，对制造商而言，渠道层级越多越难协调和控制，会给分销渠道的管理与控制带来许多不便。

2. 宽度结构

渠道宽窄取决于渠道的每个环节中使用同类型中间商数目的多少。企业使用的同类中间商多，产品在市场上的营销面广，称为宽渠道。反之，企业使用的同类中间商少，分销渠道窄，称为窄渠道，它一般适用于专业性强的产品，或贵重耐用的消费品，通常由一家中间商统包，几家经销。它使生产企业容易控制营销，但市场营销面会受到限制。

分销渠道的宽窄是相对而言的。受产品性质、市场特征和企业营销战略等因素的影响，分销渠道的宽度结构大致有以下三种类型：

（1）独家分销渠道（最窄）（见图7.2）

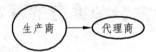

图7.2　独家分销渠道

独家式分销渠道是指企业在目标市场上或目标市场的一部分地区内，仅指定一家中间商经营其产品。独家分销渠道是窄渠道。独家分销渠道的优点是：中间商能获得企业给定的产品的优惠价格，不能再代销其他竞争性的相关产品。对于独家经销商而言，经营有名气的企业产品，可凭名牌产品树立自己在市场上的声望和地位，同时可获得制造商广泛的支持，所以能提高中间商的积极性。对于企业而言，易于控制产品的零售价格，易取得独家经销商的合作。其缺点则是：因缺乏竞争，顾客的满意度可能会受到影响，经销商对制造商的反控力较强。

此种模式适用于技术含量较高，需要售后服务的专用产品的营销，如机械产品、耐用消费品和特殊商品等。具体而言，有新型汽车、大型家电和某种品牌的时装等。例如，东芝在进入美国市场的早期，将80%的产品交给史勒伯百货连锁店销售。

（2）选择性分销渠道（中宽）（见图7.3）

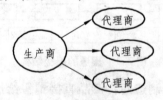

图7.3　选择性分销渠道

选择性分销渠道指在同一层次上或一定区域内，选择少数符合要求的中间商，经销本企业的产品，即从入围者中选择一部分作为经销商。选择性分销渠道通常由实力较强的中间商组成，能有效地维护制造商品牌信誉，建立稳定的市场和竞争优势。这类渠道多为消费品中的选购品和特殊品以及工业品中的零配件等。选择性分销渠道是中宽度渠道。

选择性分销渠道的优点是：比密集性营销能取得经销商更大的支持，同时又比独家分销能够给消费者购物带来更大的方便，一般来说，消费品中的选购品和特殊品适宜采用精选式分销渠道。其缺点是：中间商的竞争较独家分销渠道激烈，而且选择符合要求的中间商较困难。消费者和用户在选购商品时会进行商品的比较，所以没有密集分销渠道那么方便顾客。

（3）密集性分销渠道（最宽）（见图7.4）

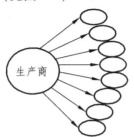

图 7.4　密集性分销渠道

密集性分销渠道是指在同一层次上使用较多的中间商，即凡符合厂家最低要求的中间商均可参与分销渠道。一般来说，产品的营销密度越大，销售的潜力也就越大。密集分销渠道是宽渠道。密集分销渠道的优点是：市场覆盖率高、便利顾客。其缺点则是：市场竞争激烈，价格竞争激烈，导致市场混乱，有时会破坏厂家的营销意图；渠道的管理成本（包括经销商的培训、营销系统支持和交易沟通网络的建设等费用）很高。

3. 系统结构

20世纪80年代以来，分销渠道系统突破了由生产者、批发商、零售商和消费者组成的传统模式，有了新的发展，形成了整合渠道系统，如垂直渠道系统、水平渠道系统和多渠道营销系统等，从而克服了传统渠道系统成员之间的松散关系所带来的各自为政，各行其是，为追求其自身的利益最大化而不惜牺牲整个渠道系统的利益的缺陷。

① 传统渠道系统。

由独立的生产商、批发商、零售商和消费者组成的分销渠道。其特点是：松散、各自为政，只追求自身的最大利益。

② 整合渠道系统。

渠道成员通过不同程度的业态一体化整合形成的分销渠道。其特点是：分工、合作、优势互补，以严格的契约规范每个成员的行为。

③ 垂直渠道系统。

这是由生产企业、批发商和零售商纵向整合组成的统一系统。该渠道成员或属于同一家公司，或将专卖特许权授予其合作成员，或有足够的能力使其他成员合作，因而能控制渠道成员的行为，消除某些冲突。垂直分销渠道的特点是专业化管理、集中计划，销售系统中的各成员为共同的利益目标，都采用不同程度的一体化经营或联合经营。

在我国，这种垂直分销渠道也逐渐成为主要的发展趋势。垂直渠道系统主要有三种形式：

A. 公司式垂直系统。

公司式垂直一体化分销体系是指一家公司拥有和统一管理若干工厂、批发机构和零售机构，能够控制市场分销渠道的若干层次，甚至控制整个市场的分销渠道，综合经营生产、批发和零售业务。

B. 管理式垂直系统。

管理式垂直系统指通过渠道中某个有实力的成员来协调整个分销渠道的销售管理业务，其业务涉及销售促进、库存管理、定价、商品陈列和购销活动等，该体系不是由同一个所有者属下的相关生产部门和分销部门组织而成，而是由某一家规模大、实力强的企业出面组织，渠道成员承认相互之间的依赖关系，并且愿意接受这家企业的统一领导，对整个分销渠道的产品流通活动进行协调与管理。

C. 契约式垂直系统。

契约式垂直系统也称合同式垂直系统，指不同层次的独立制造商和经销商为了获得单独经营达不到的经济利益，而以契约为基础实行的联合体。它主要分为三种形式：

a. 特许经营组织。它是近年来发展最快和最令人感兴趣的零售组织，包含以下三种形式：制造商倡办的零售特许经营或代理商特许经营、制造商倡办的批发商特许经营系统和服务企业倡办的零售商特许经营系统。

b. 批发商倡办的连锁店。即批发商组织独立的零售商成立自愿连锁组织，帮助他们和大型连锁组织抗衡。批发商制定一个方案，根据这一方案，使独立零售商的销售活动标准化，并获得采购方面的好处，这样，就能使这个群体有效地和其他连锁组织竞争。

c. 零售合作组织。即零售商可以带头组织一个新的企业实体来开展批发业务和可能的生产活动。成员通过零售商合作组织集中采购，联合进行广告宣传，利润按成员的购买比例进行分配，非成员零售商也可以通过合作组织采购，但不能分享利润。

④ 水平式渠道系统。

指由两家或两家以上的公司横向联合起来的渠道系统，它们可实行暂时或永久的合作。当面临一个新的市场机会时，这些公司或因资本、生产技术、营销资源不足，无力单独开发市场机会；或因惧怕独自承担风险；或因与其他公司联合可实现最佳协同效益，因而组成共生联合的渠道系统。这是在同一层次的若干生产商之间、若干批发商之间、若干零售商之间采取的横向联合方式。总之，这种系统可发挥群体作用，共担风险，获取最佳效益。

⑤ 多渠道营销系统。

指对同一或不同的细分市场采用多条渠道营销系统。这种系统一般分为两种形式：一种是生产企业通过多种渠道销售同一商标的产品，这种多渠道营销系统也称为双重营销；另一种是生产企业通过多渠道销售不同商标的差异性产品。此外，还有一些公司通过同一产品在销售过程中的服务内容与方式的差异，形成多条渠道以满足不同顾客的需求。多渠道系统为制造商提供了三方面的利益：扩大产品的市场覆盖面，降低渠道成本和更好地适应不同顾客的要求。但该系统也容易造成渠道之间的冲突，给渠道控制和管理工作带来很大难度。

4. 分销渠道选择策略

企业分销渠道的选择，不仅要保证产品及时到达目标市场，而且要求选择的分销渠道销售效率高，销售费用少，能取得最佳的经济效益。因此，企业进行分销渠道选择前，必须综合考虑各方面因素再做出分销渠道的基本策略：即是否采用中间商，分销渠道的长短、宽窄和具体渠道成员等。根据前面所述的分销渠道的结构类型，在渠道选择方面要考虑三个方面的因素：①直接销售与间接销售的选择；②分销渠道长度的选择；③分销渠道宽度的选择。分销渠道系统如图7.5所示。

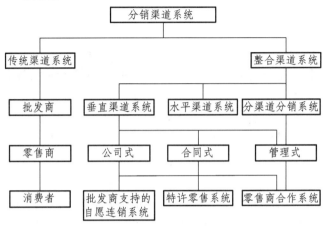

图7.5　分销渠道系统

第5节　分销渠道的管理

一、加强分销渠道的创新

渠道变革的最终目的是"成本下降，效率提高"，这可以通过减少流通环节、统购分销、产品集中出货、加快库存和资金周转率来实现。基于上述现状和问题，根据当前市场变化，对分销渠道资源进行有效的整合，实施分销渠道的创新势在必行。

首先，分销渠道模式的多元化。分销渠道的多样化，一是指企业渠道模式的多元化，这样不仅能分散风险，而且还能提高产品的市场占有率。二是指分销产品结构的多元化，即在同一渠道中实现对多种相关产品的分销以提高渠道的利用效率，因而需要实现分销渠道的整合。三是分销渠道结构上的扁平化和重心下移。扁平化即主要通过尽量减少分销渠道的环节，便于实现厂家与消费者进行更直接、更快捷和更准确的沟通，并有助于生产企业对分销渠道的控管，减少冲突及降低不稳定性，并在降低成本费用、提高渠道运作效率的基础上，获得企业竞争优势和渠道利润空间。而重心下移包括由经销商向零售终端市场下移和由大城市向地区、县级市场下移，使厂家更有效沟通和监控市场，获得市场的主动权。四是分销渠道信息化。既在有形的渠道网络中融入无形的互联网络。在互联网的基础上建立的分销渠道网络，能更好地满足新经济时代的个性化、互动化和高速化的要求。

二、加强对经销商的有效管理

1．甄选与评估

选择经销商要广泛收集有关经销商的声誉、市场经验、产品知识、合作意愿、市场范围和服务水平方面的信息，确定审核和比较的标准。比较的标准是：经销商的营销理念和合作意愿，市场覆盖范围，声誉；历史经验；产品组合情况，财务状况，促销能力和对其业务员的管理能力。

2. 沟通

沟通是保证渠道畅通的一个很重要的条件。因此，如何促成渠道成员之间的相互理解、相互信赖乃至紧密合作，是分销渠道管理中一个重要的方面。沟通可以分为信息沟通和人际沟通两种形式。

① 信息沟通。及时有用的信息是企业经营成功的基础，因此企业一定要建立相关的信息沟通机制，及时向渠道成员传递有关消费者信息、产品信息、价格信息、技术信息、环境信息和竞争者信息等渠道成员感兴趣的信息。为此，企业必须建立一个有效的分销渠道信息系统，以实现渠道中信息的共享。

② 人际沟通。在现实经营过程中，生产企业往往对经销商不满，究其原因是因为生产企业是站在自己的角度看问题。如果我们换个角度，站在经销商的立场上，问题有可能不会发生。对于生产企业来说我们要理解经销商，经销商是一个独立的经营者，而不是企业的雇佣，他们有自己的经营目标和经营政策，他们关心所有产品的销售，而不会把注意力只放在一种产品上，他们首先是消费的采购代理人，然后才是企业的销售代理人，除非有很大的物质奖励，否则经销商一般不会为生产企业做销售记录。了解经销商的这些特点，渠道成员就可以相互理解，相互合作，保持渠道的畅通。

3. 激励

经常激励经销商可以提高他们的积极性，对经销商的激励可以分为直接激励和间接激励。直接激励包括制定严格的返利政策、价格折扣和开展促销活动；间接激励包括培训经销商和向经销商提供营销支持。

4. 约束

① 做好进销存管理，即对于经销商的销售额统计、增长率、销售目标做一个详尽的统计整理，以考核经销商的业务能力，也可以作为制定奖惩政策的依据。

② 管理到二批以下，我们可以将销售记录跟踪到二批、三批和零售终端，甚至消费者，跟踪得越深入，对经销商的管理越有帮助，便于总结经验。

三、加强对渠道的有效控制

1. 建立一体化的营销渠道

一体化垂直营销渠道是由制造商和经销商（包括批发商和零售商）组成一个统一的联合体，统一行动，通过规模优势增强谈判实力，减少某些环节的重复浪费，消除渠道成员为追求各自利益而造成的损失。鉴于相当多的冲突来自于经销商与制造商之间较为松散的合作关系，每个渠道成员又都是作为一个独立的经济实体来追求自己利润的最大化而导致的内耗。因此，加强两者之间的合作，形成利益与共的紧密联系，有助于消除渠道的内耗。在发达国家的消费品销售中，这种营销系统已经成为主流的分销形式，占全部市场的 70% ～ 80%，目前这种合作形式在我国还不普遍。

2. 加强制造商的品牌能力建设

当制造领域与销售领域的力量对比发生转移时，制造商的品牌建设能力不断下降，越来越受控于经销商时，对制造商来说要想获得短缺经济时代对经销商的控制能力，就必须加强品牌建设，提高产品能提供给顾客的溢价价值。毫无疑问，现在的市场竞争已经超越了同质低价的低层次竞争，而是集中于品牌竞争。现在绝大多数的商品市场上，能在与经销商的关系中占据主导地位的企业都是拥有强势品牌的企业，他们手中的品牌力量为他们赢得垄断优势。

3. 构建长期的合作关系

构建长期的合作关系是激励分销商的一种方式，也是消除渠道冲突的一种方法。精明的厂商意识到，他在市场开发、市场覆盖、寻找顾客、产品库存和为顾客提供服务等很多方面都离不开经销商的支持，因此愿意与经销商建立长期的合作关系，这种关系的最高形式就是分销规划。分销规划是指建立一套有计划的、专业化的管理垂直营销系统，把生产企业与经销商的需要集合起来，制造商在市场营销部门下设一个专门的部门即分销关系规划处，主要工作为确认经销商的需要，指定交易计划和其他方案，以帮助经销商能以最适当的方式经营，该部门和经销商合作决定交易目标、存货水平、商品陈列方案、销售训练要求、广告及促销计划。其目的在于，将经销商认为他之所以赚钱是因为与购买者在同一立场的看法转变为他之所以赚钱乃是由于他和生产企业站在同一立场。

4. 建立产销战略联盟

产销战略联盟，是指从企业的长远角度考虑，产方和销方（即生产企业和经销商）之间通过签订协议的方式，形成风险——利益共同体。按照商定的分销策略和游戏规则，共同开发市场，共同承担市场责任风险，共同管理和规范销售行为，共同分享销售利润的一种战略联盟。

产销战略联盟根据其紧密形式可以分为会员制、联盟性质的销售代理与制造承包制及合资、合作、互相持股的联营公式形式，产销战略联盟属于关系营销的范畴，其最大的特点是参与联盟的企业具有共同的战略目标，当渠道面临外来威胁时，渠道成员为实现他们共同的目标而紧密合作，如市场份额、高品质服务、顾客满意等，紧密合作能够战胜威胁，这也使得渠道成员明白紧密合作以追求共同的最终目标价值。

5. 加强有效的渠道控制

产品营销中的渠道控制是企业构建分销渠道系统的重要组成部分，它可以解决企业产品上市初期渠道不畅、销售费用过大等困难，同时也解决需要密集分销的产品在日常网络建设中的不足等问题。另外，对于分销渠道中出现的冲突也能起到预先控制的作用，所以分销渠道的控制对于企业的产品销售起着重要作用，渠道控制从哪些方面进行呢？

① 渠道长度控制。尽可能地减少中间环节，必要时可采取直销形式，减少产品在流通过

程中停留的时间和费用，提高渠道效率。

② 成本控制。对渠道进行成本效益分析，尽可能减少渠道费用，提高渠道的经济效益。

③ 人员控制。不管采用什么样的渠道，对销售人员的素质要有一定的要求，对销售人员的招聘、培训、考核、激励和监督等管理工作都是渠道控制的主要内容。

④ 区域控制。不少企业在选择分销渠道时，对区域控制采取顺其自然的态度，有的在分销协议中不做明确的规定；有的虽有明确规定但执行力度不够，出现经销商跨地区销售，引起渠道冲突。这些问题如不能及时处理，就会导致经销商队伍涣散，与企业合作减少，整个销售网络处于极不稳定的状况。区域控制要求被选择的经销商严格遵守分销条款，出现跨地区分销现象及时处理。

⑤ 价格控制。经销商为了争夺市场，往往采取低价竞争的方式，这种以低价为特征的恶性竞争的结果使经销商元气大伤，最终脱离原来的业务，所以供应商对价格的监控是渠道控制的主要内容之一。

⑥ 物流控制。随着产品销售量的增加，畅通的物流周转是渠道控制的主要内容，企业首先要考虑产品的运输问题，善于利用运输公司的物流网络节省费用；其次要考虑周转仓库的设置，与经销商合作建立周转仓库是很好的办法；最后需要考虑产品配送中心，健全的信息管理系统是配送中心的关键。

第6节 分销渠道策略实训指导

一、实训目标

引导学生参加"分销渠道策略"单元实践训练。通过切实体验"分销渠道策略运作"各实训任务的完成、系列技能操作的实施、《××汽车企业分销渠道策略运作实训报告》的准备与撰写等活动，培养其"分销渠道策略运用"的专业能力，强化其"与人交流""解决问题"和"革新创新"等职业核心能力，践行"职业观念""职业态度""职业作风""职业守则"等行为规范，促进其健全职业人格的塑造。

二、实训的内容、方法和步骤

将学生分成若干实训组，分别选择一个汽车企业（或校专业教育实训基地）的分销渠道策略运作项目进行实训。各实训组通过对所选企业（或校专业教育实训基地）的分销渠道策略运作项目情况的调查、对其成功经验和存在问题的分析、对其后续运作改进方案或建议的提供等营销实践活动的参与和体验，完成本次实训任务，并撰写《××汽车企业分销渠道策略运作实训报告》。

分销渠道策略运作实训操作流程：

① 将全班分成若干个组（以4~6人为宜），每组指定专人负责。严守营销实训实践活动组织纪律，确保人身安全。

② 每实训组在实训过程中，应在完成实训企业交给的营销任务前提下，注意仔细观察、

调查了解实训企业分销渠道策略的运作情况。

③ 在摸清实训企业分销渠道策略运作具体情况的基础上，分别制定《××企业分销渠道策略运作实训工作计划》，分配工作任务。各实训组应根据分配的工作任务，参与所选企业分销渠道策略运作项目，在实训过程中应仔细体验分销渠道策略在该企业营销实践中的运作。责成相关组员将工作情况进行详细记录，将记录作为实训过程性考核的重要依据。

④ 对收集的资料进行整理分析，将体验上升到理论高度。运用所学知识分析总结该企业分销渠道策略运作的经验，在此基础上提出建议，撰写《××企业分销渠道策略运作实训报告》。具体要求：撰写格式规范，内容完整，结构合理，文理通顺。报告格式与体例参照"分销渠道策略运作实训报告范例"。

⑤ 在班级交流、讨论各组的《××企业分销渠道策略运作实训报告》。

⑥ 根据交流、讨论结果，各组修订其《××企业分销渠道策略运作实训报告》，使之各具特色。由指导老师择优推荐给实训企业。

思考与练习

1. 分销渠道的类型和作用有哪些？
2. 中间商的类型有哪些？作用如何？
3. 渠道的设计和基本策略是什么？你如何认识？

第8章 汽车促销策略

【本章教学要点】

知识要点	掌握程度	相关知识
汽车促销及组合的概念	掌握汽车促销及组合的概念	汽车促销的方式，促销组合应考虑的因素等
汽车广告的基本知识	掌握汽车广告的基本知识	汽车广告的作用，广告的策划程序
公共关系基本知识	掌握公共关系基本知识	公共关系的特征、作用，公共关系策略，公关活动的内容等

 导入案例

东风悦达起亚——慧眼识"刘翔"

自从1984年美国人把商业运作引入奥运赛场之后，4年一度的奥运会，就不仅仅是运动员较量的最高场所，也成为众多世界知名大企业激烈角逐的舞台。盘点2004年雅典奥运会，最大的兴奋点当属刘翔勇夺110米栏冠军，创造了中国乃至亚洲的纪录。

恐怕很多人在他夺冠的一刻都还不敢相信是真的，幸运女神终于降临到了中国的田径项目上，终于降临到默默无闻的刘翔身上。而最早发现并且决定聘请刘翔担任产品代言人的厂家竟然是汽车企业——东风悦达起亚。刘翔的商业价值，现在少则以数千万计，但在2004年2月，东风悦达起亚就签下当时还什么也不是的年轻人刘翔担任千里马轿车的代言人。早在2004年初千里马轿车推出04款时，东风悦达起亚就希望寻觅一位能与之匹配的动力明星担当品牌代言人。当时黄金联赛分站赛中为中国取得第一面奖牌的上海小伙子刘翔跃入他们的视野。尽管当时对很多人而言，刘翔还在默默无闻的阶段，然而他在一群黑人运动员中奋勇冲刺的画面，深深感动了东风悦达起亚的领导决策层。东风悦达起亚在汽车行业本来就是个后起之秀，开始只有一款名不见经传的小车千里马，现在却竟然是一匹车市黑马，在经济型车市场越战越勇，这和当时初出茅庐的刘翔在黄金联赛分站赛中赢得奖牌的故事暗合，当时东风悦达起亚高层应该还不会预料到刘翔最终能夺得奥运金牌，但刘翔本身具有的，与千里马产品内涵完全统一的特质却令中韩双方领导坚定地选择他来代言千里马轿车。相比刘翔成名后的身价，当时的签约价格当然是便宜得不行，东风悦达起亚慧眼识"刘翔"，当然是赚了。

第 1 节　汽车促销组合

现代汽车营销要求开发优良的汽车产品，给予有吸引力的汽车定价，以便让目标消费者接受。除此之外，还要求汽车经销商与现在和潜在消费者、汽车生产企业和公众沟通，激发消费者的购买欲望，实现汽车产品销售。因此，汽车促销策略已成为汽车企业整个营销策略中最重要的一环。

汽车促销是汽车企业对汽车消费者所进行的信息沟通活动，通过向消费者传递汽车企业和汽车产品的有关信息，使消费者了解汽车企业和信赖汽车产品。为了支持和促进汽车销售，需要进行多种方式的促销。通过广告，传播有关汽车企业和汽车产品的信息；通过销售促进，加深汽车消费者对汽车产品的了解，进而促进其购买汽车；通过人员促销，面对面地向消费者介绍，帮助消费者选购汽车；通过各种公共关系及宣传手段，改善汽车企业和汽车产品在公众心目中的形象。

一、汽车促销的方式

1. 广告

汽车广告是以付费方式通过一定媒体对产品和企业进行宣传的促销方式。它是一种高度大众化的汽车信息传递方式，其信息传播面广，形式多样，渗透力强，且可多次重复同一汽车信息，便于消费者记忆。

2. 销售促进

销售促进是通过各种具有短期刺激作用的特定活动促使潜在消费者更快或更多地购买某一产品的促销方式。它是一种沟通性极好的促销方式。通过提供汽车信息，诱导消费者接近汽车产品；通过提供优惠，对消费者产生招徕效应；通过提供奖励，对消费者产生激励。销售促进的目标可能是顾客、中间商，甚至是自己公司的员工。

3. 人员促销

人员促销是销售人员直接说服顾客购买产品为主的一种促销方式。销售人员直接向顾客传递汽车信息，采取的营销手段灵活，针对性强，容易促成及时成交；而且，通过人与人之间的沟通，可以培养经销商与消费者之间的感情，以便建立个人友谊及长期的合作关系；亦可迅速反馈消费者的意见及要求。

4. 公共关系

公共关系是以非付费方式，借助大众传播媒体的新闻报道，间接宣传企业及其产品的一种促销方式。它具有较高的可信度，其传达力较强，吸引力较大，容易使消费者接受，可树立良好的汽车企业形象。

每种促销方式都有其优缺点。通过整合，它们可以相互补充。每种方式都包含着独特的行为方式和需要不同的专业知识。因而每种方式通常由专业人士负责，如销售主管、广告经理和促销经理等。他们负责发展和执行全面促销整合的各个不同方面的具体计划。

二、汽车促销组合应考虑的因素

所谓汽车促销组合，就是把广告、销售促进、人员促销和公共关系等各种不同的汽车促销方式有目的、有计划地结合起来，并加以综合运用，以达到特定的促销目标。这种组合既可包括上述四种方式，也可包括其中的两种或三种。由于各种汽车促销方式分别具有不同的特点、使用范围和促销效果，所以要结合起来综合运用，以便更好地突出汽车产品的特点，加强汽车企业在市场中的竞争力。

在制定汽车促销组合时，应考虑下述因素：

1．汽车促销目标

确定最佳汽车促销组合，需考虑汽车促销目标。因为促销目标是制订促销预算、选择促销方式及设计促销组合的重要前提。汽车促销的目标必须有针对性，因此企业在制订一定时期的目标时，可以有多种选择。

2．汽车"推动式"销售与"拉动式"销售

在汽车销售渠道过程中，采用"推动式"销售还是"拉动式"销售，对汽车促销组合有较大的影响。"推动式"销售是一种传统式的销售方式，是指汽车企业将汽车产品推销给总经销商或批发商；而"拉动式"销售是以市场为导向的销售方式，是指汽车企业（或中间商）针对最终消费者，利用广告、公共关系等促销方式，激发消费需求，经过反复强烈的刺激，消费者将向中间商指名购买这一汽车产品，这样，中间商必然要向汽车企业要货，从而把汽车产品拉进汽车销售渠道。

3．汽车市场性质

不同的汽车市场，由于其规模、类型、潜在消费者数量的不同，应该采用不同的促销组合。规模大、地域广阔的汽车市场，多以广告为主，辅之以公共关系宣传；反之，则宜以人员促销为主。汽车消费者众多、却又零星分散的汽车市场，应以广告为主，辅之以销售促进、公共关系宣传；汽车用户少、购买量大的汽车市场，则宜以人员促销为主，辅之以销售促进、广告和公共关系宣传。潜在汽车消费者数量多的汽车市场，应采用广告促销，有利于开发需求；反之，则宜采用人员促销，有利于深入接触汽车消费者，促成交易。

4．汽车产品档次

不同档次的汽车产品，应采取不同的促销组合策略。一般来说，广告一直是各种档次汽车市场营销的主要促销产品；而人员促销则是中、低档汽车的主要促销工具；诉讼销售促进则是高、中档汽车的主要促销工具。

5．汽车产品生命周期

汽车产品生命周期阶段不同，促销目标也不同，因而要相应地选择、匹配不同的促销组

合。在导入期，多数消费者对新产品不了解，促销目标是使消费者认知汽车产品，应主要采用广告宣传介绍汽车产品，选派促销人员深入特定消费群体详细介绍汽车产品，并采取展销等方法刺激消费者购买。在成长期，促销目标是吸引消费者购买，培养汽车品牌偏好，继续提高汽车市场占有率，仍然可以广告为主，但广告内容应突出宣传汽车品牌和汽车特色，同时也不要忽略人员促销和销售促进，以强化产品的市场优势，提高市场占有率。在成熟期，促销目标是战胜竞争对手、巩固现有市场地位，必须综合运用促销组合各要素，应以提示性广告和公共关系为主，并辅之以人员促销和销售促进，以提高汽车企业和汽车产品的声誉，巩固并不断拓展市场。在衰退期，应把促销规模降到最低限度，尽量节省促销费用，以保证维持一定的利润水平，可采用各种销售促进方式来优惠销售汽车存货，尽快处理库存。

三、促销的计划、整合、管理

很多时候企业的促销人员通常只关注他们最精通和所负责的促销方式。一个网页设计人员或广告作者不会知道推销员怎样上门拜访批发商。另外，由于业务和经验差别很大，广告经理、销售经理、促销经理很难合作工作。他们常认为是其他促销方法用掉了他们预算中的钱。营销经理必须权衡各种促销手段的利弊，然后，设计有效的促销组合部门和个人，并且进行协调。通过整合营销传播，传递一致和完整的信息，适合于各个部门。公司所有促销努力的有效组合会产生整合营销传播——有目的地协调从公司向目标顾客所传递的各种消息，来传递一致和完整的信息。

很明显，一个公司针对一个目标市场的不同传播策略应该是一致的。然而，工作于不同促销因素的许多人却不会把它看成一个整体，只有营销经理才会这样做。当不同的部门在处理不同促销方式时，协调一致就更难了。不同的渠道成员可能有一个互为冲突的目标。不同的促销手段需要不同的传播方式。他们应该鼓励顾客选择特定的产品。

因此，促销应关注：①增强导致偏好行为的现行态度或关系；②确实改变公司目标市场的态度和行为。

1. 促销的目标确定

正确的促销组合依赖于公司要求的目标，一般有三个基本的促销目标：通知、说服和提醒目标顾客公司和它的营销组合。所有的行为都是通过提供更多的信息来影响顾客行为。如果我们事先明确了促销的目标究竟是要通知、说服和提醒的对象和原因，这个促销目标就会更有用了。每个公司的战略都是独特的——促销的目标和手段也是不同的。

（1）通知是教育

如果打算购买的话，潜在的顾客一定需要对该产品有一些了解。一个拥有新产品的公司首要的任务是告诉顾客这种产品——并展示它比其他产品更能满足顾客的需要。

（2）劝说通常会变为必须

当竞争对手推出了类似的车型时，公司不仅要告诉顾客产品的存在，而且要说服顾客购买自己的产品。说服的意思是公司要建立一种有利的态度偏好，使顾客购买并且是持续购买它的产品。说服的目标经常体现在一种品牌为什么优于竞争对手品牌的原因。

（3）提醒也是一种重要的目标

如果目标顾客已对一个公司的营销组合持肯定态度并与公司建立了良好的关系的话，可以采用提醒的方法了。这个目标十分重要。即使顾客已经被吸引并且买过了一次，他们仍然是竞争对手吸引的目标。提醒他们对已购买过商品的满意度可防止他们被对手抢走。

2．促销目标与采用过程的关系

我们可以把顾客购买商品的过程看作问题解决过程，在采用（或拒绝）一个主意或产品过程中可以分为六步。这三个基本的促销目标与这六个步骤之间的联系，通知和劝说可能会影响潜在顾客对一个产品的认识和态度，然后，决定是否采用它；以后的促销活动可以提醒顾客以前较满意的经历，坚定顾客采用的信心。

3．促销需要有效的传播

（1）传播会有阻碍

促销的信息被误解甚至没听到的原因很多。为了理解这一点，就要了解整个的传播过程——信息源把消息传递给信息接收者的过程。传播过程中的各要素：信息源（source）—消息的发出者—把消息传递给信息接收者—潜在顾客。顾客不仅评估所收到的消息，而且要评估消息源的可靠性和可信性。

人员推销的主要优点是信息发送者（卖方）可以立即从信息接收者（买方）那里得到直接的反馈。它很容易就可以知道信息是否接受并可根据需要改变信息。大众促销通常需要营销调研和反馈销售总数字，它可能需要等待较长的时间。我们介绍许多营销者在大众促销时，借助于免费电话和网站获得直接的顾客信息反馈。

噪声是指任何减少传播效果的事物。交谈和吃零食在电视广告播出时就是噪声。在因特网上竞争对手凌乱的广告也是噪声。传递信息的广告商必须认识到许多可能的妨碍物（噪声）在妨碍传播。

（2）编码和解码

传播过程中的基本难点发生于编码和解码的过程中。编码就是信息源决定要说什么，把要传送的信息以接收者认可的方式变成语言或符号。解码就是信息接收者把它变成信息，这个过程是不容易的。各种文字和符号的含义可能由于双方的观点和经历的不同而有所区别。人们需要一个共同参考结构，使传播有效。

（3）信息渠道也是重要的

传播过程的复杂性甚至因为信息通过一些消息渠道——消息运输人。一种信息源能运用多种信息渠道传递信息，销售人员用声音和行动来亲自完成它。广告必须通过杂志、电视或诸如电子邮件或因特网站等媒体进行。一种特别的信息渠道可能提高或转移信息。另一方面，一位接收者可能得到某种产品的价值，如果信息来自一份值得敬重的报纸或杂志。例如，一些消费者购买在《汽车之友》杂志上刊登广告的产品，因为他们相信它。

（4）同样的信息，可能会出现不同的解释

由于文化背景的不同或翻译有问题时，不同的受众可能对同一信息有不同的解释，国际营销中的这种不同非常普遍。

四、汽车促销预算

1. 汽车促销预算的制定过程

① 分析汽车年度营销计划，建立营销目标，预测汽车的销量和利润。

② 制订最初在广告、销售促进、人员促销和公共关系的预算分配。可以按往年数据进行分配，也可以依据竞争者的实际促销情况和其他因素，对该分配进行调整。例如，估计竞争者要增加广告宣传费，则应把更多的预算转向广告宣传。

③ 将总促销预算送交高层决策者审查、修改后执行。

2. 对影响汽车促销预算分配因素的分析

① 在汽车产品生命周期的导入期和成长期，特别是市场成长率强时，投向广告的预算应多于销售促进。拥有最多市场份额、毛利和产品差别化较强的汽车企业也要投入相对较多的广告费。

② 汽车促销预算越高，竞争越激烈，越要集中精力抓好短期内的管理。

③ 相对于人员促销，广告往往对汽车消费者的态度和长期市场份额有正面影响，而对短期市场份额有负面影响。

④ 相对于广告，人员促销往往对短期市场份额有正面影响，而对汽车消费者的态度和长期市场份额有负面影响。

第 2 节　汽车广告策略

一、汽车广告的作用

汽车广告是汽车企业用以对目标消费者和公众进行说服性传播的工具之一。汽车广告要体现汽车企业和汽车产品的形象，从而吸引、刺激并诱导消费者购买该品牌汽车。其具体作用在于：

1. 建立知名度

通过各种媒介的组合，向汽车消费者传达新车上市的信息，吸引目标消费者的注意，汽车广告宣传可避免促销人员向潜在消费者描述新车所花费的大量时间，快速建立知名度，迅速占领市场。

2. 促进理解

新车具有新的特点，通过广告，可以向目标消费者有效地传递新车的外观、性能和使用等方面的信息，引发他们对新车的好感和信任，激发其进一步了解新车的兴趣。

3. 有效提醒

如果潜在消费者已了解了这款新的车型，但还未准备购买，广告能不断地提醒他们，刺激其购买的欲望，这比人员促销要经济得多。

4. 再保证

广告能提醒消费者如何使用、维修和保养汽车，对他们再度购买提供保证。

5. 树立企业形象

对于汽车这样一种高档的耐用消费品，用户在购买时，十分重视企业形象（包括信誉、名称、商标等），广告可以提高汽车生产企业的知名度和美誉度，扩大其市场占有率。

二、汽车广告的策划程序

1. 汽车广告的调查和市场分析

① 分析环境。由于汽车广告环境对汽车广告活动有直接或间接的制约和导向作用，所以首先应对它进行深入细致的分析研究。最后要掌握系统的汽贸企业内部资料和外部资料，明确汽贸企业整体营销对汽车广告提出的要求，以摆正其在市场上的位置。

② 分析广告的车型和服务。对车型、目标顾客、竞争者进行深入的了解，分析，以便确定正确的目标受众。

2. 确定汽车广告目标

根据以上分析提出汽车广告应在何计划期内达到什么目标。汽车广告目标是汽贸企业根据发展战略及企业资源所拟定的希望通过汽车广告实现的目标。汽车广告目标是汽车广告策划的出发点和归结点，汽车广告策划的各项工作均是围绕汽车广告目标展开的。不同的汽贸企业在不同的时期，由于汽车广告任务不同，具体的汽车广告目标也不同，所以在汇总汽车广告环境和汽车广告车型和服务的有关情况的基础上，由汽贸企业的最高决策层同营销部门负责人一起确立汽车广告目标。

制定汽车广告策略的第一步是确定汽车广告目标。汽车广告目标是指在一个特定时期内，对某个特定的公众所要完成的特定的传播任务。这些目标必须服从先前制定的有关汽车目标市场、汽车市场定位和汽车营销组合等决策。汽车广告按其目标可分为通知性、说服性和提醒性广告三种。

（1）通知性广告

主要用于汽车新产品上市的开拓阶段，旨在为汽车产品建立市场需求。日本丰田汽车公司在进入中国市场时，打出"车到山前必有路，有路必有丰田车"的广告，震撼人心。

（2）说服性广告

主要用于竞争阶段，目的在于建立对其某一特定汽车品牌的选择性需求。在使用这类广告时，应确信能证明自己处于宣传的优势，并且不会遭到更强大的其他汽车品牌产品的反击。

（3）提醒性广告

用于汽车产品的成熟期，目的是保持消费者对该汽车产品的记忆。例如，上海大众仍经常为已经处于成熟期的桑塔纳轿车做广告，提醒消费者对桑塔纳轿车的注意。

3．广告信息的确定

广告信息确定，就是通过广告应向目标传达什么信息以及以怎样的形式表达这些信息，这项确定可以具体化为三个步骤：信息的发掘、信息的选择和信息的表达。

（1）广告信息的内容

广告信息的内容直接影响广告的促销效果。营销人员必须首先发现各种可供传达的信息，才可能最后找出最应该传递的信息，即广告主题或广告诉求。发掘广告信息的方式和渠道多种多样，其中以向消费者、经销商和竞争企业收集信息的方法最受专家推崇。营销人员可以通过营销调研方法寻找并归纳、分析和推理，以获得有价值的广告信息。

（2）信息的选择

信息的选择就是从各种备选的广告信息中，找到最能引发大多数顾客需求的信息，以其作为广告的主题。广告信息一旦被选作广告的主题，则要进行较长时间的重复发布，改变信息的内容和表达方式需要相当高的成本。因此，必须对广告所要表达的信息进行审慎的选择。通常，同一广告不宜表达太多的信息，好的广告往往集中表达某一主题。选择广告主题可以用以下三个标准：①满意性，即广告的主要信息能否表现产品诸多特征中让消费者满意或感兴趣的特征。②独特性，即广告的主要信息是否表现了某些与众不同的产品特征。③可信性，即广告信息是否令人感到可信或可能证实。

（3）信息的表达

信息的效果不仅取决于内容，而且取决于表达形式。广告信息表达形式是一个具有高度专业性的技术性问题，它常常涉及美术、文学、心理学和摄影等专业领域。而且，不同媒体的广告，其表达形式的侧重点也有很大差别。

4．制定汽车广告策略

这是汽贸企业为实现汽车广告战略目标而采取的对策与方法，是保证实现汽车广告目标的一种谋略思想。汽车广告策略包括：

（1）汽车广告定位

一则汽车广告的好与坏，优与劣，要以表现的汽车广告定位为基准，进行评价和分析，汽贸企业的宣传要借助于汽车广告这种形式。广告什么和向什么人广告，是汽车广告决策的首要问题。汽贸企业在提供服务的过程中，根据客观和现实的需要，必然为自己的服务所针对的目标市场进行定位，以确定企业的经营方向。但能否真正引起购买行为的表现，首要就是看汽车广告定位是否准确。否则，即使顾客需要的车辆，由于汽车广告的定位不准，也会失去促销的作用。因此，企业在广告过程中，要注意自己品牌的与众不同，从而保证顾客的满意。

（2）汽车广告创意

汽车广告创意是在整体广告策略指导下，围绕最重要的销售信息，凭借直觉力和技能，利用所获得的各种相关信息通过筛选、提炼、组合、转化并加以原创性表现的过程。它是汽车广告活动中的一个重要环节。广告的目的不仅要明确"说什么"，同时还需要知道"如何说"，因此广告创意要经过一个策略发展的过程，准确定位是广告创意的开始。汽车广告创意要以广告的目标为基准，以广告主题为核心，必须把汽车广告信息有效地发送出去，还必须是信息的接受者乐于接受，汽车广告才可能影响顾客的购买偏好行为。

德国福斯的金龟车的一则广告很有意思，该广告是针对一般人误认为金龟车无法在高速公路上超车加以澄清。广告标题是："他们说它根本就办不到。"画面则是一位骑摩托车的警察，正在高速公路上给一位驾金龟车的青年开超速的罚单。

（3）汽车广告文案

汽车广告的内容一般主要由文字和画面两部分组成，其中文字部分称为广告文案。汽车广告文案是汽车策划者按照汽车广告的目标要求，用文字的形式将汽车广告的主题和创意表达出来。因此，在汽车广告策划中，汽车广告的文案创作也是十分必要的。好的文案一般具备真实性、独创性、整体性、艺术性和商业性的特点，这需要营销策划人员一番认真的辛劳才能获得。

5. 选择汽车广告媒体

汽车广告是一种传播信息的活动，在传播时，不同媒体的优缺点及对社会公众的影响力，会对汽车广告效果产生很重要的影响。汽车广告媒体分析研究，就是指对各种大众传播进行分析，根据不同媒体的特点，选择相应的媒体或媒体组合策略，有效地传播特定的汽车广告内容。

通常，广告媒体可以区分为电视、报纸、广播、户外广告及杂志、邮寄广告等几种类型。每种媒体都有其优点和局限性，企业在选择媒体类型时必须综合考虑多种因素。

（1）目标沟通对象媒体的习惯

不同的人群往往具有不同的媒体的习惯，因而使某些媒体特别适合于向特定人群传递广告信息。例如，生产高档轿车的企业，在企业 CEO 定位是目标群体的情况下，决不会在广播电台上做广告，而只能在电视或网络上做广告。

（2）产品的品质与特征

不同产品需要向目标顾客传递的信息是不同的，而不同媒体在表现商品特征的能力也是有所差异的。由于电视广告综合使用声音、图像和文字等表现手段，因而几乎适于所有产品；而其他媒体则各有长处。

（3）信息的性质与特征

信息的时效性要求、信息量及信息的复杂程度等因素往往决定着媒体的选择。例如，广告信息中含有大量的技术资料，则需在专业杂志上做广告。

（4）媒体成本

这是企业选择媒体类型时优先考虑的因素，例如，电视广告的巨大费用成为许多企业望而却步的唯一理由。企业在考虑媒体成本因素时，不仅要分析绝对成本，还要分析汽车广告的相对成本与效果并加以比较。

6. 确定广告预算

汽车广告预算的确定是汽车广告目标确定之后更为重要的实际工作。它要求汽贸企业营销部门和财务部门一起确定汽车广告预算总投资，进而对汽车广告费进行具体的预算分配。

（1）制定广告预算应考虑的因素

在企业的广告目标确定之后，企业即可制定广告预算，即确定在广告活动上应占用多少资金。但在实践中，确定广告预算是一件十分棘手的工作。造成这种困难的原因之一是广告促销效果的不确定性，二是选择预算制定方法比较困难和影响预算制定的因素比较复杂。这里着重说明制定广告预算时应考虑的一些因素。

① 产品在其市场生命周期中所处的阶段。

处于试销期的新车型，一般需大量重复的广告才能建立知名度和争取潜在顾客，因此，广告投入水平相对较高。

② 产品市场占有率的高低。

对于已获得较高市场占有率的车型，广告的目标是维持其现有的占有率。因此，广告费用在销售额中所占的百分比通常可以放低一些；而市场占有率不高的车型，要通过广告来大幅度提高市场占有率，所需广告费用相应增加。此外，广告对于高占有率产品的促销成本效应，往往低于占有率低的产品。

③ 产品替代性的强弱。

当一家整车厂打算在汽车市场众多品牌中树立自己与众不同的形象，宣传自己可以提供独特的物质利益和特色服务时，广告预算也要相应增加。

④ 竞争性强的车型广告的依赖程度要高于一般车型。

（2）制定广告预算的方法

企业确定广告预算的方法主要有四种。

① 量力而行法。

尽管这种方法在市场营销学上没有正式定义，但不少企业确实一直采用。即企业制定广告预算的依据是它们所能拿得出的资金数额。也就是说，在其他市场营销活动的费用被优先分配之后，尚有剩余者再供广告之用。企业根据其财力情况来决定广告开支多少并没有错，但应看到，广告是企业的一种重要促销手段，企业做广告的根本目的在于促进销售。因此，企业做广告预算时要充分考虑企业需要花多少广告费才能完成销售目标。所以，严格说来，量力而行法在某种程度上存在着片面性。

② 销售百分比法。

即企业按照销售额（销售实绩或预计销售额）或单位产品售价的一定百分比来计算和决定广告开支。这就是说，企业按照每完成 100 元销售额（或每卖 1 单位产品）需要多少广告费来计算和决定广告预算。例如，某企业在 1999 年 12 月 1 日将 11 月的销售收入与 12 月预计的收入相加，以总额的 2% 作为 2000 年的广告预算。在美国，汽车公司一般是以每辆汽车预估价格的某一固定比率作为确定广告预算的基础；而石油公司则一般是以每加仑汽油价格的某一固定比率作为确定广告预算的基础。

使用销售百分比法来确定广告预算的主要优点是：

A. 暗示广告费用将随着企业所能提供的资金量的大小而变化，这可以促使那些注重财务的高级管理人员认识到：企业所有类型的费用支出都与总收入的变动有密切关系。

B. 可促使企业管理人员根据单位广告成本、产品售价和销售利润之间的关系去考虑企业的经营管理问题。

C. 有利于保持竞争的相对稳定，因为只要各竞争企业都在让其广告预算随着销售额的某一百分比而变动这一点上达成默契，就可以避免广告战。

使用销售百分比方法来确定广告预算的主要缺点是：

A. 把销售收入当成了广告支出的"因"而不是"果"，造成了因果倒置。

B. 用此法确定广告预算，实际上是基于可用资金的多少，而不是基于"机会"的发现与利用，因而会失去有利的市场营销机会。

C. 用此法确定广告预算，将导致广告预算随每年的销售波动而增减，从而与广告长期方案相抵触。

D. 此法未能提供选择这一固定比率或成本的某一比率的原则，而是随意确定一个比率。

E. 不是根据不同的产品或不同的地区确定不同的广告预算，而是所有的广告都按同一比率分配预算，造成了不合理的平均主义。

③ 竞争对等法。

指企业比照竞争者的广告开支来决定本企业广告开支的多少，以保持竞争上的优势。在市场营销管理实践中，不少企业都喜欢根据竞争者的广告预算来确定自己的广告预算，造成与竞争者旗鼓相当、势均力敌的对等局势。如果竞争者的广告预算确定为100万元，那么本企业为了与它拉平，也将广告预算确定为100万元甚至更高。美国奈尔逊调查公司的派克汉通过对40多年的统计资料进行分析，得出结论：要确保新上市产品的销售额达到同行业平均水平，其广告预算必须相当于同行业平均水平的1.5~2倍。这一法则通常称为派克汉法则。

④ 目标任务法。

前面介绍的几种方法都是先确定一个总的广告预算，然后，再将广告预算总额分配给不同的产品或地区。比较科学的程序步骤应是：

A. 明确地确定广告目标。

B. 决定为达到这种目标而必须执行的工作任务。

C. 估算执行这种工作任务所需的各种费用，这些费用的总和就是计划广告预算。

7. 汽车广告沟通效果测定

汽车广告沟通效果测定根据安排时间的不同，可以分为事前测定、事中测定和事后测定。相应地，运用的方法也可以分为三种类型。

（1）事前测定

在汽车广告作品尚未正式刊播之前，邀请有关汽车广告专家和潜在购车者团体进行现场观摩，审查汽车广告作品存在的问题，以对汽车广告作品可能获得的成效进行评价。根据测定的结果，及时调整汽车广告促销策略，修正广告作品，突出汽车广告的诉求点，提高汽车广告的成功率。事前测定常用的具体方法主要有以下几种：

① 专家意见综合法。

该方法是在汽车广告文案设计完成之后，邀请有关汽车广告专家、心理学家和营销专家进行评价，多方面、多层次地对汽车广告文案及媒体组合方式将会产生的效果做出预测，然后综合所有专家的意见，作为预测效果的基础。专家们通过独立思考，对汽车广告设计方案提出自己的见解。

② 直接测试法。

这种方法是把供选择的汽车广告展露给一组购车者，并请他们对这些汽车广告进行评比打分。这种评比法用于评估潜在购车者对汽车广告的注意力、认知、情绪和行动等方面的强度。一则汽车广告如果得分较高，说明该汽车广告可能是有效的。广告重点投放与辅助性广告投放二者之间相互渗透，使品牌广告宣传更加深入、受众覆盖面更加广泛。二者结合对品牌的塑造、知名度的提高起到了推波助澜的作用。

③ 组群测试法。

这种方法是让一组购车者观看或收听一组汽车广告，对时间不加限制，然后要求他们回忆所看到（或听到）的全部汽车广告内容，汽车广告策划者可给予帮助，他们回忆的水平表明了汽车广告的突出性以及信息被了解的程度。

（2）事中测定

汽车广告沟通效果的测定是在汽车广告已开始刊播后进行的。事中测定可以直接了解媒体受众在日常生活中对汽车广告的反应，得出的结论更加准确可靠。但这种测定效果对进行中的汽车广告宣传目标与策略，一般很难修改，只能对具体方式和方法进行局部的调整和修补。

（3）汽车广告的沟通效果的事后测定

虽然不能直接对已经完成的汽车广告宣传进行修改和补充，却可以全面准确地对已经做的汽车广告活动效果进行评估。因此，心理效果事后测定的结论，一方面可以用来衡量本次汽车广告促销活动的业绩；另一方面可以评价企业广告策划的得失，积累经验，总结教训。一般方法有：

① 销售实绩法。即以广告播出前后产品销售量的变化情况判断广告的效果。

② 询问调查法。即在广告发布后派人向消费者调查了解广告的接触率、理解度、记忆度等情况。

第 3 节　汽车促销

汽车销售促进是一种营销推广活动，持续的时间较短，是一种以短期销售目标为主的营销活动，它包括各种短期刺激消费的工具，用以刺激顾客迅速大量购买汽车或服务的一种有效工具。

首先，汽车销售促进对于个体消费者而言，主要吸引其中三种人群：一是已使用本企业产品的人，可以使其更多的购买；二是已使用其他品牌的人，目的是吸引其转向使用本企业的产品；三是未使用过产品的人，目的是争取他们使用本公司的产品。对于汽车经销商而言，汽车销售促进可以起到以下作用：引导分销商更积极地进货和配销产品；增强分销商的品牌忠诚度；争取新的分销商。销售促进使用于品牌忠诚性较弱的消费者，此类消费者追求低廉的价格以及额外利益，因而销售促进容易产生效果。

其次，比较而言，销售促进更多地是为市场占有率较低、实力较弱的中小企业所采用。这样的企业急于开拓市场，又无力负担大笔的广告费用。而销售促进所具有的迅速增加量、所需费用较少的特点恰好适应中小企业的要求。但是，通常认为，长期使用销售促进对品牌形象会造成损害。

最后，当某一行业的产品生命周期处于导入阶段和成长阶段时，企业使用销售促进阶段效果较好；而当该行业的产品进入成熟期后，销售促进的作用明显减弱。这是因为顾客对某一品牌的忠诚性，在导入期尚未建立，在成长期尚不稳定，而到了成熟期则相固定下来。汽车销售促进一般按以下步骤进行。

一、确定汽车销售促进的目标

每一项特定的销售促进方案都应有明确的目标，同时，还应制订一定时期内销售促进活动的目标。销售促进的目标应该具体，尽可能数量化，应注意的问题是：销售促进目标必须与一定时期的促销目标相适应；另外，某项销售促进方案的具体目标应该在深入了解当前市场状况尤其是潜在购买者状况的基础上来制定。

汽车销售促进的具体目标要根据汽车目标市场的类型变化而变化。具体包括：

① 对消费者来说，汽车销售促进目标包括鼓励消费者购买汽车和促使其重复购买；争取未使用者购买；吸引竞争者品牌的使用者购买。

② 对经销商来说，汽车销售促进的目标包括吸引经销商经营新的汽车品牌，鼓励他们积极推销各款车型；抵消竞争性的促销影响，建立经销商的品牌忠诚度和获得进入新的经销网点的机会；促使经销商参与制造商的促销活动。

③ 对促销人员来说，汽车销售促进的目标包括鼓励他们支持一种新的汽车产品，激励他们提高顾客管理水平，寻找更多的潜在顾客。

二、选择汽车销售促进的工具

选择汽车销售促进的工具时，要综合考虑汽车市场营销环境、目标市场的特征、竞争者状况、销售促进的对象与目标、每一种工具的成本效益预测等因素，还要注意将汽车销售促进同其他促销组合的工具如广告、公共关系和人员促销等互补配合。销售促进的具体方式多种多样，其中较为常见的包括如下几种。

1. 优惠券

优惠券是一纸证明，持有者在购买某款特定车型时可凭其少付一部分价款。赠寄优惠券可以使顾客引起兴趣，节省支出，还刺激潜在消费者。在使用过程中，要考虑代价券的额度和送达方式。

2. 价格折扣

在销售车辆时对车辆的价格进行折扣或折让，从而吸引顾客。价格折扣的优点是可以吸引新顾客，从而尽快实现促销的目标；但平凡的降价不利于顾客忠诚度的培养。

3. 退款

对已经购买产品的顾客，根据其购买的凭证和期限退回部分货款，保证前期购买的顾客与新顾客相当的优惠条件，从而树立品牌形象，培养忠诚顾客。

4. 赠品促销

免费或低价向顾客提供某种物品，以刺激顾客购买特定产品。一种形式是赠送大礼包，把礼品赋予产品之上，对购买者进行免费赠送；另一种形式是以低廉的价格把某一商品卖给购买某一款车型的顾客；还有一种形式是在展览会或其他场合发放印有公司简介的公文包、文化衫等，以扩大公司的知名度。

5. 奖励

即在顾客购买某一车型后向其提供获得某种奖励的机会。奖励销售与赠品促销的区别是每一位使用公司服务者都有得到奖励的机会，但最终得奖的只是个别消费者。奖品的金额较大，一般有较强的吸引力，可以刺激顾客的重复购买。

6. 累积消费奖励

汽车4S专营企业不仅提供整车消费，同时还提供其他的连带售后服务。一种是通过对达到一定售后服务次数或金额，顾客通过某种证明可获得一定的消费奖励。奖励可以是现金也可以是某种优惠服务。这种方法特别有助于相对时间较长的汽车售后服务，目的在于提高顾客的忠诚度。另一种是建立顾客档案，对顾客第二次购车或介绍朋友购车时给予一定额度的优惠。

7. 竞赛

竞赛可分为销售人员之间的竞赛，汽车经销商出资通过设置奖品和荣誉提高销售人员的积极性，对完成销售任务或超出的销售人员给予奖励的一种方法；汽贸企业冠名于相关媒体举办与所受车型有关的知识竞赛，以提高公司知名度的一种促销方法。

8. 汽车展示会

在潜在顾客集中的地理区域，汽车经销商进行车型展示，安排试乘试驾，进行有奖知识问答，以集体形式与潜在顾客会面，从而起到贴近顾客、有效传播企业文化的作用。

9. 汽车产品承诺

是指对汽车产品做出某种保证或者对购买后使用、维修做出某种承诺。企业向顾客做出的保证有各种各样的内容，如保修期限、免费服务项目和服务质量承诺等，但其可信程度因公司而异。

10. 联合推广

两个或两个以上的企业进行销售促进方面的合作，以扩大各自产品的销售额或知名度，如某专卖店和汽车厂家联合开展"回馈顾客优质服务大行动"等。

三、制订详细的实施方案

一个销售促进的实施方案至少应包括下述基本内容。

1. 确定优惠额度的大小

若要取得促销效果，提供一定水平的额外利益是必不可少的。额外利益太小，不足以刺激顾客购买；额外利益太高，企业难于承受。

2. 促销对象的范围

通常企业需要对参加促销活动的资格做出某些规定，企业只向符合特定条件的个人和团体提供优惠。

3. 告示顾客

如何使更多的顾客知道及参加促销活动是设计销售促进方案的一个重要环节。它包括两类情况：有些销售促进活动需在特定销售现场进行，主要的问题是如何吸引顾客到场；另一些销售促进活动则需由主办者把销售促进用品如样品、礼品和优惠券等直接给消费者，因此主办者需研究分发销售促进用品方式。

4. 持续时间

如果时间太短，许多顾客可能来不及参加；如果时间太长，销售促进也就失去了魅力，而且企业可能花费过高成本。

5. 选择汽车促销的时机

应当制定出全年的汽车促销活动安排，使各项活动有计划有准备的进行，以配合汽车产品的生产、销售和各项售后服务的顺利开展，使顾客对公司形象形成整体认识。在执行过程中可根据不同消费市场具体调整。

6. 制定预算

计算一项销售促进活动所需要的费用，可使用例中所示方法。假设某种品牌车型正常零售价为 68 000 元，其中生产厂家毛利为 10 000 元，该企业准备在某一段时间实行优惠券促销，凭券购买可获单台车 1000 元的优惠。企业希望在此期间出售 10 辆汽车。那么，此项销售促进活动所需费用的计算方法是：保本销量 = 总费用 ÷ 单位毛利。

四、汽车销售促进的实施及评价

（一）汽车销售促进的实施

汽车销售促进方案制定后，必须经过预试，再向市场投放。可以邀请消费者对几种不同的可能优惠办法做出评价和分等，也可以在有限的地区范围内进行试用性测试，以此明确促销工具是否适当、刺激效果是否最佳等。

汽车销售促进方案的实施必须包括销售准备阶段和销售延续阶段。销售准备阶段包括：最初的计划工作、设计工作、配合广告的准备工作和销售点的材料准备，通知现场促销人员，为个别分销网点建立分配额，购买或印刷特别赠品或包装材料，存放在中间商处，准备在特定日期发放等。销售延续阶段指从开始实施优惠办法起，到大约 95% 的采取此优惠办法的汽车产品已在消费者手里为止的这一段时间。

（二）汽车销售促进的评价

一般用两种方法对汽车销售促进的效果进行衡量：销售数据和消费者调查。

1. 销售数据

通过销售数据可以对比出消费者在促销前后的购买行为，分析出各种类型的消费者对促销的态度，购买促销汽车产品的消费者后来对该品牌或其他品牌的行为。

2. 消费者调查

通过这种调查，可以了解有多少人记得这次促销，他们的看法如何以及这次促销对于他们随后选择品牌行为的影响程度。在评估促销结果时，决策层还要注意一些可能的成本和问题。例如：促销活动可能会降低对品牌的长期忠诚度，因为消费者会形成重视优惠的倾向而不是重视广告的倾向；某些促销方式还可能刺激经销商，使他们要求额外的折让；促销费用可能比计划的更昂贵等。

第 4 节　公共关系

一、公共关系的特征

与广告和销售促进一样，公共关系是另一个重要的汽车营销工具。公共关系是指在个人、公司、政府机构或其他组织间传递信息，以改善公众对他们的态度，为企业的生存发展创造良好条件。公共关系包括以下特征：

① 公共关系不仅在于汽车产品的公共宣传，而且在于树立汽车企业的整体形象、汽车产品的品牌形象，是企业长远发展战略的一部分。

② 公共关系有助于妥善处理顾客、经销商、新闻媒介、政府机构、内部员工等各方面的社会公众关系，为汽车企业的发展创造一个良好的外部环境。

③ 公共关系传播手段很多，可以通过媒体或直接传播的方式传播信息。

二、公共关系的作用

1. 建立知晓度

公共关系利用媒体来讲述一些情节，吸引公众对汽车产品的兴趣。如在上海帕萨特的诞生过程中，便充分利用了媒体宣传和各种公关活动，来吸引目标消费者对该款车的注意力。

2. 树立可信性

如有必要，公共关系可通过社论性的报道来传播信息以增加可信性。例如，"一汽汽车质量万里行"的报道，获得了公众的认可和信任，提高了企业形象。

3. 刺激促销人员和经销商

公共关系有助于提高促销人员和经销商的积极性。新车投放市场之前先以公共宣传的方式披露，便于经销商将新车推荐给目标消费者。

4. 降低促销成本

公共关系的成本比广告的成本要低得多，促销预算少的企业，适宜较多地运用公共关系，以便获得更好的宣传效果。

三、汽车营销公共关系策略

企业的公共关系策略分三个层次：一是公共关系宣传，即通过各种传播手段向社会进行宣传，以扩大影响，提高企业的知名度；二是公共关系活动，即通过举办各种类型的公关专题活动来赢得公众的好感，提高企业的美誉度；三是公共关系意识，即企业员工在日常的生产经营活动中所具有的树立和维护企业整体形象的思想意识。在企业市场营销活动中，公共关系策略经常与其他营销策略配合使用，以便充分发挥各项策略的整体效应，使公共关系策略的实施效果更好。例如，公共关系策略可融于产品、商标的设计以及价格的制定工作之中，通过产品形象塑造达到树立企业形象的目的。再如，公共关系策略与推销、广告、销售促进等手段结合起来，从而增强促销的综合效果。一般可以采用以下方式：

1. 新闻宣传

企业可通过新闻报道、人物专访、报告文学、记事、特写等形式，利用各种新闻媒介对企业进行宣传。新闻宣传无需付费，而且具有客观性，能取得比广告更好的宣传效果。然而，新闻宣传的机会往往来之不易，机会的获得需要企业有关人员具备信息灵通、反应灵敏、思维活跃等素质和条件，以便善于发现事件的报道价值，及时抓住每一个可能的新闻宣传机会。企业也可以通过召开新闻发布会、记者招待会等途径，随时将企业新产品、新动向通过新闻界及时传达给社会大众。此外，还可以"制造新闻"，吸引新媒介关注，以求社会轰动效应。制造新闻并不是捏造事实、欺骗公众，而是对事件的发生事先计划，如利用一些新闻人物的参与，创造一些引人注目的活动形式，在社会焦点问题上表态亮相，等等，都可能增强事件的新闻色彩，引起新闻界的注意，进而以报道。

福特汽车公司在甲板上发布新产品就是一次成功的公关策略。福特汽车公司的金全垒打在上市之前，针对新闻媒介的发布会极具创新性和新闻性，因而被引起广泛关注，不但做图文并茂的介绍，甚至创造了话题，使该新车未上市先轰动。

这项别开生面的发布会，总费用包括记者的食宿、交通费用等，大约在100万元以上。

但这项花费是值得的，因为第二天的报纸都刊登了这则新闻，甚至电视台也不避讳当作新闻处理，而且还有录像将甲板上的热闹气氛播映出来。

2. 公共关系广告

企业的公关活动也包括利用广告进行宣传，这就是公共关系广告。公共关系广告与商业性广告的区别在于：它是以宣传介绍企业的整体形象为内容，而不仅仅是宣传介绍企业的产品或劳务；它是以提高企业的知名度和美誉度为目的，而不仅仅是为了扩大销售；它是追求一种久远的、战略性的宣传效应，而不是像一般商业广告那样要求取得直接的、可度量的传播效果。企业利用公共关系广告可以向社会公众介绍自己的业务范围和经营方针，宣传本企业的价值观念，展示企业在生产、技术和人才等方面的规模和实力；率先发起某种社会活动，提倡某种新观念，表明企业的社会责任感。此外，企业征集名称、徽标、广告语、答案、意见之机，也能够达到吸引公众对企业的注意力、提高企业知名度的目的。

（1）公开出版物

包括汽车年度报告、小册子、文章、视听材料以及公司的商业信件和汽车杂志等。美国克莱斯勒公司的年度报告几乎就是一份促销小册子，向其股东促销每一种新车。小册子能在向目标消费者介绍汽车产品的性能、使用、配备等方面起到很重要的作用。汽车企业领导人撰写的文章能引起社会公众对汽车公司及其产品的注意。公司的商业信件和汽车杂志可以树立汽车公司形象，向目标市场传递重要新闻。如《中国汽车报》《中国交通报》等，都是较权威的汽车行业杂志，易获得消费者的信赖。视听材料的成本高于印刷材料，但是电影、幻灯、录像等形象、生动，能给消费者留下很深的印象。

（2）事件

公司通过安排一些特殊的事件来吸引对其汽车新产品和该汽车公司其他事件的注意，以接近目标公众。这些事件包括记者招待会、讨论会、展览会、竞赛、周年庆祝会、运动会和各类赞助活动。1998 年上海汽车工业销售总公司为了配合新型桑塔纳"时代超人"的推出，与上海大众合作在新疆举行了桑塔纳轿车拉力赛活动，事件不同程度上为新产品上市在目标消费者中产生了良好的影响。

3. 企业自我宣传

这是企业运用所有自己能够控制的传播媒介进行宣传的形式。例如，企业通过各印刷品对企业概况、产品目录做出宣传介绍；企业创办内部刊物，以增进员工和外部公众对企业的了解；企业举办展览会，用实物、图片、录像等向公众介绍企业的发展历史，展示企业的经营成果，以此扩大企业的影响；企业精心设计或选择一些有象征意义、有收藏价值的公关纪念品，借会议、展览等各种活动之机散发给公众，从而加深公众对企业的记忆，巩固公众对企业的感情。

4. 人际交往

人际交往指的是不借助传播媒介，而是在人与人之间直接进行交流和沟通的公共关系传播形式。在公共关系活动中，它是一种应用最广泛、最常见的传播手段。通过人际交往，企业可以同社会各界广泛接触、加强合作，改善企业的营销环境。常见的人际交往方式有定期走访、经营的情况通报、演讲、咨询、调查、游说、各种联谊会，甚至可以组建或参与一些社团组织。

5. 公益服务活动

公司可以通过向某些公益事业捐赠一定的款项和实物，以提高公众信誉。1998 年，上海汽车工业销售总公司在辽宁和湖南捐资援建希望小学，同年向遭受洪灾的地区捐款人民币105 万元。此举更进一步扩大了公司在这些地区的影响，提高了公司美誉度。

日本丰田公司为了确保汽车销售的市场，采用了一些"以迂为直"的公关策略。他们的做法是：

①从解决城市的汽车与道路问题入手，成立"丰田交通环境保护委员会"。通过投资修路和建"人行道天桥"及对交通问题的调查研究，缓解了交通拥挤的现象。

②为儿童修建汽车游戏场，从小培养他们对汽车的兴趣。

③开办汽车学校。1957年，丰田公司投资4亿多日元，创办日本汽车学校，让更多的人学会开汽车。

这些活动，在一般人看来，是平常小事，但它是一种"以迂为直"的公关策略，达到了开拓市场、增加销售、提高效率的目的。

四、公关活动的内容

公共关系的主要任务是沟通和协调汽车企业与社会公众的关系，以争取公众的理解、支持、信任和合作，从而扩大汽车销售。根据企业公共关系的对象和企业的发展过程，公共关系的内容主要包括：

1. 汽车企业与消费者的关系

在市场经济体制下，"顾客就是上帝"。汽车企业要加强与消费者的沟通，促使其对企业及其品牌汽车产生良好的印象，提高在社会公众中的知名度与美誉度。

2. 汽车企业与相关企业的关系

相关企业包括竞争企业和合作企业两类，汽车企业无时无刻不与他们发生关系。汽车企业与竞争者之间，要注意树立公平竞争的思想。对于合作企业，汽车企业要注意互惠互利、密切合作的工作原则。

3. 汽车企业与政府及社区的关系

汽车企业必须处理好与政府相关职能部门的关系，赢得政府的信赖和支持；必须建立起融洽的社区关系，树立起企业在社区居民中的良好形象，为企业发展创造良好的周围环境。

4. 汽车企业与新闻界的关系

新闻媒介制造和影响着社会舆论，从而强有力地影响着社会公众的态度。在现代社会中，新闻媒体和新闻工作者的作用日益突出。它不仅可以创造出社会舆论，而且会引导消费，从而间接调整企业行为。汽车作为一种耐用消费品，公众在购买时是很谨慎的，汽车企业要想争取社会公众，建立并维持好的形象和声誉，就需将新闻媒介作为一个重要的公关对象，同它们保持经常的和广泛的良好关系。

5. 企业与政府的关系

政府是国家权力的执行机关，同时也是引导企业适应宏观经济发展要求的调控者，企业的活动应服从政府的监督，遵守政府制定的各项法律法令。

6．企业与社区的关系

社区是企业外部环境的重要组成部分，企业要扎根于社区中。社区公众如公民、非营利组织以及邻近的企业，从各个方面影响着企业的经营活动。

7．企业与内部公众的关系

企业的内部关系是指企业员工、部门之间关系及股东关系的总称。公共关系要加强内部各方面的信息交流，增进相互了解，千方百计地使他们树立与企业同呼吸、共命运的思想意识。

五、汽车营销公关计划的执行、评价

（一）公关计划的执行

执行公共关系计划要求有认真谨慎的态度，当公共宣传包括了各种层次的特别事件时，例如纪念性宴会、记者招待会和全国性竞赛等，就需要格外认真。公共宣传人员需要有细致认真的态度、灵活处理各种可能情况的能力。

（二）公关计划的评价

由于公共关系常与其他促销工具一起使用，故其使用效果很难衡量。汽车营销公关的效果常通过展露度、公众理解和态度情况、销售额和利润贡献三个方面来衡量。

1．展露度

计算出现在媒体上的展露次数，这种方法简单易行，但无法真正衡量出到底有多少人接受了这一信息及对他们购买行为的影响。

2．公众理解和态度情况

这是指公共宣传活动引起公众对汽车产品的品牌理解、态度方面的前后变化水平。

3．销售额和利润贡献

公共关系通过刺激市场，同消费者建立联系，把满意的消费者转变成品牌忠诚者，提高了销售额和利润。计算销售额和利润贡献率，是衡量公共关系效果的最科学的方法。

第 5 节　人员促销

汽车人员促销是指汽车企业的促销人员利用各种技巧和方法，帮助或劝说消费者购买该品牌汽车产品的促销活动。由于汽车具有技术含量高、价值较大等特点，人员促销在汽车销售中占有很重要的地位。人员促销有五个明显的特征：

①人员促销是在两个或更多的人之间，在一种生动的、直接的和相互影响的关系中进行的，是一种面对面的接触，要求促销人员观察消费者的需求和特征，在瞬息之间做出调整，

具有很强的针对性和灵活性。

② 人员促销要求建立各种关系，从销售关系直至个人友谊，有效的促销人员会把消费者的兴趣爱好记住，以建立长期的、良好的关系，培养顾客的忠诚度。

③ 人员促销要求促销人员具备较高的综合素质，在对消费者进行销售访问时，促销人员必须做出积极的反应，即使是一句"谢谢"。

④ 人员促销承担更长期的义务，改变人员促销的预算规模也较困难。

⑤ 人员促销不仅可以将企业的信息及时、准确、全面地传递给顾客，而且能听到顾客的意见，及时反馈给企业，通过这种双向的信息交流，为企业改进经营管理和营销活动提供依据。

人员促销与促销组合中其他三种非人员促销方式最大的不同点是：促销人员与潜在顾客直接接触，因而信息沟通过程是双向性的，促销人员可以立即获得信息反馈并据此信息的内容及信息的表达方式做出相应的调整。因此，人员促销具有其他三种非人员促销方式不可替代的作用，它常常用来解决广告、公共关系和销售促进所不及的促销难题。人员促销的有效开展也有赖于其他三种促销方式的配合，良好的广告宣传与公共关系可以大大提高人员促销的成功率，恰当的销售促进则常常成为促销员说服顾客最终采取购买行动的有效手段。

促销人员是一个企业宝贵的营销资源，要使这部分资源得到有效的使用，企业必须先为其确定恰当的目标及合理的结构、规模。企业在进行人员促销决策时应考虑到以下几方面的因素。

一、汽车人员促销队伍的任务

企业促销队伍的基本任务是销售产品，但仅仅确定这一点是不够的。因为销售产品仅仅是促销活动过程众多环节之一，单纯地强调销售产品的目标，既不利于促销员提高促销的成功率，也不利于在目标市场上树立企业形象，同时还是对促销资源的一种浪费。对于汽车人员促销而言的主要任务有以下几项：

① 寻找客户。寻找新的潜在消费者，培养主要的消费者。

② 设定目标。决定怎样在工作和寻找消费者之间分配有限的时间。

③ 信息传播。熟练地将汽车产品和服务的信息传递出去。

④ 促销产品。与消费者进行售前沟通，向消费者介绍汽车产品，提供汽车报价，回答消费者的疑问并达成交易。

⑤ 提供服务。提供售中、售后服务。例如，提供咨询意见，给予技术帮助，进行维护培训，等等。

⑥ 收集信息。进行市场调查和调研工作，建立顾客信息档案，整理反馈意见。

⑦ 分配产品。对消费者的信誉进行评价，汽车产品供不应求时进行合理分配。

促销队伍任务组合的确定须综合考虑营销目标、目标市场特点、企业的促销策略及需求关系等因素。企业的营销目标如果是扩大市场占有率、提高销售量，促销队伍的任务组合应以开拓新市场、寻找新客户为主；如果维持既定的市场占有率、树立市场形象，则促销队伍的任务组合则应以提供服务为主。目标市场上的顾客在需求状况、购买行为等方面的特点具有直接的影响，当大部分目标顾客需求水平不高时，促销员人必须向顾客传递大量有关产品的信息，以刺激其需求水平向更高阶段发展；而当大部分目标顾客具有较高的需求水平时，促销人员的工作重点则应转向说服其采取采购行动。企业的营销策略如果是拉引导向的，促销人员的主要任务是注意经销商是否有充足的存货，并合理分配货源；如果企业的促销策略是推动导向的，促销人员则需要开展更具创造性的服务工作，促使批发商和零售商经销企业的产品。

二、促销队伍的结构

企业如何设计促销队伍的组织结构，或者说，企业是按地理区域，还是按产品类别或按顾客类别来分配促销力量，直接影响到促销资源的整体使用效果。常见的促销队伍结构模式有四种。

1. 按地区划分的结构

即按照地理区域配备促销人员，设置促销机构，促销人员在规定的区域负责销售企业的各种产品。这种结构具有若干优点：①责任明确，能鼓励促销人员努力工作；②促销人员相对较长时间地在某一地区工作，有助于与顾客建立稳固的关系；③可以节省促销费用（主要是差旅费）。

企业在划定销售区域时应注意的问题是：各区域具有大致相等的销售潜力和工作量，否则可能会影响部分促销人员的积极性；此外，促销人员的业务旅行时间应能够减少。这种结构方式比较适用于产品品种单一的企业。

2. 按产品划分的结构

即按产品线配备促销人员，设置促销机构，每组促销人员负责一条产品线所有地市场的销售。使用这种结构方式的理想条件是：①产品技术性强，需拥有专业知识的促销人员向顾客促销产品，提供服务。②企业产品种类较多且相关性不强。这种促销人员由于十分熟悉所促销的汽车产品，有利于更好地与消费者沟通，向消费者传递产品信息，进行专业化的销售。

3. 按顾客类别划分的结构

即按照某种标准（如行业、规模等）把顾客分类，再据此配备促销人员、设置营销机构。经销商可以按照消费者细分市场，即出租车公司、工商务用户和私人用户这三个市场来安排促销人员。其优点是每个促销人员对该特定消费群体的消费习惯和特定需要十分熟悉。但如果消费者分散范围广，则会增加相应的管理费用。

4. 复合式的结构

当汽车公司在一个广阔的地理区域内向许多不同类型的顾客促销多种汽车产品时，可以将以上三种促销人员结构根据不同情况加以综合采用，充分发挥各种结构的优点；或按区域—产品，或按区域—顾客，或按产品—顾客，甚至按区域—产品—顾客来组建促销机构或分配促销人员。

三、确定汽车促销人员的规模

确定汽车促销人员的结构之后，就可以安排促销人员的规模了。促销人员是经销商极具生产力和最昂贵的资产之一。扩大促销人员的规模，将使销售量增加，但同时也会带来成本的相应增加。因此，应该使促销人员保持在一个合理的规模。一般可以采取工作量法和销售百分比法来确定促销人员的规模。

（一）工作量法

① 按年销量大小将消费者分为若干级别。
② 确定每类消费者所需访问的次数（对每个消费者每年的促销访问次数）。通常，参考竞争对手的水平，也可以根据过去的经验而定。
③ 计算促销访问的总次数。即将消费者数量乘以各自所需促销访问的次数。
④ 确定一个促销人员每年可进行的工作负荷。
⑤ 计算所需促销人员数量。即将访问总次数除以一位促销人员的年平均访问数。

（二）销售百分比法

汽车企业根据一个特定的销售量或销售额（现行的或预测的）的百分比计算促销人员的耗费，从而确定促销人员的数量。汽车生产企业往往以计划的汽车价格为基础，按固定的百分比决定促销人员的规模预算。其优点是可根据公司的承担能力相应变动促销人员的规模，但没有考虑到市场机会对促销人员规模的影响。

四、汽车促销人员的管理

企业促销队伍管理的任务是努力保持促销队伍的高素质和高效率，以便实现企业为员工促销工作所确立的目标。促销队伍的管理包括挑选、培训、指导和激励等众多环节，说明保持促销队伍的高素质高效率并非易事。

（一）招聘和挑选

促销工作要获得成功，关键在于选择高效率的促销人员。好的促销人员，可以从企业内招聘，也可以从社会上招聘。

首先，制定招聘标准。对消费者来说，好的促销人员是诚实、可靠、十分了解产品知识、热心助人的。对经销商来说，促销人员应该是能承受风险、认真对待每一位消费者和每一次访问，具备市场学、行为心理学和口才表达等综合知识与能力的人。

最后，安排具体的招聘工作。经销商可以通过各种途径招聘，包括由现有促销人员推荐、利用人才市场和通过媒体刊登招聘广告等。挑选过程可以是一次非正式的单独面谈，也可以采用各种能力测试和经历调查等，从众多招聘人员中挑选出最优秀的人选。

（二）培训

招聘到合格的促销人员后，应对他们进行必要的培训。培训方法主要有讲课、讨论、示范、学习以及以老带新等。日本丰田汽车公司将录用的促销人员送至设在丰田市的公司培训中心，接受为期三天的培训。以后每年 4 月~6 月份定期开展培训。培训期内，新促销员接受从促销入门到交货全部促销过程的培训。由于丰田汽车公司的促销人员工作十分出色，被日本企业界誉为最有促销能力的丰田"销售军团"。

对促销人员的培训内容应包括：

① 公司的历史、经营目标、组织机构设置和财务状况等公司各方面的情况。

② 公司汽车产品的型号、性能、制造过程、技术工艺特点和产品配置等汽车产品情况。

③ 各种类型的消费者的购买动机、购买习惯和购买行为特点等目标消费者情况。

④ 竞争对手的战略、政策和实力等竞争对手情况。

⑤ 促销要点、促销说明和促销术的基本原理。

⑥ 促销的工作程序和职责。

⑦ 促销人员的气质、风度、礼仪和社交能力等综合素质的培训。

（三）促销人员的督导

对促销人员的工作进行必要的指导与监督，主要目的在于提高其工作效率。企业对促销员进行督导的严格程度，取决于报酬方式。通常企业对于以固定工资为主的促销员给予更多的日常指导与监督。督导的主要方式有：①规定某一时期促销员应访问老顾客的次数和达到的目标。②规定某一时期促销员应发展新客户的数量、质量。③规定销售定额。④给予促销技术方面的指导。⑤要求促销员定期报告业务进展和市场状况等。

（四）激励

尽管有的促销人员不需要公司的监督就会竭尽全力地工作，并且热爱促销工作，具有自发精神。但是公司如果能采取适当的激励措施，则会更好地调动大多数促销人员的工作积极性，激发他们的工作潜力。激励措施包括报酬激励措施和辅助激励措施两种。

报酬激励措施有：促销员的薪金和佣金，以及一些其他的福利，如带薪假期和无偿用车等。

辅助激励措施有很多，比如：定期的销售会议为销售人员提供了一个社交场所；一次摆脱日常例行性工作的休息，是一种重要的沟通和激励方法；销售竞赛提供旅游、现金等奖品，激励促销人员比平常更努力地工作。总之，公司可以不用传统的报酬方式去激励促销人员并获得满意的效果。

（五）评价

公司必须对促销人员的工作业绩加以考核和评价，以作为激励促销人员的标准，也可为企业制订营销战略提供必要的依据。另外，公司应及时向促销人员反馈对其评价的标准和结果，以使他们能尽力按照公司的目标和要求去改进工作。

1. 评价的信息来源

公司获取促销人员工作业绩的信息来源主要是销售报告，如促销员工作计划、区域营销计划和访问报告等，其他来源有消费者与其他促销人员的评价意见、主管领导的综合考察，等等。

2. 评价的方法

① 现在的与过去的销售额比较。就是把促销人员目前的成绩与过去的成绩进行比较，从而获得该促销人员工作进展的直接指标。

② 消费者满意评价。通过信件调查表或电话访问，收集消费者对促销人员服务的意见，用以作为对促销人员激励的依据之一。

③ 促销人员品质评价。包括促销人员对公司、产品、消费者及竞争对手的了解程度，对自身职责、有关法规的执行情况。例如，促销人员的陈述必须与广告内容一致，不能误导消费者，不可以诽谤竞争对手，等等。

（六）促销员的报酬

确定促销员的报酬应以促销绩效为主要依据，同时考虑本企业其他部门和其他企业促销员的报酬水平。促销员的报酬制度一般有以下几种形式：固定工资制、佣金制、固定工资和佣金复合制。通常促销人员所获得的报酬除固定工资、佣金外，还包括非契约性奖金（对促销员额外的工作成绩进行的奖励，工作合同中并无约定）及各种补贴。

五、人员推销的基本技术

人员促销的具体活动最终是由促销员个人单独完成的，因此，促销员个人的能力就为决定这种促销方式有效性的一个关键因素。通常认为，熟练掌握促销技巧、谈判艺术和关系管理这三种基本技术，对提高个人促销能力具有重要作用。

（一）促销技巧

促销技巧既不像某些人吹嘘的那样高深莫测，也不像另外一些人贬低的那样空洞无物、一钱不值。它是促销员用以解决实际促销过程中各种具体问题的一些比较实用的方法。促销过程包括许多具体工作环节，如寻找潜在顾客、评估潜在顾客的促销价值、为访问顾客做准备、面谈、讲解与示范、处理顾客的异议、成交、售后工作，等等。在每个环节，促销员都可能遇到这样或那样的问题，不解决这些问题就难以说服顾客购买产品。解决某一问题的方法是多种多样的，而且各种方法很可能具有不同的适用条件。在商品经济高度发展的今天，完全有可能根据长期、大量的促销实践，总结解决促销实际问题的方法，找出其中的规律性，并从理论上加以适当的说明。促销员学习和借鉴这经过总结、提炼的经验与方法，并将其运用到自己的促销实践之中，就可以更快地提高个人促销的能力。

（二）谈判艺术

谈判艺术是促销员处理促销过程中某些特定问题所使用的方法。当促销员已经成功地激发起顾客的购买欲望后，促销员还须与顾客就成交价格等达成一致，此时，需运用谈判艺术。谈判可能涉及价格、数量、质量、履行合同的时间、运输事项、风险承担、付款方式和售后服务等多项内容。促销人员在谈判中的基本任务，就是针对谈判内容使用恰当策略与方法，最终与顾客达成一致，完成产品的销售。

（三）关系管理

当促销员最终说服顾客采取购买行动后，即面临如何使其继续购买的问题。关系管理就是用来指导促销员与顾客建立长期、稳固的业务联系和人际关系，以便获得更多销售机会的一门艺术。关系管理的方法对促销员提高其促销业绩具有特别重要的意义。因向现有顾客促销所需成本远远低于发掘新客户所需成本，同一顾客还可能购买企业的其他产品。关系管理是一种顾客导向的促销方法，它要求促销人员不仅要与顾客建立业务联系，还要建立良好的人际关系；不仅要向顾客销售产品，还要向顾客提供多种可能的服务。关系管理正日益受到企业和促销人员的重视，其具体方法与技巧也在不断丰富和发展。

资料

汽车促销面面观

2004 年，国内汽车市场在持续低迷 4 个月之后，厂家和经销商的神经越绷越紧。为了拉动人气，厂商、车商尽出花招，车市上促销战鼓擂响，异彩纷呈。于是，市场上各种促销方式前所未有地丰富起来。是促销的创新，还是低水平的竞争，留给读者自己评判。

价格优惠——直接告白：

案例 1：某市最新促销口号：捷达让利 16 000 元，奥迪让利 13 000 元。

案例 2：汽车经销商推出广告标语：购车"不加价"，购车"返现金"，购车"送大礼"；同时可以分期付款，任意首付。

附送赠品——间接优惠：

案例 1：上海通用某地经销商推出"君威贴心行动"，免费赠油票。凯越和赛欧也在赠"大礼"。

案例 2：某地通用特许经销商推出全新欧宝威达 C 轿车，购新欧宝威达送首年车险。

服务升级——长线利益：

案例 1：上海大众经销商推出"四门高尔又一轮惊喜"，购车送终身免工时费保养卡，特约维修站维修工时 8.5 折，配件供应 9.2 折。

案例 2：猎豹汽车于 8 月 1 日至 9 月 1 日期间，维修站为猎豹用户提供免费检修服务一次。

切身关怀——消费诱导：

案例 1：江铃汽车于 7 月 26 日举办第三届江铃汽车全国节油大赛，比赛的车辆全部由江铃汽车公司提供，实际上搭建了江铃汽车销售的平台。通过比赛和比赛结果的宣传，引起广大消费者对节油的关注，最重要的是对江铃汽车杰出节油功能的认同。

案例 2：从 7 月 31 日至 9 月 30 日，福特汽车举办系列试驾会。车迷只要带上驾照，就可以在全国长安福特 4S 经销店试驾福特旗下的蒙迪欧、嘉年华、翼虎系列产品。同时，只要在试驾之后完整填写调查问卷，就可以获得价值 400 元的精美金色蒙迪欧车模型一个。

案例 3：北京运通博奥公司将于 8 月 7 日在金港国际赛车场隆重举行奥迪 A4 试乘试驾大型活动。此次活动的主要目的在于为各界成功女性提供奥迪 A4 体验的机会，感受享誉全球领先的技术，展示女性的魅力与智慧。

案例4：南京菲亚特汽车公司在全国范围内展开"买菲亚特汽车看 F1 大赛"的活动。幸运车主将得到南京菲亚特汽车公司赠送的 F1 大奖赛的入场券。

重在参与——品牌宣传：

案例1：POLO 在网上推出有奖问答游戏，只要选对了问题的答案，便会收到厂家的礼品，更可享受上海三天两夜豪华游。该活动面对的是全体消费者，无论是驾车一族，还是根本没有考虑过买车的，有兴趣的都可以参加这个游戏。

案例2：7 月 1 日至 10 月，凡购买东风雪铁龙任意车型，均可参加抽奖，有机会获得税前 5 000 元的旅费资助，去法国感受浪漫风情。每月有 66 名幸运客户诞生。

（资料来源：互联网）

思考与练习

1. 什么是促销？什么是促销组合？
2. 促销的方式有哪几种？各自的特点是什么？
3. 人员推销的基本策略有哪些？
4. 什么是广告？广告文案设计的标准有哪些？
5. 针对消费者市场的汽车销售促进策略有哪些？
6. 汽车销售促进方案制订的步骤有哪些？

参考文献

[1] 徐向阳. 汽车市场营销学 [M]. 北京：机械工业出版社，2007.

[2] 纪宝成. 市场营销学教程 [M]. 北京：中国人民大学出版社，1995.

[3] 何宝文. 汽车营销学 [M]. 北京：机械工业出版社，2004.

[4] 栾志强，张红. 汽车营销管理 [M]. 北京：清华大学出版社，2005.

[5] 王怡民. 汽车营销技术 [M]. 北京：人民交通出版社，2003.

[6] 肖国普. 现代汽车营销 [M]. 上海：同济大学出版社，2002.

[7] 张国方. 汽车营销 [M]. 北京：人民交通出版社，2004.

[8] 德里克·艾伦，莫里斯威尔·伯恩. 满意度的价值 [M]. 吕薇等译. 大连：东北财经
大学出版社，2005.

[9] 苏伟伦. 现代企业营销管理策略 [M]. 北京：中国纺织出版社，2000.

[10] 梁修庆. 市场营销管理 [M]. 北京：科学出版社，2002.

[11] 吴建安. 市场营销学 [M]. 北京：高等教育出版社，2000.

[12] 柳思维. 市场营销学 [M]. 长沙：中南大学出版社，2003.

[13] 吴泗宗. 市场营销学 [M]. 北京：清华大学出版社，2005.

[14] 吕一林. 市场营销学 [M]. 北京：科学出版社，2005.